가람 이병기 전집 30

총목차·색인

이 도서는 2024년 국립대학육성사업의 지원을 받아 수행되었음
이 도서는 2024년 익산시와 전라북도의 지원에 의해 간행되었음

가람 이병기 전집

30

총목차·색인

전북대학교출판문화원

총목차·색인

목 차

16~30권 간행사 • 9

간행 경과보고 • 17

편집과 체제 • 27

권별 목록과 색인 • 43

16~30권 간행사

16~30권 간행사

김익두(『가람 이병기 전집』 간행위원장)

2014년 4월 18일 전북대학교 개교 70주년 기념사업으로 시작된 이 『가람 이병기 전집』 간행 사업이 어언 만 10년째가 되었다.

2014년부터 2021년까지 전체 전집 30권 중 10권(문학 부문)이 간행되었으며, 이 사업은 전북대학교에서 1억 3천만 원, 전라북도에서 3천만 원, 익산시에서 4천만 원, 전주시에서 3천만 원을 지원해 주시어 무사히 마칠 수 있었다.

10권의 간행에 10년 가까이 걸린 것은, 첫째로는 전집의 양이 워낙 방대하여 원문 수집과 정리, 탈초 및 번역, 교정·교열 작업에 많은 시간이 걸렸기 때문이었다. 가람 전집의 문학 부문의 많은 부분을 차지하고 있는 『가람일기』는 1-3권 행·초서로 쓴 부분을 비롯하여 한문을 섞어 쓴 49권 노트 분량으로 본문을 탈초하고 이를 번역하여 각주 하는 작업에 많은 시간이 걸렸다. 둘째는 각종 신문·잡지에 실린 가람 선생의 글들이 그 당시 인쇄·출판 사정으로 인한 오탈자들과 인쇄 상태가 좋지 못한 판독 불명의 글자들 때문에 본 전집 간행작업을 더욱 더디게 하였다.

그러나 우리 『가람 이병기 전집』 간행·편집위원들은 이런 어려운 사정에도 불구하고 꿋꿋하게 버티고 작업을 진행하여, 2021년 12월 말에 전집 총 30권 중 10권(문학 부문)을 무사히 간행할 수 있었다.

그러나 이렇게 진행된 본 전집 간행 사업의 사업 지원비가 10권 간행을 마침으로 고갈되어 나머지 20권의 간행 사업이 사업비 고갈의 난관에 부딪히게 되었다.

이 문제를 해결하기 위해 2021년 연말에 전주시 김승수 시장님을 찾아뵙고 본 전집 출판 사업의 어려운 현황을 보고 드리고 이에 대한 지원을 더 부탁드리게 되었다. 시장님께서 적극적으로 애써주시고 전주시의회 문화예술 담당 시의원님들을 비롯한 모든 시의원님 들의 사려 깊으신 노력으로 인하여 본 전집 간행 사업의 사업비 일부인 5천만 원이 다시 책정되어, 2022년부터 본 사업이 다시 활기를 얻어 본 『가람 이병기 전집』 11권~15권의 간행작업이 본격적으로 진행될 수 있게 되었다.

그리고 이번 11권~15권 간행 사업 기간에 일부 간행 위원 및 편집 위원의 변화가 있었다. 박태건 선생이 개인 사정으로 인하여 사임하고, 대신에 이래호 선생이 새 간행위원·편집위원으로 참여하시게 되었다.

이렇게 해서, 본 『가람 이병기 전집』 11~15권이 간행된 후 1년 동안은, 나머지 15권의 간행비를 마련하기 위해 고통스러운 시간이 지속되었다. 백방으로 간행비를 마련하기 위하 노력을 기울였으나 우리를 도와주겠다는 기관이나 단체를 찾기가 힘들었기 때문이었다.

그러다가, 작년에 양오봉 총장님이 전북대 총장으로 당선·취임하신 뒤, 양 총장님의 적극적인 배려로, 총장님이 직접 나서시어, 전북도청·익산시청과의 적극적인 협의를 통해서, 나머지 전집 15권의 간행비가 극적으로 마련될 수 있게 되었다.

이번 간행비 마련에는 전북특별자치도 김관영 지사님, 익산시 정헌률 시장님, 그리고 전북특별자치도의회 문승우 의장님을 비롯한 도의원님들, 익산시의회 김경진 의장님을 비롯한 시의원님들의 적극적인 도움이

있어서 가능하였다. 이번 『가람 이병기 전집』 15권(16~30권) 간행에는 전북특별자치도에서 1,500만 원, 익산시에서 3,500만 원, 그리고 전북대에서 6,500만 원의 간행비를 마련하여 성사되게 된 것이다. 이번 간행비 마련에 크나큰 도움을 주신 전북특별자치도, 익산시, 그리고 무엇보다도 전북대 양오봉 총장님의 큰 배려와 의지에 깊은 감사의 뜻을 표하고자 한다.

이번 『가람 이병기 전집』 16~30권 간행 사업에는 전북대학교 사범대학 국어교육과 한창훈 교수님께서 학내 간행위원장으로 참여해 주시어서, 본 사업을 차질 없이 마무리하게 되었다. 이 기회에 한 교수님께도 깊은 진심의 감사를 드린다.

이 방대한 사업의 출발은 우리나라 근현대 최고의 민족 국학자이시자, 그 엄혹한 일제강점기 시절에 '단 한 줄의 친일 문장도 쓰지 않으신' 가람 이병기 선생님이 계셨기에 가능하였고, 이 전집 간행의 뜻을 기리고 허락해 주신 가람 선생님의 유족들, 특히 이앙배·이원배·이희경 님의 허락과 배려가 있어서 가능하였다. 이 자리를 빌려 가람 선생님께 정식으로 깊은 존경과 감사의 말씀을 올리고, 유족분들께도 진심으로 고맙다는 말씀을 전하고자 한다.

또한, 이 전집 전질이 나오기까지는 전 전북특별자치도 송하진 지사님, 전주시 김승수 시장님의 도움을 결코 잊을 수가 없다. 이분들의 도움이 없었으면 아마도 이 전집은 나오기 어려웠을 것이다. 그리고, 늘 마음으로 걱정해 주시는 가람문학관 오학수 관장님께도 이 자리를 빌려 깊은 사의를 표하고자 한다.

덧붙여서, 이 『가람 이병기 전집』 30권이 완간되기까지 11년 동안 뜻을 같이해 온 가람 이병기 전집 간행위원회의 이경애(전북대 국문과)·유

화수(호원대)·이민희(강원대 국어교육과)·황재문(서울대 규장각)·이래호(강원대 국문과)·이택회(가람기념사업회)·유범상(전북대 공대, 가람 유족) 선생께도, 뜻을 같이해온 동지로서의 깊은 충심의 감사를 드린다. 특히, 이 사업에 본인의 후반생을 다 바치신 간행위원회 총무 이경애 선생께 다시 한번 고맙다는 말씀을 꼭 드리고 싶다.

여기서 빼놓을 수 없는 사람들이 있다. 이 전집의 기초조사와 자료 정리 및 입력, 그리고 1차 교정을 맡아 해준 50여 명의 전북대 국문과 강사·대학원생들이다. 이분들의 도움이 없었다면, 분명 이 전집 간행작업은 처음부터 불가능하였다. 이분들께도 이 자리를 빌려 그 고마움에 깊은 감사를 표하고자 한다.

돌아보니, 이 전집 간행을 시작한 지가 11년이 흘러갔고, 간행 위원들 중 많은 분들이 정년퇴임을 하였다. 이 일을 시작하기 전, 필자가 전북대 전임강사가 되던 1994년 어느 날, 가까이 지내던 김용택 시인 형님이 필자에게 전화를 하시어, "익두야. 너 교수로 정년을 할 때까지 가람 이병기 선생 전집만큼은 네가 할 몫이니, 꼭 만들어 내고 퇴직하거라. 잉." 하시던 말씀이 생각난다. 용택이 형의 말씀대로, 정년퇴임 할 때까지는 이 임무를 다 못하였으나, 죽기 전까지는 일단 이 임무를 다 완수하게 되니, 그 감회가 참 남다르지 않을 수 없어 문득 눈시울이 더워진다. 이 자리를 빌려, 이런 책임을 제게 맡겨주신 김용택 형님께도 진심으로 깊은 감사를 드린다.

끝으로, 이 가람 전집 후반 15권 사업을 맡아 너무 많은 고생을 해주신 전북대출판문화원장 이은경 교수님께도 깊은 감사를 드리며, 오랫동안 고생해 주신 전북대 출판문화원 직원분들께도 감사를 드린다. 그리고, 본 전집의 11권~15권의 출판을 맡아 수고해 주신 신아출판사 서정환 사

장님께도 감사를 드린다.

아무쪼록, 이 가장 방대하고 다양하고 깊고 찬란한, 우리 근현대 국학의 최고 경전인 이 『가람 이병기 전집』 총 30권이, 오랫동안 제대로 빛을 못 본 가람 선생님의 크신 업적을 제대로 드러내어, 우리 전북의 국학과 국문학은 물론이고, 우리나라 전체의 민족 국학과 국어국문학의 발전에 큰 생명수가 되기를 간절히 바라고 빈다.

2024년 12월 30일에

간행위원 김익두·유화수·이경애·이민희·황재문·이래호·이택회·
유범상, 가람 유족 이원배·이앙배·이희경을 대표해서
간행위원장 김익두 삼가.

간행 경과보고

『가람 이병기 전집』 간행 경과보고

이경애(간행위원회 총무)

2014년 시작한 『가람 이병기 전집』이 11년 만에 그 완성을 보게 되었습니다.

가람 선생 생전에도 전집을 편찬하고자 하였으나 선집인 『가람문선』으로 출간되었습니다. 그동안 시조에만 편중된 가람 연구의 한계는 전집의 필요성을 한층 높였고 2010년대 초에 들어 본격적인 논의들이 동시다발적으로 이루어졌습니다.

가람의 고향인 익산시와 원광대학교를 중심으로 열린 2011년 '가람 이병기 학술대회'에서 전집 간행의 당위성과 방안이 제시되었고 학술대회에서는 가람학 정립의 초석, 가람 문학관과 익산 지역 문화콘텐츠를 위한 필수 요건 필요성이 공론화되었습니다. 한편 서울대학에서도 가람 이병기의 시대를 새롭게 조명하는 논의에서, 전체 저작물의 목록화를 중요하고 긴요한 작업으로 밝혔습니다.

이러한 촉구와 성원으로 2014년 4월 전북대학교를 중심으로 가람 이병기 전집 간행위원회가 조직되어, 가람 전집 간행 사업을 시작하였으며, 전북대학교, 전라북도청, 익산시청, 전주시청의 지원을 받아 드디어 발간을 완성하게 되었습니다.

그동안의 자세한 경과보고를 말씀드리자면

2014년 2월부터 전북대학교 국문과를 중심으로 하여 가람 이병기 전집을 만들자는 뜻이 모아졌고 드디어 사업 준비에 착수하였습니다.

2014년 4월 18일 전북대 국문과 학과장 임명진 교수님과 김익두 교수님의 주선으로 전북대학교 인문대 1호관 학장실에서 가람 이병기 전집 간행위원회 발족식을 개최하고, 연석회의를 열어 사업 방향을 논의하고 총장 면담을 하였습니다. 이후 유족들의 사업 추진 승인과 경비 지원방안을 논의하였습니다. 그리고 자문위원, 운영위원, 고문단, 간행위원회, 실행위원회가 구성되었습니다.

2014년 5월 여산 생가에서 유족인 가람 며느님 유재희 여사, 손주 이원배, 손녀 이희경 씨가 참석하여 간행위원들과 만나서 간행에 관한 합의를 하였습니다.

2014년 9월 5일 간행위원회 회의에서 사업 배경, 경과보고 및 향후 일정 논의를 하였습니다. 9월 17일 실행위원회 1차 회의를 하여 사업 배경, 예산지원현황, 추진방식을 논의하였습니다. 9월 25일 실행위원회 2차 회의에서는 전집 사업 추진 기구를 구성하였고, 실행위원으로 전북대 국어국문학 전공별 강사들로 구성하였습니다.

2014년 10월 전북대학교 서거석 총장 지원금 500만 원으로 사업에 착수하여 자료수집과 입력을 시작하였습니다.

2015년 4월 11일 가람일기 원본 49권 촬영하였습니다. 유족들의 도움으로 경기도 분당 가람 며느님 댁에 있는 가람일기 45권을 간행위원 여섯 분이 하루 종일 촬영하여 일기 자료사진을 확보하였습니다.

2015년 8월~12월 전주시 보조금 3,000만 원 익산시·전라북도 보조금 6,000만 원을 간행비로 지원받았습니다.

2015년 12월 15일 가람전집간행 세미나 개최하여 강원대 이민희 교수

와 전북대 이태영 교수를 초청하여 가람 전집의 입력 방안 및 교정 원칙 등을 협의하는 등 수차례의 논의를 하였습니다.

2016년 6월 8일 전북대학교 출판원과 유족대표, 간행위원회 간에 가람 이병기 전집 출판계약을 정식으로 하였습니다. 개교 70주년 기념사업의 일환으로 전북대학교 이남호 총장께서 출판비 1억을 지원하여 총 25권 1,000부 발행하기로 계약하였습니다. 2016년 7월 1일 전북대 출판원에서 선인세 중 일부 150만 원 출판원에서 받았습니다. 2016년 5월~8월 전북대학교 총장께서 간행비 2,500만 원을 지원하셨습니다. 2017년 8월~12월 익산시 보조금을 신청하여 간행비 1,000만 원을 지원받아 사업을 진행하였습니다.

2017년 3년 만에 가람 전집 30권의 원고가 정리되고 권별 구성이 완성되었으며, 출판사의 인쇄가 시작되어 10월 드디어 가람 전집 1~5권(시조, 시, 수필 I, II, 번역·소설)을 전북대출판원에서 출판되었습니다.

2019년 10월에는 어려운 가람 전집 6~8권(일기 I, II, III)이 2021년 12월 가람 전집 9~10권(일기 IV, V)이 출판되었습니다. 행초서로 쓰인 한문 일기 탈초와 해독에 3년이 소요되었습니다.

2022년에는 예산이 확보되지 않아 사업이 잠시 중단되었습니다. 그러던 차에 전주시 김승수 시장님께서 5000만 원 흔쾌히 지원해 주어 2022년 8월~12월까지 가람 전집 11~15권 5권을 전주 신아출판사의 자회사인 문화발전소에서 출판하게 되었습니다.

2023년도에도 또 사업이 잠시 중단되었습니다. 그러다 2024년 현 양오봉 총장님과 출판원장님의 도움으로 전북대학교 전라북도 익산시 지원 1억천5백만 원을 지원받아 나머지 15권을 출판하게 되었습니다. 부족한 금액이지만 출판사의 출판비를 깎고 교열비를 깎아서 이 가람 이병기

전집 발간을 드디어 완성할 수 있게 되었습니다.

이렇게 하여 가람 전집 30권 발간에 든 경비는 총 3억 9천650만 원이 소요되었습니다. 그 내역은 전북대학교 1억 9,650만 원, 전라북도 4,500만 원, 전주시 8,000만 원, 익산시 7,500만 원입니다.

무엇보다도 지원해 주신 기관에 감사드리며 한 푼도 없이 시작한 전집 사업에 이 많은 자금을 끌어오느라 애쓰신 김익두 위원장님의 노고에 큰 경의를 표하며 수많은 회의를 거듭하며 사업을 진행하느라 애쓴 간행 위원들의 노고에 감사를 드립니다.

가람 전집의 구성은 국문학, 국어학, 민속학, 서지학, 교육학, 역사학 등을 아우르는 총 30권의 방대하고도 다양한 국학 분야의 전집입니다. 가람의 고전 주해와 교과서, 고시조·현대시조 선집 등은 가람의 창작이 아니라 하여 전집에 넣으면 안 된다는 분들도 있었습니다만 이 저술들은 가람의 고전부흥과 시조의 부흥 혁신 현대화 그리고 교육 분야의 활동으로 우리 국문학사에서 중요한 위치를 차지하고 있어 중요한 자료입니다.

1909년대부터 1960년대까지 오랜 기간에 걸쳐 쓰인 가람 글의 특성상 표기나 맞춤법에 많은 변화가 있어 원칙을 정하기 어려웠습니다. 원본을 훼손하지 않으면서도 현재의 독자들에게 가독성을 높일 수 있는 입력 방안과 원칙을 마련하기 위해 최대한 노력하였습니다.

자료를 수집하면서 입력과 교정 작업을 같이 하였습니다. 방대한 양의 자료는 전집이 출간되는 도중에도 계속 발견되었고, 한자가 많고 인쇄 사정이 열악한 출판물들의 글자를 해독하느라 입력에 어려움이 컸으며 한자어를 한글(한자)로 바꾸어 입력하느라 더 오랜 시간이 필요하였습니다.

이렇게 2014년부터 시작한 가람 전집의 자료 수집, 입력, 교정·교열 작업에는 전북대학교 국문과 국어교육과, 학생, 대학원생, 강사, 교수, 기

타 분들이 총 67명이 참여하였습니다. 특히 한문 가람 일기의 탈초에는 3년 동안 호원대 유화수 선생님과 규장각 황재문 선생님께서 특별히 수고하여 주셨습니다. 그분들의 이름을 특별히 여기에 적어 남깁니다.

> 고은미, 김겸손, 김다혜, 김도영, 김익두, 남상온, 노용무, 노은지, 문선아, 문지영, 박미영, 박주연, 박지학, 박혜숙, 백민자, 손슬기, 송다빈, 신지원, 양서윤, 오선주, 오슬기, 유인실, 유화수, 윤영옥, 이경애, 이래호, 이명애, 이민희, 이수영, 이수진, 이은주, 이숙효, 이지혜, 진병, 이영애, 이택회, 이환희, 임고운, 장천, 장승익, 장조은, 장창영, 전민경, 전재아, 정주리, 조미희, 조인성, 채하름, 최기재, 최나영, 최낙용, 탁경훈, 한보라, 황재문, 허정주, 형성득 (가나다순)

이 전집 발간으로 익산을 비롯한 전북 지역 우리 고장의 문화 발전 및 교육 자원으로 활용하고 가람학 연구의 토대가 되는 보배로운 값진 전집이 될 것입니다.

2014년 시작한 가람 전집이 2024년 11년 만에 완성을 보게 되었습니다. 완성된 30권을 보니 정말 대단한 사업이었습니다. 처음엔 15권 정도를 예상하다가 25권으로 그리고 최종 30권으로 늘었습니다. 당연히 사업 기간이나 비용도 처음 예상보다 훨씬 많이 늘었습니다. 만약 처음부터 이렇게 방대한 전집에 오랜 시간과 많은 비용이 들 것이라는 사실을 알았다면 아마도 선뜻 뛰어들지 못했을 것입니다. 사업 진행 과정에서 수많은 어려움이 있었고 중단된 적도 있었지만, 이제 전집 발간의 목표를 달성했다는 점에서 저희는 의무와 책임을 다했다는 마음으로 이제 홀가분하기 짝이 없습니다.

십 년이면 강산도 변한다는데 그동안 네 분의 총장이 바뀌고 보조금을 지원해 주신 지자체 단체장들도 많이 바뀌었습니다. 원로 하신 선배님들께서 당시 가람 전집 사업 소식을 듣고 적극 반겨하셨고 하나라도 더 자료를 주지 못해 안타까워하셨던 기억이 엊그제 같습니다. 생각하면 고맙기 짝이 없는 분들입니다. 이 사업을 시작할 때만 해도 건강하게 보였던 그분들이 지난 10년 사이에 대부분 돌아가셨습니다. 김준영 선생님을 비롯하여 최승범, 오하근, 이기반, 허소라, 김혜정 선생님 등등... 가람 선생님께서 돌아간 뒤의 그 제자분들 세대도 거의 다 돌아가셨습니다. 저희 세대에 이 전집을 완성하지 못했다면 다음 세대는 더욱 어려울 것이라고 생각합니다. 무척 다행이지요.

또한 간행위원으로 편집위원으로 노고를 아끼지 않은 김익두(전북대학교 교수), 유범상(전북대학교 공과대 교수), 유화수(호원대학교 교수), 이경애(전북대학교 강사), 이래호(강원대학교 국문과 교수), 이민희(강원대학교 국어교육과 교수), 이택회(남성고등학교 교사), 황재문(서울대학교 규장각한국학연구원 교수), 한창훈(전북대학교 국어교육과 교수) 교수님들과 이은경 출판원장님께도 큰 감사를 드립니다.

아울러 전집 간행을 위해 물심양면으로 도와주신 전라북도 전주시 익산시 지자체의 단체장님들께 감사드리며 후원해 주신 스승님들, 자문위원, 고문, 전북 문인들과 국문학계의 선배 선생님들께도 감사드리고, 일기 및 자료를 평생 보관해 주신 며느님을 비롯해 이앙배, 이원배, 이희경 씨 등 유족들께도 감사드립니다. 무엇보다도 전북대학교 총장이셨던 서거석, 이남호 총장님과 특히 이 전집 사업을 마무리하여 완간하게 해 주신 양오봉 총장님께 큰 감사를 드립니다.

이상으로 가람 이병기 전집 간행 경과보고를 마치겠습니다. 감사합니다.

2024. 10. 25.

편집과 체제

『가람 이병기 전집』 편집과 체제

이경애

1. 가람 이병기 전집 간행 목적과 필요성

『가람 이병기 전집』 간행 작업은 그가 남긴 엄청난 자료들에 대해 오류를 바로잡고 정본을 확정하여, 자료를 정리하고, 이를 바탕으로 가람학의 1차 토대를 정립하기 위하여 가장 바람직한 방향을 모색하고 충실히 이행하여 최선의 전집을 간행하고자 하였다.

2. 자료 조사 범위와 방법

본 전집의 시대적 범위는 가람 이병기가 생전에 남긴 저작물 자료들, 곧 그가 남긴 모든 단행본 저술 및 신문 잡지 등에 발표한 글들을 대상으로 하였다. 이를 위해 1900년대부터 1960년대까지의 저술 자료들을 수록하는 가람 전집을 위하여 '자료의 수집·정리 및 구체적인 편집 방안'을 마련하고 간행의 기초를 정하였다.

따라서 그 방대하고 다양한 자료들을 제대로 정리하기 위해 전문적인 연구가 이루어졌고, 여러 차례의 협의와 세미나 등을 통해 자료들의 효과적 처리를 위한 구체적인 방안을 마련하였다. 우선 가람이 남긴 모든 자료들을 수집하고 원본대로 입력·정리하는 작업 과정에서 입력 자료들의 총량 및 다양성을 구체적으로 점검 논의하였다. 그리하여 입력·정리된 자료들을 일정 기준에 따라 구분·분류하고, 입력된 원본에 대한 기본 오류들의 수정 문제를 다루었으며, 편집 및 출판에 관련된 여러 가지 문제들, 예컨대 표기법, 한자 병기 문제, 맞춤법, 띄어쓰기, 가독성, 구성, 편집 체제, 색인 등의 문제들을 논의하였다.

3. 가람 전집 수록 자료의 총량과 규모

1) 수록 자료 규모와 특성

가람 이병기 전집의 단행본 전집 수록 저서는 시조집 2권, 국문학서 3권(시조론 1권, 국문학사 1권, 국문학개론 1권), 교주 및 주해서 8권, 번역 및 선집 6권, 교과서 11권, 어린이 역사서 1권 등 출판물과 서지목록 2권과, 육필 일기, 고어집 육필노트, 미발표 시조집 1권 총 35종이다. 여기에 현재까지 조사된 118종의 신문과 잡지 및 학술지에 발표된 가람 저술과 교가를 합하면 그 수량으로는 총 930여 편에 달한다. 그 장르는. 시조, 평론, 역사이야기, 수필, 기행, 작사, 주해, 번역, 해제, 서평, 좌담 토론, 기타 잡문 등으로 다양한 자료들이 『가람 이병기 전집』에 수록하였다.

(1) 단행본 수록 자료 총량과 특성

가람 전집에 실릴 자료 단행본 저술 자료는 시조집 2권, 시조론 1권, 국문학사 1권, 국문학개론 1권, 주해서 8권, 번역 1권, 선집 5권, 교과서 11권, 서지목록 2권, 어린이 역사서 1권, 단어집 1권이 있다. 그리고 그 외 미발표 육필 일기와 고어 육필 노트 이 총 36종이다.

『가람시조집』(1939)은 가람이 최초로 출판된 시조집으로, 72편의 시조가 수록하였다. 또한 유실된 줄 알았던 이병기, 조운, 조남령의 『현대시조삼인집現代時調三人時調集』을 발견하여 67년 만에 이를 전집에 수록하여 빛을 볼 수 있게 되었다.

『가람일기』(신구문화사, 1976)를 이번 전집에는 가람일기 48권(2권 유실)의 육필 노트를 유족의 협조로 확보하여 미발표 일기를 전집에 그대로 수록하였다. 1909년부터 1966년까지 58년간 기록한 그의 일기는 행초서로 기록한 한문일기 3권, 국문 일기 11권, 국한문 혼용 34권의 육필 노트 기록이다. 가람의 인생행로와 삶의 여정과 굴곡을 온전하고 세세하게 살필 수 있게 되었다. 한문 일기 3권, 국문 일기 11권, 국한문 혼용 34권의 육필 노트 기록으로 국어 표기상의 변화를 살필 수 있고, 가람의 문학적 연구뿐만 아니라 근 현대 우리의 사회적·문화적 연구에 다양한 자료로 활용될 것이다.

『한중록』, 『인형왕후전』, 『요로원야화기』, 『의유당일기』, 『근조내간선』, 『계축일기』 등 주해서는 여류문학과 내간체 등 한글의 아름다움과 문체를 보여주는 고전 작품으로 고전 부흥과 대중화를 선도했던 가람의 의도와 성과를 잘 드러내는 저술로 그 의의가 있다.

〈가람 전집의 단행본 수록 자료〉

종류	순	저서명	발표 연도	저자	출판사
시조집	1	가람시조집	1939	이병기	문장사
	2	현대시조삼인집	1951	이병기·조운·조남령	미발표
시조론	3	시조의 개설과 창작	1957	이병기	현대출판사
		시조와창작론 제1권	1957	이병기	발행자불명 (등사판)
문학사	4	국문학전사	1957	이병기·백철 공저	신구문화사
문학 개론	5	국문학개론	1961	이병기	일지사
		국문학개설	1950	이병기	전북대학교 문리과대학
일기	6	가람일기(미발표본)	1909-1960	이병기	육필노트
교주 및 주해	7	인현왕후전	1946	이병기 주해	박문출판사
	8	한중록	1947	이병기 주해	백양당
	9	의유당일기	1948	김의유당저·이병기 주	백양당
	10	요로원야화기 외 11편	1948	이병기 선해	을유문화사
	11	가루지기타령	1949	신재효선 이병기 교주	국제문화관
	12	어우야담	1949	유몽인저·이병기 교주	국제문화관
	13	계축일기	1956	이병기 주	단국대학교국어문학연구회
	14	한듕록	1961	이병기·김동욱 공주	민중서관

번역 및 선집	15	역대시조선	1940	이병기 교주	박문서관
	16	현대시조선총	1958	이병기·이태극 공편	새글사
	17	명시조감상	1958	이병기·신석정 공저	박영사
번역 및 선집	18	지나명시선	1944	이병기·박종화 공역	한성도서 주식회사
	19	근조내간선	1948	이병기 편주	국제문화관
	20	조선역대여류문집	1950	이병기·이병도 공편	을유문화사
교과서	21	문학독본 상	1948	이병기	상문당
	22	중등국어 1	1949	이병기	금룡도서
	23	중등국어 2	1949	이병기	금룡도서
	24	중등국어 3	1949	이병기	금룡도서
	25	중등국어 4	1949	이병기	금룡도서
	26	중등국어 5	1949	이병기	금룡도서
	27	중등국어 6	1949	이병기	금룡도서
	28	표준옛글	1955	이병기·정인승 공저	신구문화사
	29	표준 문예 독본	1955	이병기·정인승·백철 공편	신구문화사
	30	표준 고등 글본	1956	이병기·정인승·백철 공편	신구문화사
	31	표준 국문학사	1956	이병기·백철 공저	신구문화사
서지	32	서목: 가람이병기소장본	1963	이병기	발행자불명 (등사판)
	33	일사·가람문고 고서저자목록	1966	서울대 부속도서관	등사판
역사	34	어린이역사	1946	이병기	정음사
기타	35	고어집		이병기	육필노트

또한 일찍부터 시조를 창작하고 연구한 가람은 역대 시조들을 선별하여 소개하고 훌륭한 고시조와 현대시조들을 선집으로 펴냈다. 『역대시조선』(이병기 교주, 박문서관, 1940)은 고시조 307수를 엄선하여 이를 주석하여 편찬했다. 『명시조감상』(이병기·신석정 공저, 박영사, 1958)은 44편의 고시조는 가람이 주석하고 감상을 붙이고, 41편의 현대시조 부분은 신석정이 썼으며 고시조와 현대시조의 기준을 최남선의 시조로 하였다. 『현대시조선총』(이병기·이태극 공편, 새글사, 1958)은 1900년 이후에 등장한 명실상부한 현대시인 중에서 65명을 택하여 456편, 953수의 시조를 엮은 선집이다. 현대시조로는 처음 되는 앤솔러지로 시조를 살리고 싶고, 살려야 할 필요가 있고, 또 살릴 수 있다는 것은 가람의 시조 혁신에 대한 지론과 의지를 드러낸 저술이다

가람은 평생 교육자로 살면서 평생 한글운동과 국어교육에 헌신하고 광복 후 국어 교재 편찬과 국어교사 양성이 시급함을 강하게 주장한 가람은 광복 직후 군정청 편수관을 지냈으며 중등용 국어 교과서의 편수주임을 맡아 초·중등 국어교과서의 편찬에 관여하였다. 가람이 편찬한 국어교재는 『중등국어 1~6』를 비롯하여 『문학독본』, 『표준 옛글』(2회 개편), 『표준 문예독본』, 『표준 고등글본』, 『표준 국문학사』 등이 등 11권이 있다. 이들 교과서 자료의 내용은 가람의 문학론을 바탕으로 그의 문학작품 감상 기준과 비평적 안목에 의하여 고전·현대 문학의 모범이 될 만한 작품들로 선정하여 펴냈으며 이후 교과서 작품 선정에 큰 영향을 주었다.

『조선어문학 명저 해제』(『문장』(2권 8호, 1940. 8.))와 『한국명저해제』(『사조』 1권 1호~1권 7호, 1958. 6.~12.) 등 해제를 발표한 가람은 자신이 수집하여 소장한 고서를 기증하기 전 귀중본 희귀본 등으로 분류하여

『서목』을 작성하였다. 이후 가람은 생전 수집한 도서 4천2백여 권을 서울대에 기증하였다. 그중 고서는 따로 규장각 '가람문고'에 보관하고 있으며, 서울대 부속도서관에서는 그 목록으로 『일사·가람문고 고서저자목록』을 발행하였다. 가람이 수집하고 필사한 고서 자료는 국학연구의 귀중한 보물 창고이다. 따라서 이 자료는 가람 소장 목록을 효과적으로 볼 수 있는 자료로 전집 수록의 의미가 있다.

(2) 신문·잡지·학술지 수록 자료의 총량과 특성

신문과 잡지 및 학술지에 발표된 가람 저술은 현재까지 조사된 바로는 89종의 잡지와 학술지에 321편(372회), 29종의 신문에 333편(409회) 총 118종 지면에 654편(779회)을 게재하였다. 한편 『가람문선』에 수록한 아직 출전을 밝히지 못한 시조가 67편이다. 이것을 합하면 신문 잡지 전체 양은 721편(846회)이다.

〈가람 전집의 신문·잡지 자료 장르별 편수〉

순	잡지명	편수/횟수	순	잡지명	편수/횟수	순	신문명	편수/횟수
1	가정지우	1/1	46	신세기	2/2	1	가정신문	1/1
2	가톨릭청년	6/11	47	신소설	1/1	2	경향신문	1/2
3	개벽	1/1	48	신시대	1/1	3	국도신문	2/2
4	공제	1/1	49	신인문학	1/1	4	국학대학보	1/1
5	국어국문	2/3	50	신조	2/2	5	대학신문	1/1
6	국어국문학	1/1	51	신천지	3/3	6	독립신보	1/1
7	국어문학	6/6	52	야담	5/5	7	동광신문	1/1
8	금융조합	1/1	53	여성	3/8	8	동아일보	179/230

9	농민생활	1/1	54	예술원보	1/1	9	매일신보	1/1
10	농업조선	2/15	55	원광문화	1/1	10	민중일보	2/2
11	대동아	1/1	56	일석회갑 논문집	1/1	11	삼남일보	9/10
12	대조	1/1	57	자유문학	4/4	12	서울신문	5/5
13	대중공론	2/4	58	제일선	1/1	13	시대일보	15/12
14	동광	3/3	59	조광	7/7	14	신민일보	1/1
15	동방평론	1/1	60	조선강단	1/2	15	예술신문	1/1
16	동방학지	1/2	61	조선교육	1/1	16	자유신문	3/3
17	문예	2/2	62	조선문단	10/10	17	전북대학교보	24/24
18	문예공론	1/1	63	조선시단	2/1	18	전북일보	6/7
19	문장	26/41	64	조선어	1/1	19	제3특보	1/1
20	문학	1/1	65	중앙	7/7	20	조선사상 통신	2/2
21	문학사상	4/1	66	중학생	1/1	21	조선일보	63/78
22	문화	1/1	67	지리산	1/1	22	조선중앙 일보	4/4
23	민성	3/3	68	한국시인 전집	2/4	23	조선통신	2/10
24	박문	3/3	69	진단학보	2/4	24	중앙일보	1/1
25	반도사화와 낙토만주	7/7	70	청년	7/7	25	중외일보	2/2
26	백민	1/1	71	춘추	6/6	26	태백신문	1/1
27	별건곤	14/14	72	풍문	1/1	27	태양신문	1/2
28	불교	5/5	73	평론	1/1			
29	사상계	1/1	74	학등	5/5	28	학도주보	1/1
30	사조	1/7	75	학생	1/13	29	한국일보	1/1
31	삼천리	15/20	76	학호	1/1		신문 소계	332/409
32	삼천리문학	2/2	77	한글 (동인지)	6/6			

33	새교육	2/2	78	한글	10/10			
34	새벽	4/2	79	한얼	1/1			
35	새시대문학	1/1	80	해방기념 시집	1/1			
36	소년조선	1/1	81	향토서울	1/1			
37	시조	1/1	82	혁명	1/1			
38	시조문학	1/1	83	현대	1/1			
39	시조연구	3/1	84	현대문학	16/16			
40	시학	1/2	85	현대평론	2/2			
41	신가정	8/8	86	협동	1/1			
42	신동아	7/10	87	혜성	1/1			
43	신문화	1/1	88	호남절의사	1/1			
44	신민	17/17	89	휘문	8/8			
45	신생	24/26		잡지 소계	321/ 372		총계	654/ 779

신문이나 잡지는 시기별 또는 신문 잡지의 성격에 따라 차이가 있다. 가람의 국어 문법 연구 자료는 『조선강단』과 『가톨릭 청년』, 『대중공론』에서 볼 수 있고, 조선어학회 활동과 연구는 한글지를 통해 볼 수 있으며, 『문장』을 통해 고전 부흥과 대중화, 현대시조의 대중화와 시조 작가의 배출 등을 볼 수 있다. 이와 같이 시기별로 변화를 보이며 신문 잡지에 발표된 가람의 글은 그 특성을 달리한다.

가람은 시조부흥운동을 전개하였고 고시조 작품과 시조 연구를 통해 시조 이론을 명쾌하고 가장 활발하게 전개하였으며, 시조 혁신을 주장하고 현대시조의 발전을 이루어냈다. 『동아일보』, 『조선일보』, 『학생』, 『삼천리』 등 다양한 잡지와 신문에 연재를 통해 발표하였다. 순수 문예지가 아닌 『신가정』, 『농업조선』, 『금융조합』, 『협동』, 『여성』 등에 발표한 글

들은 일반 기관이나 대중 잡지 독자들을 대상으로 하는 성격에 맞는 글도 썼다. 그의 시조, 기행문, 평론들은 발표지의 성격과도 큰 연관성을 지닌다.

가람은 또한 중고등학교와 대학교에 교가 작사도 많은 분으로 유명하다 가람은 초등학교 교가 5편, 중고등학교 교가 28편, 대학교 교가 5편, 외에 기념가나 행사가 9편 등 47편을 작사하였다.

4. 가람 전집 자료 입력 방향

가람 전집은 1910년부터 1966년까지 기록과 출판된 저술들을 포함한다. 이 중 한글 맞춤법 통일안 이전 표기의 기록과 인쇄는 현대 맞춤법과는 많은 차이가 있다. 또한 당시의 열악한 출판 환경으로 출판 인쇄 상의 오류도 많다. 가람의 저술들은 시대별로 다른 음운, 어휘, 문법 등 표기상 차이를 드러내며, 개인적 언어 습관에 의한 표현 등 비표준어적 표기나 특수용어, 사투리 등이 사용되고 있다. 따라서 현대 맞춤법 통일안에 맞추어 일률적으로 적용하여 입력하는 것은 최대한 원문을 살리고자 하는 의도와 배치되는 작업이다. 이는 특히 원문의 충실성을 담보할 수 없으며 연구자들의 연구 정확성을 훼손할 우려가 있다.

가람 전집 발간의 두 가지 목표는 연구 자료 확보를 위한 원본의 충실과 가람의 학문과 문학의 대중화를 위한 가독성의 문제를 고려하여 간행하고자 하였다.

5. 전집의 장르 구분과 편집 체재

『가람 이병기 전집』은 창작(시조, 시, 수필, 일기, 번역)과 국문학 저서(국문학사, 국문학 개론, 논문, 평론), 구비문학·민속학 저서, 문헌-서지학, 국어학, 고전문학, 현대문학, 교육학·역사학 등, 다방면에 걸쳐서 남긴 현대 한국학의 업적이 종합 정리되어 있다. 총 30권의 방대한 분량으로 단행본 저술과 학술지, 잡지, 신문에 실린 가람의 저술, 육필 노트 등이 총 망라하여 수록한 대규모 작업이다.

이 전집의 최상위 구분-분류는 창작물과 연구물로 구분하였다. 창작물은 다시 시·시조·소설·수필·전기·번역·일기 등 6개 분야로 나누어 정리하였다. 연구물은 다시 국문학(고전문학, 현대문학), 구비문학·민속학, 국어학, 문헌·서지학, 교육학, 역사학 등 6개 분야로 나누어 정리하였다. 창작물 및 연구물의 각 하위 영역들에서는, 먼저 해당 하위분야의 단행본/저술을 배치하고, 그 뒤에 낱개로 발표된 창작물 혹은 연구물들을 배치하였다. 그에 따라 이들은 아래 표에 보는 바와 같이 각 해당 분야별로 구분하였고, 하위구분 내에서의 글의 배치 순서는 소제목별 연도순으로 하였다.

〈가람 이병기 전집 권별 목록〉

순	권	저술 내용	출판 상황
창작	1권	시조	2017-2021년 간행
	2권	시조·시	
	3권	한시 번역	
	4권	수필 I	
	5권	수필 II	
일기	6권	일기 I	

<table>
<tr><td rowspan="4"></td><td>7권</td><td>일기 II</td><td rowspan="4"></td></tr>
<tr><td>8권</td><td>일기 III</td></tr>
<tr><td>9권</td><td>일기 IV</td></tr>
<tr><td>10권</td><td>일기 V</td></tr>
<tr><td rowspan="5">국문학</td><td>11권</td><td>국문학전사</td><td rowspan="5">2022년
간행</td></tr>
<tr><td>12권</td><td>국문학개론, 시조의개설과창작</td></tr>
<tr><td>13권</td><td>국문학 논문·평론 I (신문·잡지)</td></tr>
<tr><td>14권</td><td>국문학 논문·평론 II (신문·잡지)</td></tr>
<tr><td>15권</td><td>국문학 논문·평론 III(신문·잡지)</td></tr>
<tr><td>구비문학·
민속학</td><td>16권</td><td>국문학 논문·평론 IV</td><td rowspan="9">2024년
간행</td></tr>
<tr><td rowspan="3">고전주해</td><td>17권</td><td>고전주해 I — 한중록·인현왕후전·계축일기·의유당일기</td></tr>
<tr><td>18권</td><td>고전주해 II — 근조내간선·요로원야화기·어우야담</td></tr>
<tr><td>19권</td><td>고전주해 III— 가루지기타령·기타</td></tr>
<tr><td rowspan="2">시조선</td><td>20권</td><td>시조선집 I — 역대시조선·명시조감상·잡지시조선</td></tr>
<tr><td>21권</td><td>시조선집 II — 현대시조선총</td></tr>
<tr><td>국어학</td><td>22권</td><td>국어학 논문·평론, 고어집</td></tr>
<tr><td>문헌서지</td><td>23권</td><td>문헌·서지학</td></tr>
<tr><td>역사</td><td>24권</td><td>역사학— 어린이역사·역사이야기·역사 평론</td></tr>
<tr><td rowspan="4">교육학</td><td>25권</td><td>교육학 I — 중등국어 1~6</td><td rowspan="6">2024년
간행</td></tr>
<tr><td>26권</td><td>교육학 II — 문학독본 상·표준 옛글</td></tr>
<tr><td>27권</td><td>교육학 III— 표준 문예 독본·표준 국문학사</td></tr>
<tr><td>28권</td><td>교육학 IV— 표준 고등 글본·교육 평론·편지작법·교가 및 기념가</td></tr>
<tr><td>사진 등</td><td>29권</td><td>편지와 친필 자료, 사진, 친지·후배들의 글</td></tr>
<tr><td>30</td><td>30권</td><td>총목차·색인</td></tr>
</table>

6. 앞으로의 방향과 남은 과제

전집 발간과 이에 따른 연구의 성과는 『가람 이병기 전집』의 발간과 더불어 산만하게 흩어져 있어 제대로 된 규모를 파악하지 못했던 가람 저술의 전모를 파악할 수 있도록 하는 기초자료이며 가람 연구의 초석이 될 것이다. 문화유산의 보존과 정리는 전통의 창조적 계승을 위해서 꼭 필요하다. 융합과 통섭의 정신이 주목되는 지금 가람학에 주목하는 이유는 가람학의 정립이 한국학 연구의 새 지평을 여는 연구이기 때문이다. 따라서 '가람학'의 정립은 가람의 학문 연구에 박차를 가하고 나아가 한국학의 재정립과 발전의 가능성을 한층 고양시킬 수 있는 활동이 될 것이다.

* 참고: 이경애, 「『가람 이병기 전집』 간행을 위한 자료 정리 및 가람학 정립의 방향 연구」, 『국어문학』 제64집, 2017.3.30.)

권별 목록과 색인

『가람 이병기 전집』 순서에 따른 권별 목록과 색인

『가람 이병기 전집』 권별 목록

권	책명	저술 내용
1권	가람 이병기 전집 1 시조	간행사, 축사, 연보, 해제, 가람시조집, 현대시조삼인집
2권	가람 이병기 전집 2 시조·시(신문·잡지 편)	시조·시(신문·잡지 편)
3권	가람 이병기 전집 3 번역시·소설·번역소설	번역시: 지나명시선, 기타, 소설, 번역소설, 전기
4권	가람 이병기 전집 4 수필 I	수필 I : 수필
5권	가람 이병기 전집 5 수필 II(기행·기타)	수필 II: 기행·기타 잡문
6권	가람 이병기 전집 6 일기 I	일기 I : 한문일기(1909. 4. 13.~1917. 3. 31.), 구일기초
7권	가람 이병기 전집 7 일기 II	일기 II: 일기(1919. 4. 14.~1923. 9. 11.)
8권	가람 이병기 전집 8 일기 III	일기 III: 일기(1923. 9. 12.~1931. 8. 27.)
9권	가람 이병기 전집 9 일기 IV	일기 IV: 일기(1931. 8. 28.~1946. 8. 31.)

10권	가람 이병기 전집 10 일기 V	일기 V: 일기(1946. 9. 1.~1966. 6. 20.)
11권	가람 이병기 전집 11 국문학저서 I	국문학저서 I: 국문학전사
12권	가람 이병기 전집 12 국문학저서 II	국문학저서 II: 국문학개론, 시조의 개설과 창작
13권	가람 이병기 전집 13 국문학 논문·평론 I	국문학 논문·평론 I (신문·잡지)
14권	가람 이병기 전집 14 국문학 논문·평론 II	국문학 논문·평론 II (신문·잡지)
15권	가람 이병기 전집 15 국문학 논문·평론 III	국문학 논문·평론 III(신문·잡지)
16권	가람 이병기 전집 16 국문학 논문·평론 IV	국문학 논문·평론 IV: 구비문학·민속학·논문·평론, 심사평, 기타
17권	가람 이병기 전집 17 고전주해 I	고전주해 I: 한중록, 인현왕후전, 계축일기, 의유당일기
18권	가람 이병기 전집 18 고전주해 II	고전주해 II: 근조내간선, 요로원야화기, 어우야담
19권	가람 이병기 전집 19 고전주해 III	고전주해 III: 주해서(가루지기타령), 잡지 주해(습수록, 고가사 이편, 윤씨행장)
20권	가람 이병기 전집 20 시조선집 I	시조선집 I: 역대시조선, 명시조감상, 잡지 시조선
21권	가람 이병기 전집 21 시조선집 II	시조선집 II: 현대시조선총
22권	가람 이병기 전집 22 국어학 논문·평론, 고어집	국어학 논문·평론, 고어집
23권	가람 이병기 전집 23 문헌·서지학	문헌·서지학: 서지 논문·평론, 서지 해제, 서지 탐방·기타, 서지 목록
24권	가람 이병기 전집 24 역사학	역사학: 어린이역사, 역사 이야기, 역사 평론

25권	가람 이병기 전집 25 교육학 Ⅰ	교육학 Ⅰ: 중등국어 1-6
26권	가람 이병기 전집 26 교육학 Ⅱ	교육학 Ⅱ: 문학독본 상, 표준 옛글
27권	가람 이병기 전집 27 교육학 Ⅲ	교육학 Ⅲ: 표준 문예 독본, 표준 국문학사
28권	가람 이병기 전집 28 교육학 Ⅳ	교육학 Ⅳ: 표준 고등 글본, 교육 평론, 편지 작법, 교가 및 기념가
29권	가람 이병기 전집 29 편지와 친필 자료, 사진, 친지·후배들의 글	편지와 친필 자료, 사진, 친지·후배들의 글
30권	가람 이병기 전집 30 총목차·색인	총목차, 색인

가람 이병기 전집

❶

시조

전북대학교
출판문화원

목차

一

계곡溪谷 • 77

대성암大聖庵 • 79

도봉道峯 • 80

천마산협天磨山峽 • 81

박연폭포朴淵瀑布 • 82

가섭봉迦葉峯 • 83

만폭동萬瀑洞 • 84

총석정叢石亭 • 85

해불암海佛庵 • 86

월출산月出山 • 87

二

난초蘭草 (一) • 91

난초蘭草 (二) • 92

난초蘭草 (三) • 93

난초蘭草 (四) • 94

매화梅花 • 95

수선화水仙花 • 96

파초芭蕉 • 97

서향瑞香 • 98
오동梧桐꽃 • 99
함박꽃 • 100
포도葡萄 • 101
옥잠화玉簪花 • 102
수송垂松 • 103
백송白松 • 104

三

젖 • 107
돌아가신 날 • 108
그리운 그날 (一) • 109
그리운 그날 (二) • 110
고토故土 • 111
시름 • 113
백묵白墨 • 114
병석病席 • 115
그 뜻 • 116
고곰[瘧疾] • 117
시마詩魔 • 118

四

주시경 선생周時經先生의 묻엄 • 121

광릉光陵 • 122
석굴암石窟庵 • 123
부소산扶蘇山 • 124
송광사松廣寺 • 125
매창梅窓뜸 • 126
노석老石의 열반涅槃 • 127
정산鼎汕을 보내며 • 128
서해曙海를 묻고 • 129
추도追悼 (一) • 130
추도追悼 (二) • 131
죽음 • 132

五

괴석怪石 • 135
뜰 • 136
바람 • 137
별 • 138
구름 • 139
바다 • 140
낙엽落葉 • 141
밤[栗] • 142
풀버레 • 143
소나기 • 144

비 (一) • 145
비 (二) • 146
비 (三) • 147
우레 • 148
밤 (一) • 149
밤 (二) • 150
봄 (一) • 151
봄 (二) • 152
여름 • 153
저므는 가을 • 154
겨을밤 • 155
희제戱題 (一) • 156
희제戱題 (二) • 157
희제戱題 (三) • 158
희제戱題 (四) • 159
발跋 • 161

가람 이병기 전집

2

시조·시

(신문·잡지 편)

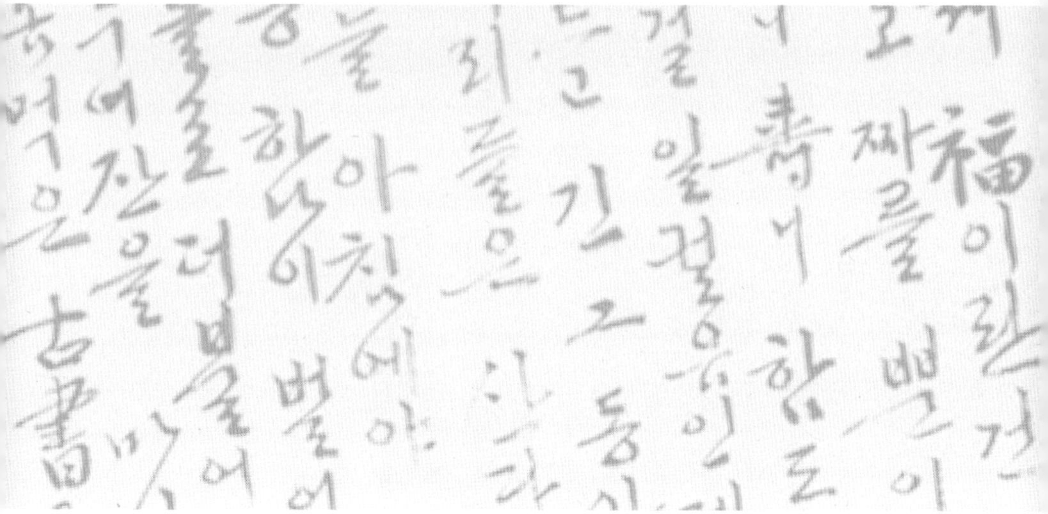

전북대학교
출판문화원

목차

Ⅰ. 시조

1. 갈길 • 29
2. 달밤에 • 29
3. 할아버님 무덤 아페서 • 29
4. 제주齊州ㅅ길에: • 30
   목포木浦
   다도해多島海
   명량鳴梁
   제주濟州
   관음사觀音寺
   한라산漢拏山
   서귀포西歸浦
   한해瀚海
   애월포涯月浦
5. 탄식嘆息 • 35
6. 전춘餞春 • 35
7. 한강漢江을 지나며 • 36
8. 고향故鄕ㅅ길에 • 36
9. 탄식 • 37
10. 이태원梨泰院 묘지墓地에서 • 37

11. 쏘 • 38
12. 즉경即景 • 38
13. 만감慢感 • 38
14. 야기회우夜起懷友 • 39
15. 평화平和 • 40
16. 솟 • 40
17. 태극정太極亭 • 41
18. 열무정閱武亭 • 41
19. 인왕산仁旺山 저믄날 • 42
20. 평화平和 • 43
21. 망월望月 • 44
22. 소년행少年行 • 44
23. 종묘宗廟에 • 45
24. 청천晴天 • 45
25. 쏘 • 46
26. 만감漫感 • 47
27. 님 • 47
28. 동경憧憬 살별 • 48
29. 봉천행奉天行(九章): • 49
청천강淸川江
압록강鴨綠江
쏘
압록강鴨綠江 건너서

봉황성鳳凰城

심양瀋陽

30. 봉천행奉天行(九章) (續): • 52

심양瀋陽

또

또

31. 셋재 아우 여힌 한 돌(三章) • 53

또

또

32. 추도 이수영군追悼李壽永君(三章) • 54

또

또

33. 큰물(八章) • 55

또

또

또

또

또

또

또

34. 만감漫感 • 58

35. 어느 벗에게 • 59

36. 고苦 • 59

37. 우야雨夜 • 59
38. 평양십영平壤十詠 • 60
39. 알흐면서 어버이 생각 • 62
40. 시조 삼장時調三章 • 63
41. 부여행扶餘行: • 64
백제왕릉百濟王陵에서
부소산扶蘇山에서
42. 밤 든 서울 • 65
43. 새해에 • 66
44. 한글 기림 • 67
45. xx군君에게 • 68
46. 소루장이 • 69
47. 고향으로 돌아 돌아갑시다 • 70
48. 탈[假面] • 71
49. 봄의 마을ㅅ집 • 73
50. 아가씨와 개나리 • 75
51. 봄의 서울 • 77
52. 새벽길 • 78
53. 으스름 달밤 • 79
54. 정주행靜州行: • 80
운교반雲橋畔에서
해불암海佛庵에서
영호暎湖의 배놀이

써난 뒤
55. 야시(사설시조辭說時調) • 84
56. 두겸 뒤지기 • 85
57. 가을 • 86
58. 사랑하는 ××에게 • 87
59. 경주慶州를 보고 (一): • 88
반야월半夜月 (一)
반야월半夜月 (二)
반야월半夜月 (三)
봉황대鳳凰臺
60. 경주慶州를 보고 (二): • 90
월성月城 (一)
월성月城 (二)
안압지雁鴨池
문천蚊川
61. 경주慶州를 보고 (三): • 92
불국사佛國寺
석굴암石窟庵 (一)
석굴암石窟庵 (二)
석굴암石窟庵 (三)
62. 경주慶州를 보고 (四): • 94
석굴암石窟庵 (四)
토함산吐含山 (一)

토함산吐含山 (二)
태종무열왕릉太宗武烈王陵 (一)
태종무열왕릉太宗武烈王陵 (二)
태종무열왕릉太宗武烈王陵 (三)
104. 산수정회山水情懷 (三): • 147
순천順天 송광사松廣寺
105. 월출산月出山 • 148
106. 봄 • 150
107. 삼매희三昧喜 • 151
108. 새 봄 • 153
109. 화장장火葬場에서 • 155
110. 별 • 156
111. 한흰샘 스승님 • 157
112. 추억追憶 • 159
113. 가을 • 160
114. 자연自然의 정情: • 161
오동梧桐꽃
종묘宗廟숲
백매白梅
115. 새해 • 163
116. 대흥산성大興山城 • 164
117. 홍도紅桃 • 165
118. 주시경선생 묘周時經先生墓 • 166

119. 백송白松 • 167
120. 천문대天文臺 • 168
121. 함박꽃 • 169
122. 달 • 169
123. 행주幸州 • 170
124. 가을 • 172
125. 실솔蟋蟀 • 173
126. 다드미 • 174
127. 야국野菊 • 175
128. 백마강白馬江 • 176
129. 궁문宮門 • 177
130. 괴석怪石 • 178
131. 추천鞦韆 • 179
132. 장마 • 180
133. 난초蘭草 • 181
134. 천마산협天摩山峽 • 182
135. 옥잠화玉簪花 • 183
136. 수선화水仙花 • 184
137. 괴후乖候 • 185
138. 석굴암石窟庵 • 186
139. 그리운 옛날 • 187
140. 나리는 비 • 188
141. 희작戱作 • 189

142. 백묵白墨 • 190
143. 다람쥐 • 191
144. 산山ㅅ비 • 192
145. 매창묘梅窓墓에서 • 193
146. 낙엽落葉 • 195
147. 난초蘭草 • 196
148. 아이와 꽃 • 197
149. 대성암大聖菴 • 199
150. 우수영右水營 • 200
151. 가섭봉迦葉峰 • 201
152. 맘 • 202
153. 고故 이갑군李鉀君 • 203
154. 오후 풍경午後風景 • 204
155. 근음 수제近吟數題: • 205
천문대天文臺·
백송白松
156. 구름 • 207
157. 죽엄 • 207
158. 수송壽松 • 208
159. 그리운 그날 • 209
160. 매화梅花 • 210
161. 밤[栗] • 211
162. 난초蘭草 • 212

163. 비 • 213
164. 시마詩魔 • 214
165. 호암묘湖巖墓 • 215
166. 고서古書 • 216
167. 축 창간 이십 주년祝創刊二十周年 • 217
168. 그 방 • 218
169. 답교踏橋 • 219
170. 파랑새 • 220
171. 녹음송綠陰頌 • 221
172. 나오라 • 222
173. 천량 • 223
174. 삼·일三·一날 • 224
175. 횃불 • 225
176. 길 • 226
177. 해방 이후 • 227
178. 나의 조국祖國 • 228
179. 국어대사전 간행 축國語大辭典刊行祝 • 229
180. 홍원감방洪原監房에서 • 230
181. 비 • 232
182. 근음 삼수近吟三首: • 233
백화근白花槿
열무
모기

183. 농촌화첩農村畫帖 • 234
184. 신춘新春 • 235
185. 별 • 236
186. 추석秋夕 • 237
188. 낭이꽃 • 239
189. 을미 원조乙未元朝 • 240
190. 새벽 • 242
191. 도중점경途中點景 • 243
192. 정원庭園의 가을 • 244
193. 고향故鄕으로 돌아가자 • 245
194. 나의 화단花壇 • 246
청매青梅
풍란風蘭
백련白蓮
195. 비 • 249
196. 해인사海印寺 • 250
197. 살릴 이 • 252
198. 내 한생生 • 253
199. 농촌農村의 명랑明郞 • 254
200. 고향 • 255
201. 외로운 이 마음 • 256
202. 국제시장國際市場 • 257
203. 근영 이편近詠二篇: • 258

농인農人의 말
상인商人의 말
204. 매梅·수선水仙·난蘭·국菊 • 259
205. 청매靑梅 • 260
206. 풍란風蘭 • 261
207. 난蘭과 매梅 • 261
208. 오목대梧木臺 • 262
209. 그 여름도 갔다 • 263
210. 산길 • 264
211. 박연폭포朴淵瀑布 • 265
212. 시름 • 266
213. 수우재守愚齋 • 267

Ⅱ. 가람문선 수록 시조

1. 홍원저조洪原低調 • 271
2. 이 밤 • 275
3. 해방전解放前 • 276
4. 우리 님 • 276
5. 호패뜨기 • 277
6. 탱자울 • 278
7. 갑오 원조甲午元朝 • 278
8. 밀보리 • 279
9. 도림란道林蘭 • 279

10. 난蘭과 매梅 • 280
11. 매화梅花 • 281
12. 청매靑梅 (一) • 282
13. 청매靑梅 (三) • 282
14. 향香의 가을 • 283
15. 꽃 • 284
16. 시루꽃너물 • 284
17. 공손수公孫樹 • 285
18. 그 방 • 286
19. 창窓 • 287
20. 발[簾] • 288
21. 천정天井 • 289
22. 산초山椒 • 290
23. 처妻 • 291
24. 이리裡里서 • 292
25. 나진羅津·임보환군林普桓君에게 • 292
26. 재동이 • 293
27. 고향故鄕길에 • 294
28. 내 고장 • 295
29. 파리 • 295
30. 갈보리 • 296
31. 비 • 296
32. 봄 아침 • 297

33. 늦비 • 297

34. 모기·빈대 • 298

35. 말복末伏 • 298

36. 쓰르라미 • 299

37. 별 • 299

38. 하루 • 300

39. 시장市場 • 301

40. 촛불 • 301

41. 첫눈 • 302

42. 눈 (一) • 302

43. 눈 (二) • 303

44. 눈 (三) • 303

45. 보리 • 304

46. 부산행釜山行 • 305

부산

송도

해운대

47. 부산釜山 • 307

48. 금강錦江 • 308

49. 농촌화첩農村畫帖 (一) • 309

50. 농촌화첩農村畫帖 (三) • 310

51. 청우헌聽雨軒 • 310

52. 보광보살普光菩薩 • 311

53. 인생人生의 고개 • 312
54. 채형蔡兄 만식萬植이여 • 312
55. 곡哭 이수훈군李洙薰君 • 313
56. 호암湖岩의 무덤 • 313
57. 선계부회갑先季父回甲 • 314
58. 애도哀悼 • 315
59. 탄식歎息 • 315
60. 아들을 생각고 (一) • 316
61. 아들을 생각고 (二) • 316
62. 송별送別 • 317

Ⅲ. 시·신시·속요

1. 수레 뒤에서 • 321
2. 도悼 이李마리아 • 325
3. 부엉더기 설음 • 327
4. 봉선화 • 328
5. 경회루慶會樓 • 330
6. 전주 한벽당全州寒碧堂(구고중舊稿中) • 331
7. 증우인贈友人 • 331
8. 고물古物 • 332
9. 말, 소 • 332
10. 젊은이 놀애 • 333
11. 구즌비 • 334

가람 이병기 전집

3

번역시·소설 ·번역소설

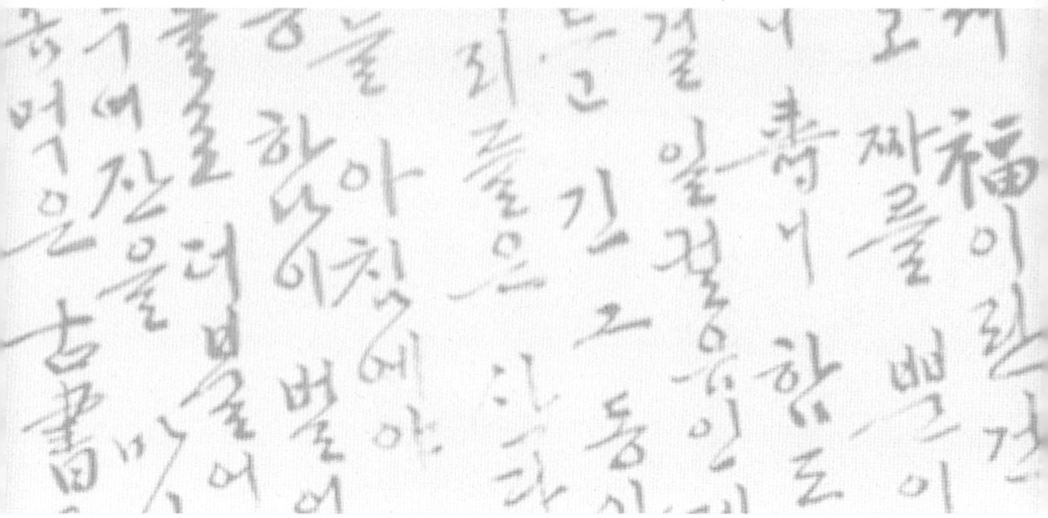

전북대학교
출판문화원

목차

I. 이태백시선李太白詩選 이병기李秉岐 역주譯註 • 23

이태백李太白의 생애生涯와 문장文章 • 25

경하비이교회자방經下邳圯橋懷子房 • 29
심옹존사은거尋雍尊師隱居 • 30
원정怨情 • 31
구호오왕미인반취口號吳王美人半醉 • 32
월녀사越女詞 • 33
자오야가子夜吳歌 • 34
추포음秋浦吟 • 35
파주문월把酒問月 • 37
괘석강상대월유회挂席江上待月有懷 • 38
오야제烏夜啼 • 39
대설헌종형우성재對雪獻從兄虞城宰 • 40
정야사靜夜思 • 41
청평조사淸平調詞 삼수三首 • 42
산중문답山中問答 • 43
춘일독좌기정명부春日獨坐寄鄭明府 • 44
망종남산기자각은자望終南山寄紫閣隱者 • 45

수중초樹中草 • 46
군마황君馬黃 • 47
류야랑제규엽流夜郎題葵葉 • 48
견야초중유일백두옹도見野草中有日白頭翁堵 • 49
첩박명妾薄命 • 50
황강사橫江詞 • 51
원정怨情 • 52
자견自遣 • 53
영린여동창해석류詠鄰女東窗海石榴 • 54
우인회숙友人會宿 • 55
대주부지待酒不至 • 56
관원단구좌무산병풍觀元丹丘坐巫山屛風 • 57
심고봉석문산중원단구尋高鳳石門山中元丹丘 • 58
심산승불우尋山僧不遇 • 59
하일산중夏日山中 • 60
산중여유인대작山中與幽人對酌 • 61
춘일취기언지春日醉起言志 • 62
방대천산도사불우訪戴天山道士不遇 • 63
남경서회覽鏡書懷 • 64
청촉승준탄금聽蜀僧濬彈琴 • 65
의고擬古 • 66
백로자白鷺鷥 • 68
영계詠桂 • 69

제원단구산거題元丹丘山居 • 70
기원寄遠 • 71
삼오칠언三五七言 • 72
희증두보戲贈杜甫 • 73
제봉정사題峯頂寺 • 74
동일귀구산冬日歸舊山 • 75
하릉양연고계삼문육자탄下陵陽沿高溪三門六刺灘 • 76
촉도난蜀道難 • 77
행로난行路難 • 80
증내贈內 • 81
상삼협上三峽 • 82
춘일독작春日獨酌 • 83
송양산인귀숭산送楊山人歸嵩山 • 84
하종남산과곡사산인숙치주下終南山過斛斯山人宿置酒 • 85
춘사春思 • 86
심노성북범거사실도락창이중견범치주적창이작
尋魯城北范居士失道落蒼耳中見范置酒摘蒼耳作 • 87
오서곡烏棲曲 • 89
고객행估客行 • 90
고구려高句麗 • 91
답우인증오사모答友人贈烏紗帽 • 92
증황산호공구백한贈黃山胡公求白鷴 • 93
양양곡襄陽曲 • 94
고풍古風 • 95

옥계원玉階怨 • 96
초출금문심왕시어불우영벽상앵무初出金門尋王侍御不遇詠壁上鸚鵡 • 97
증맹호연贈孟浩然 • 98
월하독작月下獨酌 • 99
곡선성선양기수哭宣城善釀紀叟 • 100
기동노이치자寄東魯二稚子 • 101
여산요기로시어허주廬山謠寄盧侍禦虛舟 • 103
송은숙送殷淑 • 105
독좌경정산獨坐敬亭山 • 106
억동산憶東山 • 107
장진주將進酒 • 108
장간행長干行 • 110
고랑월행古郎月行 • 112
등태백登太白 • 114
북상행北上行 • 115

2. 두시선杜詩選 박종화朴鍾和 역주譯註 • 117

두자미전杜子美傳 • 119

칠언절구七言絶句
곽국부인虢國夫人 • 123
절구 일수絶句一首 • 124

만성 일수漫成一首 • 125
만흥 구수漫興九首 • 126
해민 십이수 중解悶十二首中 • 128
오언절구五言絶句
절구 삼수絶句三首 • 129
절구絶句 • 130
절구 육수絶句六首 • 131
절구 삼수絶句三首 • 133
복수 십이수復愁十二首 • 134
오언율시五言律詩
유자遊子 • 137
자랑주영처자극부촉산행 삼수自閬州領妻子部赴蜀山行三首 • 138
발담주發潭州 • 140
객야客夜 • 141
객정客亭 • 142
우목寓目 • 143
유회遣懷 • 144
여야서회旅夜書懷 • 145
월야月夜 • 146
주월야대역근사舟月夜對驛近寺 • 147
우雨 • 148
등악양루登岳陽樓 • 149
등왕정자滕王亭子 • 150

도의擣衣 • 151
칠언율시七言律詩
한별恨別 • 152
문관군수하남하북聞官軍收河南河北 • 153
강상치수여해세료단술江上值水如海勢聊短述 • 154
수愁 • 155
즉사卽事 • 156
곡강이수曲江二首 • 157
추흥 팔수秋興八首 • 159
등고登高 • 166
십이월일일十二月一日 • 167
입춘立春 • 168
가행歌行
여인행麗人行 • 169
빈교행貧交行 • 171
청양씨가聽楊氏歌 • 172
백사행白絲行 • 174
음중팔선가飮中八僊歌 • 176
건원중우거동곡현乾元中寓居同谷縣 • 179

가람 이병기 전집

4

수필 I

전북대학교
출판문화원

목차

수필

말음 형兄님에게 • 17
말음 형兄님에게 (二) • 20
교단에 선 마음 • 24
진실한 소리 (一) • 28
진실한 소리 (二) • 30
사구라 벗지꽃 • 32
어느 날 밤 • 34
가믈 • 35
금붕어金盼魚 • 37
저믄 날 • 39
녀름 달 (一) • 40
녀름 달 (二) • 42
녀름 새벽 • 44
취운정 놀이 • 46
그리운 가을밤 • 49
영도사永導寺에서 • 52
조釣의 일일一日 • 56
주시경선생周時經先生 인상기印象記 • 61
세모감歲暮感 • 65

매화梅花 • 67
납량음악회納涼音樂會 • 73
경무대景武臺 • 77
소춘小春 • 80
책사冊肆와 독서讀書 • 84
홍수洪水를 같이 겪든 일 • 87
'가람'의 출전出典과 유래由來 • 91
가로街路 • 93
백옥경白玉京 • 95
병病집은 하나 • 97
온돌야화溫突夜話 • 101
노인정老人亭 • 105
벳쟁이 • 108
해란海蘭과 야매野梅 (上) • 112
해란海蘭과 야매野梅 (下) • 116
서호西湖의 밤 • 120
박연암朴燕巖 선생先生 • 124
서권기書卷氣 • 129
독서讀書 • 133
초하初夏의 교외郊外 • 136
독서讀書와 서지書誌 • 139
여름 가정 풍경 • 149
낙엽 • 151

벌레소리 • 153
농촌農村의 고담古談 • 155
사주풍경四柱風景 • 163
해방 전후기解放戰後期 ① • 166
해방 전후기解放戰後期 ② • 168
해방 전후기解放戰後期 • 172
불우不遇한 문일평文一平 군君 • 175
유행流行과 습관習慣 • 179
『문장文章』을 회고回顧하며 • 183
백련白蓮 (1) • 191
풍란風蘭 • 195
덕진 호반德津湖畔 • 199
매화梅花 • 203
촛불 • 206
난초蘭草 • 210
세종대왕世宗大王의 독서讀書와 창작創作 • 214
오공즙蜈蚣汁 • 218
백련白蓮 • 224
매란梅蘭과 새해 • 227
구龜·율栗·우牛·송松의 교분交分 • 231
백련白蓮 • 235
나의 한 돌이켜 생각나는 옛날 • 240
아호 풀이: '가람'의 변辯 • 244

가람 이병기 전집

5

수필 II

전북대학교
출판문화원

목차

기행

모악산행기母岳山行記 • 17
부여행扶餘行 • 22
정주 소품靜洲小品 • 25
가을의 경주慶州를 차저 (一) • 33
가을의 경주慶州를 차저 (二) • 36
가을의 경주慶州를 차저 (三) • 40
가을의 경주慶州를 차저 (四) • 43
남위례성南慰禮城을 차즈며 (一) • 47
남위례성南慰禮城을 차즈며 (二) • 51
남위례성南慰禮城을 차즈며 (三) • 54
남위례성南慰禮城을 차즈며 (四) • 57
사비성泗沘城을 찾는 길에 (一) • 59
사비성泗沘城을 찾는 길에 (二) • 61
사비성泗沘城을 찾는 길에 (三) • 64
사비성泗沘城을 찾는 길에 (四) • 67
사비성泗沘城을 찾는 길에 (五) • 72
지상원족誌上遠足 • 75
낙화암落花巖을 찾는 길에 • 80
내장산內藏山의 단풍 • 84

권별 목록과 색인 87

한라산漢拏山 • 88
경주慶州의 달밤 • 95
한라산漢拏山 꼭대이를 향向하야 • 100
마한 고도 익산馬韓古都益山 • 106
후백제 고도 전주後百濟古都全州 • 111
박연행朴淵行 • 118
한양漢陽의 춘교春郊 • 122
자연自然으로 본 경주慶州 • 131
개성開城의 자연自然 • 134
신라新羅 고도古都의 추성秋聲 • 139
해산유기海山遊記 (一) • 142
해산유기海山遊記 (二) • 148
해산유기海山遊記 (三) • 155
해산유기海山遊記 (四) • 161
해산유기海山遊記 (五) • 164
해산유기海山遊記 (六) • 167
해산유기海山遊記 (七) • 170
해산유기海山遊記 (八) • 175
해산유기海山遊記 (完) • 180
서사정逝斯亭과 범양정泛樣亭 • 183
경산 사찰기京山四刹記 • 190
경산 사찰기京山四刹記 (승전承前) • 199
지리·역사·풍광地理歷史風光으로 본 금강산金剛山 • 212

낙화암落花岩 • 224
대은암大隱岩 • 239
도봉산행道峯山行 • 243
남원행南原行 (上) • 249
남원행南原行 (下) • 253

기타 잡문

대중大衆의 기대期待에 부副하라 • 261
내가 본 나, 명사名士의 자아관自我觀 • 263
내가 좋아하는 화초花草와 내 집의 화초花草 • 271
황진이黃眞伊의 시조時調 일수一首가 지침指針 • 273
신인新人 조남령趙南嶺 군君 • 276
시객심회詩客心懷 • 277
나의 독서관讀書觀 • 280
삼천만三千萬의 기원祈願, 기필코 성공成功식히기 바란다 • 282

가람 수필: 기행/잡문 목록 일람표 • 283

가람 이병기 전집

❻

일기 I

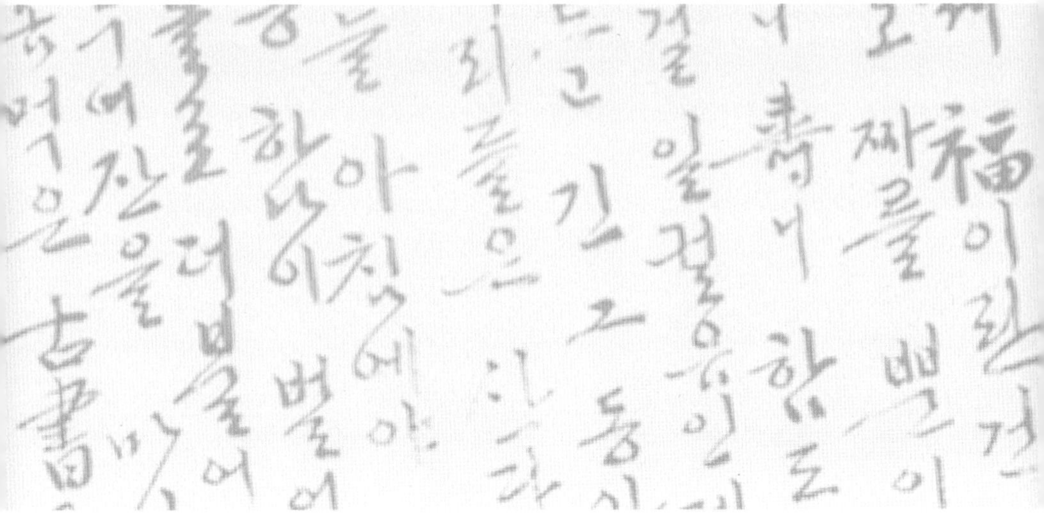

전북대학교
출판문화원

목차

한문일기 제1권 (1909. 4. 13. ~ 1912. 12. 31.) • 13

일지日誌 一 : 원문(1909. 4. 13. ~ 1912. 12. 31.) • 15

일지日誌 一 : 번역문(1909. 4. 13. ~ 1912. 12. 31.) • 139

한문일기 제2권 (1913. 1. 1. ~ 1915. 3. 24.) • 323

일지日誌 二 : 원문(1913. 1. 1. ~ 1915. 3. 24.) • 325

일지日誌 二 : 번역문(1913. 1. 1. ~ 1915. 3. 24.) • 409

한문일기 제3권 (1915. 3. 25. ~ 1917. 3. 31.) • 567

일지日誌 三 : 원문(1915. 3. 25. ~ 1917. 3. 31.) • 569

일지日誌 三 : 번역문(1915. 3. 25. ~ 1917. 3. 31.) • 643

구일기초舊日記抄 (1910. 4. 5. ~ 1911. 8. 31.) • 795

가람 이병기 전집

7

일기 Ⅱ

전북대학교
출판문화원

목차

1919년 일기 4권 (1919. 4. 14. ~ 1919. 8. 31.) • 13

한문일기(1919. 4. 14. ~ 1919. 8. 15.) • 15

한글일기(1919. 8. 12. ~ 1919. 8. 31.) • 27

일기 5권 (1919. 9. 1. ~ 1919. 9. 25.) • 59

일기 6권 (1919. 9. 27. ~ 1919. 10. 19.) • 103

일기 7권 (1919. 10. 20. ~ 1919. 12. 6.) • 127

1920년 일기 8권 (1919. 12. 7. ~ 1920. 5. 16.) • 159

일기 9권 (1920. 5. 17. ~ 1920. 6. 14.) • 207

일기 10권 (1920. 6. 15. ~ 1920. 7. 19.) • 233

일기 11권 (1920. 7. 20. ~ 1920. 9. 12.) • 261

일기 12권 (1920. 9. 13. ~ 1920. 11. 30.) • 295

1921년 일기 13권 (1920. 12. 1. ~ 1921. 2. 9.) • 331

일기 14권 (1921. 2. 10. ~ 1921. 5. 14.) • 373

일기 15권 (1921. 5. 15. ~ 1921. 12. 31.) • 423

1922년 일기 16권 (1922. 1. 1. ~ 1922. 7. 31.) • 435

일기 17권 (1922. 8. 1. ~ 1922. 12. 31.) • 479

1923년 일기 18권 (1923. 1. 1. ~ 1923. 7. 15.) • 527

일기 19권 (1923. 7. 16. ~ 1923. 9. 11.) • 579

가람 이병기 전집

8

일기 Ⅲ

전북대학교
출판문화원

목차

1923년 일기 20권 (1923. 9. 12. ~ 1923. 10. 31.) • 13
일기 21권 (1923. 11. 1. ~ 1924. 3. 25.) • 49
1924년 일기 22권 (1924. 3. 26. ~ 1924. 6. 5.) • 107
일기 23권 (1924. 6. 6. ~ 1924. 8. 17.) • 139
일기 24권 (1924. 8. 18. ~ 1925. 10. 7.) • 169
1925년 일기 25권 (1925. 10. 8. ~ 1926. 6. 30.) • 229
1926년 일기 26권 (1926. 7. 1. ~ 1927. 7. 26.) • 271
1927년 일기 27권 (1927. 7. 27. ~ 1928. 8. 13.) • 327
1928년 일기 28권 (1928. 8. 14. ~ 1929. 7. 19.) • 407
1929년 일기 29권 (1929. 7. 20. ~ 1930. 9. 21.) • 463
1930년 일기 30권 (1930. 9. 22. ~ 1931. 7. 23.) • 519
1931년 일기 31권 (1931. 7. 24. ~ 1931. 8. 27.) • 563

가람 이병기 전집

9

일기 Ⅳ

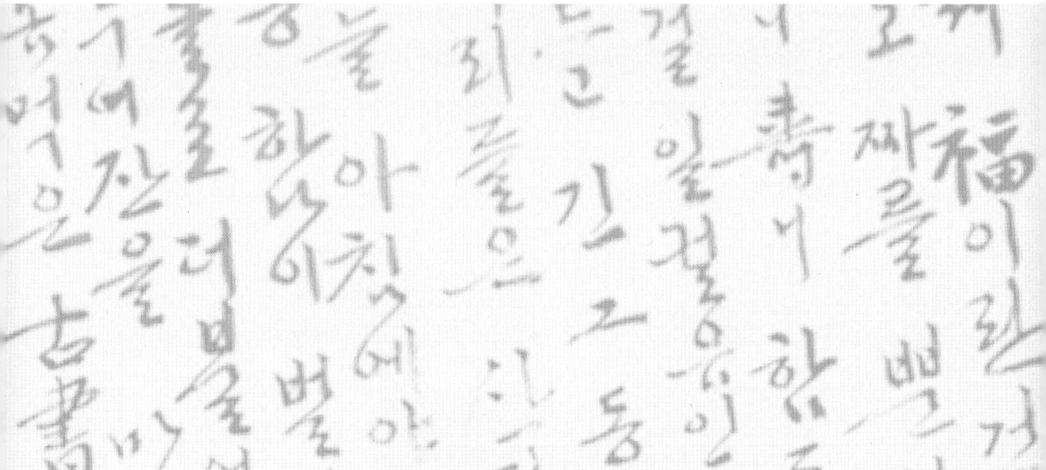

전북대학교
출판문화원

목차

1931년 **일기 32권** (1931. 8. 28. ~ 1932. 4. 22.) • 13

1932년 **일기 33권** (1932. 4. 23. ~ 1933. 1. 22.) • 75

1933년 **일기 34권** (1933. 1. 23. ~ 1934. 7. 3.) • 153

1934년 **일기 35권** (1934. 7. 4. ~ 1935. 5. 16.) • 227

1935년 **일기 36권** (1935. 5. 17. ~ 1937. 2. 3.) • 265

1937년 **일기 37권** (1937. 2. 4. ~ 1938. 8. 31.) • 343

1938년 **일기 38권** (1938. 9. 1. ~ 1939. 12. 31.) • 427

1940년 **일기 39권** (1940. 1. 1. ~ 1941. 4. 19.) • 499

1941년 **일기 40권** (1941. 4. 20. ~ 1942. 4. 30.) • 573

1942년 **일기 41권** (1942. 5. 1. ~ 1942. 10. 22.) • 639

1943년 **일기 42권** (1943. 9. 12. ~ 1944. 4. 30.) • 675

1944년 **일기 43권** (1944. 5. 1. ~ 1946. 8. 31.) • 725

가람 이병기 전집

⑩

일기 V

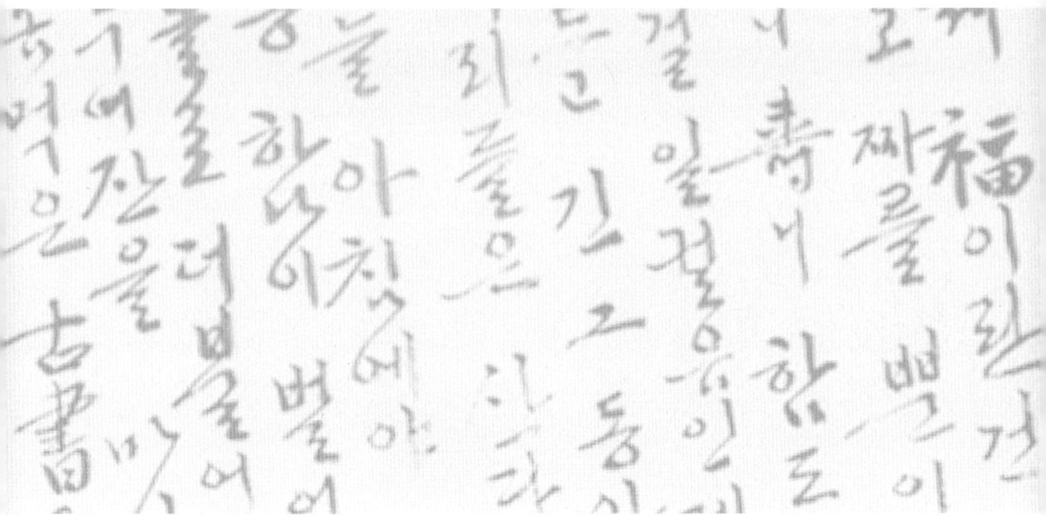

전북대학교
출판문화원

목차

1946년 일기 44권 (1946. 9. 1. ~ 1948. 3. 25.) • 13
1948년 일기 45권 (1948. 3. 26. ~ 1949. 10. 8.) • 123
1949년 일기 46권 (1949. 10. 9. ~ 1950. 10. 5.) • 221
1950년 일기 47권 (1950. 10. 6. ~ 1951. 12. 21.) • 285
1951년 일기 48권 (1951. 12. 22. ~ 1954. 8. 27.) • 365
1954년 일기 49권 (1954. 8. 28. ~ 1957. 10. 5.) • 505
1958년 일기 50권 (1958. 2. 7. ~ 1964. 9. 30.) • 703
1964년 일기 51권 (1964. 10. 1. ~ 1966. 6. 20.) • 757

색인 [가람 6–10권(일기 Ⅰ–Ⅴ)]

ㄱ

가곡보감 9권–189, 209, 10권–71, 282, 700
가곡원류 9권–303, 465, 466, 468, 481, 91, 128, 185, 186, 201, 256, 290, 532, 597, 663, 682
가람 6권–1, 3, 5, 6, 7, 8, 114, 144, 161, 173, 174, 175, 181, 182, 191, 196, 202, 241, 242, 246, 247, 254, 286, 317, 414, 424, 425, 427, 437, 438, 441, 443, 450, 461, 478, 496, 504, 523, 552, 650, 651, 658, 662, 670, 672, 694, 696, 697, 704, 716, 727, 740, 742, 745, 751, 754, 756, 767, 785, 787, 788, 795, 808, 7권–1, 3, 5, 6, 7, 8, 19, 22, 23, 53, 75, 114, 147, 165, 185, 246, 254, 259, 271, 423, 628, 8권–1, 3, 7, 8, 604, 9권–1, 3, 5, 6, 7, 8, 35, 360, 436, 452, 480, 604, 667, 892, 10권–1, 3, 5, 6, 7, 8, 130, 135, 357, 482, 585, 633, 639, 703, 747, 750, 757, 824
가람문고실 10권–750
가람시조집 9권–436, 10권–135, 639
가루지기타령 10권–147, 148, 183
가마귀 7권–287, 604, 605, 8권–60, 153, 9권–376, 668, 669
가사집 9권–203, 208, 597, 10권–213, 539
가소민 9권–419
가악사 9권–523, 526, 541, 586, 595, 597, 602, 610, 619, 646, 820, 821, 10권–216, 243, 257
가악사초 9권–526, 541
가인 6권–740, 7권–325, 326, 334, 357, 518, 542, 543, 545, 546, 565, 566, 570, 8권–181, 9권–366, 717, 756
가톨릭청년 9권–182, 184
가톨릭청년사 9권–191
각천 8권–233
각황사 7권–315, 318, 323, 324, 334, 348, 350, 351, 363, 371, 377, 380, 381, 383, 386, 388, 390, 412, 413, 414, 559, 563, 621
간경도감판본 8권–546
간독정요 8권–508
감자 6권–251, 317, 445, 458, 462, 530, 646, 662, 663, 680, 681, 682, 684, 685, 7권–204, 616, 9권–271, 736, 753, 776, 777, 778,

780, 783, 784, 785, 789, 790, 791, 792, 793, 794, 795, 797, 798, 817, 829, 10권-45, 314, 657
강감찬 6권-763, 8권-124
강대련 8권-21
강매 375, 385, 387
강목훈의 10권-83
강세황 6권-682
강수남 10권-561, 562, 563, 567, 600, 605, 606, 611, 630
강오순 10권-746
강원 6권-550, 675, 705, 808, 7권-161, 350, 628, 8권-224, 257, 604, 9권-892, 10권-263, 602, 824
강전 8권-177, 227, 231, 235, 243, 9권-359, 380, 437, 10권-140
강종원 8권-260, 265, 294, 390, 420, 425, 516, 517
강처중 10권-133
강철종 10권-425, 450, 551, 568, 577
강태연 10권-409, 413, 416, 434, 442
강항 9권-276
강형구 6권-246, 252, 276, 280, 445, 551, 9권-704, 706, 722, 727, 728, 730, 734, 786, 788, 791, 883, 886
개관구주예술사 9권-33
개벽사 8권-514, 9권-150, 160
개자원화전 268, 270
건수 8권-31, 212, 220, 247, 249, 250, 251, 9권-51, 104, 164, 198, 294, 295, 449, 10권-247
건재 6권-730, 10권-342, 349, 350, 403, 434, 437, 438, 442, 447, 448, 449, 450, 452, 455, 473, 475, 476, 479, 481, 482, 483, 484, 485, 486, 490, 581, 607, 614, 615, 633, 648, 657, 661, 669, 671, 681, 682, 683, 693, 694
검단선사 9권-279
경민편 9권-291, 311
경성일보사 7권-397, 8권-180
경신록언해 9권-237
경신학교 7권-391
경종 6권-702, 717, 719, 7권-22, 370, 8권-103, 215, 9권-26, 294, 295, 468, 416
경종사 9권-294, 295
경창방언해 9권-389
경희 6권-675, 8권-23, 9권-26, 32, 42, 53, 58, 61, 64, 69, 77, 82, 121, 127, 128, 142, 176, 181, 196, 197, 198, 199, 203, 207, 218, 231, 241, 251, 278, 282, 294, 308, 309, 314, 346, 366, 369, 370, 371, 418, 424, 450, 531, 534, 561, 571, 594, 620, 633, 634, 654, 657, 683, 686, 687, 688, 693, 698, 722, 735, 739, 740, 741, 742, 746, 747,

781, 789, 793, 795, 796, 797, 798, 844, 852, 884, 10권-25, 29, 36, 39, 41, 42, 44, 49, 50, 52, 55, 64, 65, 72, 73, 76, 82, 83, 84, 87, 88, 89, 90, 91, 92, 106, 116, 120, 135, 136, 164, 165, 167, 169, 170, 178, 179, 187, 194, 196, 215, 228, 254, 255, 257, 262, 266, 274, 276, 297, 298, 301, 307, 308, 312, 313, 328, 329, 368, 377, 382, 392, 394, 398, 404, 408, 409, 412, 413, 420, 422, 430, 431, 436, 437, 439, 445, 455, 456, 474, 478, 496, 501, 527, 532, 541, 546, 568, 572, 581, 591, 592, 598, 602, 606, 607, 609, 610, 611, 617, 622, 628, 631, 632, 636, 637, 639, 644, 648, 652, 655, 663, 666, 667, 669, 676, 681, 700, 747, 748, 749, 779, 782, 802, 811

계곡 6권-179, 204, 269, 314, 554, 758, 9권-311, 318, 319, 320, 361, 377, 380, 547, 584, 731, 10권-86, 209, 210, 224, 225, 422, 425, 432, 436, 498, 565

계녀서 9권-212

계명구락부 8권-305, 342, 382, 487

계용각 10권-392, 393, 403, 408, 421, 453, 466, 477, 478, 483, 484, 516, 538, 553, 575, 576, 577, 602, 603, 610, 643, 691

계초심학인문언해 9권-405

계축일기 10권-149, 163, 186, 201, 249, 493, 498, 502, 503, 520

고경선 10권-329, 333, 357, 389, 403, 426, 438, 581, 669

고경진 7권-453, 456, 457, 461, 462, 489, 502, 517, 518, 545

고금소총 9권-149, 300, 331

고대단편선 10권-110

고두동 9권-463, 466, 476, 477, 481, 483, 578, 586, 833, 877, 878, 879, 884, 10권-74, 75, 83, 149, 151, 152, 153, 182, 238, 239, 241, 374, 375, 399, 401, 402, 404, 417, 419, 476, 549, 606, 615, 616, 620, 631, 635, 639, 640, 641, 646, 648, 657, 658, 676, 684, 717, 765

고려도경 9권-543

고려사 9권-118, 187, 209, 410, 411, 417, 525, 532, 541, 543, 592, 597, 610, 611, 10권-352, 556, 586

고려사절요 9권-187, 209, 525, 592, 597

고려청년당 9권-803

고문진보 9권-485, 487, 852, 10권-37, 52

고사촬요 9권-393, 546, 856

고산자 7권-371, 429, 9권-588, 598

고산집 9권-137
고산초목 9권-268
고상서주 10권-102
고성주 8권-156, 157, 175
고순흠 7권-27, 215, 228, 277, 449, 523, 558, 570
고승제 10권-736
고어사전 10권-730
고영희 8권-515
고원훈 8권-395
고재욱 10권-76
고적국보명승천연물보존회 9권-862
고전간행회 9권-80, 610
고하 6권-8, 147, 173, 196, 203, 208, 241, 257, 288, 316, 432, 434, 478, 482, 490, 528, 535, 651, 7권-8, 35, 40, 109, 116, 118, 123, 125, 146, 157, 176, 211, 217, 256, 266, 292, 322, 550, 605, 8권-8, 109, 9권-8, 316, 396, 431, 457, 479, 503, 504, 590, 591, 819, 820, 835, 839, 847, 10권-8, 167, 562
고헌 10권-651, 685
고형곤 9권-183, 10권-191, 326, 328, 329, 330, 332, 335, 358, 360, 363, 372, 373, 379, 396, 406, 407, 409, 462, 490, 491, 500, 518, 606, 609, 611, 612, 615, 618, 630, 635, 637, 646, 671, 708
고희동 7권-429
공개장 10권-193
곽법경 7권-414, 441, 462, 464, 465, 471, 472, 539, 547, 619, 8권-116
곽복산 10권-202, 252, 607, 657, 661, 739
곽종렬 8권-22, 214, 261, 263
곽채옥 9권-873
관북유람기 10권-74
관서악부 9권-181, 225, 231
관희 7권-600, 9권-24, 52, 100, 120, 164, 203, 207, 259, 263, 305, 306, 308, 309, 311, 318, 335, 339, 350, 360, 364, 371, 376, 388, 395, 403, 421, 424, 425, 442, 448, 456, 458, 474, 478, 497, 505, 517, 531, 534, 538, 554, 561, 567, 571, 580, 591, 594, 603, 611, 616, 619, 620, 652, 683, 690, 694, 696, 704, 706, 708, 731, 733, 737, 740, 748, 749, 752, 760, 780, 796, 807, 824, 826, 844, 845, 855, 856, 857, 871, 877, 10권-15, 45, 57, 71, 77, 78, 87, 116, 131, 132, 147, 162, 167, 295, 296, 298, 308, 316, 319, 320, 321, 324, 325, 337, 377, 400, 433, 579, 581, 627, 635, 638, 639, 641
광농지 9권-485
광문회 6권-282, 689, 754, 785, 7

권-432, 9권-294
광재물보 9권-158, 164, 420
광주사건 10권-579
광해군일기 10권-708
광희 7권-425, 9권-43, 10권-463, 635, 641
교성서 9권-54
교육문화협회 10권-104
교육자협회 10권-199
교육협회 7권-554, 8권-188, 413, 438, 466, 481, 491, 532, 538, 539, 546, 9권-162, 178, 256
교육협회관 9권-178, 256
교직원자치위원회 10권-261
구건 9권-866, 10권-565
구급방 6권-270, 490, 10권-198, 462, 555
구급방언해 10권-462
구소수간 7권-481
구양순 6권-555, 8권-25, 9권-433
구영근 9권-454, 583, 715
구운몽 7권-37, 467, 10권-134, 148
구인회 9권-256
구자균 10권-463, 549, 580
구황촬요 9권-237
국기열(鞠琦烈) 8권-291
국기열(鞠基烈) 9권-88
국기제정위원회 10권-187
국도신문 10권-253
국문학개론 10권-21, 23, 30, 94, 100, 118, 132, 229, 233, 239, 245, 246, 258, 259, 287, 290, 361, 406, 556, 558, 591, 621, 626, 718, 741
국문학개설 10권-91, 92, 101, 120, 121, 138, 157, 184, 190, 194, 201, 204, 206, 295, 323, 324, 327, 328, 332, 352, 353, 360, 371, 385, 390, 395, 444, 485, 486, 544, 563, 591
국문학전사 10권-688
국문학전집 10권-133, 134
국문학통론 10권-729
국민협회 7권-379
국어국문학회 10권-419, 466, 651, 685
국어문학 10권-68, 97, 129, 144, 212, 402, 427, 449, 547, 561, 591, 593
국어심의위원회 10권-660
국어편찬위원회 9권-859
국여 7권-258, 357, 362, 376, 377, 386, 399, 409, 460, 562, 583, 584, 8권-98, 100, 174, 192, 9권-119, 409, 420, 10권-584
국연정재창사초록 9권-192
국일관 7권-524, 8권-97, 9권-231, 336, 559, 636, 846, 875, 10권-156, 183, 666
국조고사 9권-357
국조선현필첩 9권-104
국풍회 10권-333, 336, 351, 352, 357
국한문학사 10권-641, 652, 655,

657, 659, 660, 662, 664, 665, 666, 678
군문등록 9권-209
권경식 8권-231
권덕규 6권-247, 7권-238, 264, 326, 382, 389, 394, 433, 464, 8권-85, 112, 215, 222, 258, 9권-149, 415, 478, 733, 819, 10권-66, 79, 142, 711
권도 7권-64, 394, 525, 9권-383
권병훈 9권-167
권상로 7권-434, 8권-186, 9권-140, 143, 148, 149, 380, 409, 435
권석신 10권-145
권승욱 9권-673, 679, 680, 681, 877, 10권-352
권영대 10권-549
권영익 9권-522
권영희 9권-415
권왕문 10권-462
권정식 9권-809, 812, 813, 814, 832, 10권-348
권중휘 10권-749
권춘희 9권-335
권태휘 9권-603
권태희 6권-281, 8권-220, 236, 238, 243, 258, 9권-283, 336, 431, 555, 819, 853, 10권-110, 112, 186, 611
권퇴경 9권-143, 144, 150, 159, 169, 401, 403, 408, 10권-634
권환 9권-864, 10권-23
규사 8권-510
규율수 484, 486, 487
규재 512
규합총서 9권-417, 494, 10권-171, 214
균여전 7권-441, 10권-537
극남 9권-720, 730, 779, 794
극예술협회 10권-72
근재집 126
근조내간선 10권-184, 741
근조단편집 10권-111, 157
근조문학사 10권-216, 447
근조시조사 10권-576
금가 9권-237, 273, 597, 10권-533
금강경 9권-41, 61, 142, 143, 144, 604, 10권-198, 677
금강경삼가해 9권-41, 1권-198, 677
금강경언해 9권-61, 144
금강경오가해 8권-526
금란회 9권-864
금병매 9권-559, 10권-642, 648
금병매사화 9권-559
금수강산 7권-29
금오신화 10권-258
금옥총부 9권-335, 339
금철 9권-536, 537, 540
긍포공 7권-430, 10권-298
기독신보 8권-491
기동 6권-182, 7권-281, 9권-114, 129, 133, 315, 317, 369, 404, 474, 492, 524, 536, 602, 10권

-118, 414, 521, 553, 622, 623, 649, 677, 686
기문총화 9권-184, 460
기아 7권-460, 486, 487, 494, 504, 509, 510, 568, 597, 615, 8권-35, 124, 126, 130, 156, 9권-17, 85, 108, 113, 115, 119, 124, 175, 181, 186, 218, 232, 262, 274, 400, 433, 531, 606, 817
길진섭 9권-438, 440, 466, 506
김가전 10권-322, 323, 326, 336, 349, 355, 356
김갑제 6권-233, 7권-220, 445, 8권-220
김건수 8권-31, 212, 220, 247, 249, 250, 251, 9권-51, 164, 198, 294, 295, 449, 10권-247
김건영 8권-145, 147, 226, 253, 9권-37, 54, 56, 137, 173, 182, 253, 254, 262, 361
김건표 6권-767, 7권-467
김경조 8권-122
김계숙 10권-748, 749, 750
김공순 8권-487
김교선 10권-6, 502, 512, 531, 544, 546, 550, 552, 568, 572, 617, 622, 643, 651, 668, 675, 685, 686, 691
김교신 9권-149, 668
김구 9권-828, 832, 874
김규식 9권-861
김규진 6권-266, 7권-595, 611
김극배 9권-34, 149, 165, 187, 255, 549, 654
김근수 9권-235, 6, 10권-352, 355, 367, 390, 402, 406, 407, 417, 420, 427, 428, 437, 442, 444, 446, 451, 457, 465, 467, 477, 490, 495, 500, 514, 518, 523, 533, 536, 538, 543, 602, 603, 611, 619, 624, 625, 626, 627, 629, 632, 634, 640, 642, 651, 656, 659, 661, 671, 719, 730, 739, 809
김금담 9권-108
김금화 9권-864
김기림 9권-490, 513, 832, 864, 874, 10권-71, 183, 201
김기준 10권-238, 240, 241
김기중 8권-193, 9권-156
김기창 9권-526, 10권-649
김기호 9권-459
김기홍 8권-277, 278, 296, 313, 346
김낙순 9권-25, 33, 72, 125, 183, 221, 222, 236, 435, 517, 518, 613, 615, 693, 728, 734, 768, 819, 852, 10권-15, 16, 33, 80
김낙중 9권-195, 214, 273, 283, 286, 346, 404, 449, 516, 526, 567, 742, 852, 854
김남곤 6권-808, 7권-628, 8권-604, 9권-892, 10권-349, 351, 824

김남두 9권-278, 279, 283, 285, 287
김남천 9권-827, 886, 10권-31
김노석 7권-79, 117
김노수 9권-360, 365
김대우 9권-353
김도연 7권-258, 9권-673, 679
김도태 8권-129, 130, 199, 209, 211, 212, 9권-37, 87, 90, 176, 226, 252, 300, 307, 311, 341, 354, 381, 387, 413, 484, 514, 587, 681, 693, 698, 821, 858, 878, 10권-81, 86, 141, 142, 160, 171, 229, 281, 352, 648, 657
김돈 8권-163
김동리 10권-36, 70, 98, 204, 701, 718, 720
김동명 10권-230, 619
김동복 6권-241, 682, 742, 744, 8권-203, 236, 237, 238, 243, 245, 246, 9권-25, 55, 126, 134
김동수 6권-516, 8권-216, 261, 389, 392, 393, 398, 409, 422, 424, 450, 451, 452, 9권-27, 62, 78, 164, 233, 304, 352, 413, 414, 866, 10권-69, 92, 178
김동욱 9권-398, 10권-197, 451, 479, 480, 517, 518
김동익 9권-272, 627, 696, 698, 10권-74
김동인 9권-57, 194, 271, 860
김동일 9권-104
김동춘 9권-86, 149
김동형 9권-189, 236, 482
김동환 9권-194, 423, 450
김두봉 8권-386
김두종 196, 464, 607, 729, 730
김두헌 313, 329, 373, 374, 394, 398, 409, 416, 442, 475, 496, 514, 565, 583, 584, 615, 632, 715, 776, 817, 820, 833, 855, 889, 20, 31, 45, 49, 62, 64, 99, 171, 182, 204, 205, 206, 289, 322, 375, 378, 391, 392, 393, 397, 422, 427, 452, 465, 473, 474, 495, 519, 552, 597, 605, 675, 740
김두환 6권-175
김만흥 10권-404, 720
김명신 8권-577, 578, 579
김몽와 9권-597
김무현 8권-220
김범부 10권-720
김법린 9권-673, 679, 858, 10권-459, 613
김병기 9권-147, 148, 151, 158, 159
김병로 7권-428, 9권-237, 396, 10권-548
김병룡 7권-227, 229, 253, 258, 268, 269, 271, 272, 273, 277, 287, 305, 315, 318, 334, 337, 344, 345, 348, 349, 356, 360, 370, 376, 377, 378, 379, 380, 383, 386, 393, 394, 395, 396,

398, 399, 409, 410, 411, 416, 418, 439, 440, 441, 443, 444, 446, 447, 461, 476, 514, 520, 534, 539, 540, 542, 552, 623, 8권-53, 82, 88, 92, 130, 146, 171, 192, 193, 195, 196, 204, 205, 213, 217, 221, 223, 224, 232, 233, 236, 237, 238, 246, 250, 9권-27, 67, 72, 73, 78, 79, 83, 169, 182, 188, 192, 199, 200, 212, 215, 230, 254, 262, 273, 282, 283, 285, 286, 288, 293, 296, 299, 300, 304, 312, 319, 322, 324, 325, 329, 331, 333, 334, 346, 349, 354, 375, 384, 385, 401, 406, 412, 424, 425, 429, 461, 468, 488, 494, 495, 520, 526, 527, 535, 598, 600, 602, 603, 607, 608, 609, 610, 611, 613, 615, 617, 696, 826, 862, 10권-55

김병업 9권-183, 184, 185, 198, 202, 203, 207, 217, 221, 222, 272, 273, 10권-156, 158, 195, 198

김병일 9권-353, 508, 10권-740

김병직 6권-494, 509, 551, 652, 680, 686, 707, 712, 723, 739, 740, 780, 7권-21, 187, 300, 301, 336, 359, 364, 414, 419, 446, 448, 466, 471, 473, 474, 496, 517, 550, 555, 8권-188

김병찬 10권-292

김보남 10권-388, 389, 419, 420, 464

김부식 9권-543

김사엽 9권-354, 355, 358, 540, 10권-537, 539, 547, 549, 563, 564, 580, 595

김사영 7권-69, 250, 263, 288, 302, 310, 312, 320, 8권-113, 141, 142, 144, 171, 172, 176, 188, 200, 216, 217

김삼불 10권-54, 58, 81, 100, 103, 104, 105, 111, 125, 126, 131, 133, 134, 146, 149, 150, 151, 152, 155, 157, 165, 171, 181, 182, 184, 185, 190, 194, 197, 198, 199, 206, 214, 215, 230, 250, 255, 257, 259, 279, 280, 281

김상기 9권-78, 127, 150, 181, 183, 191, 212, 231, 242, 256, 269, 285, 300, 318, 324, 329, 331, 394, 398, 405, 408, 410, 411, 415, 423, 431, 433, 435, 438, 449, 458, 464, 465, 469, 471, 477, 479, 481, 485, 487, 488, 491, 506, 513, 519, 521, 523, 527, 529, 531, 533, 535, 537, 538, 545, 548, 553, 559, 562, 564, 569, 570, 571, 580, 582, 591, 593, 594, 596, 609, 614, 626, 636, 637, 643, 644, 650, 653, 654, 658, 665, 667, 681,

689, 691, 692, 697, 711, 713, 714, 715, 718, 729, 754, 759, 761, 768, 771, 798, 812, 817, 820, 821, 825, 827, 828, 851, 854, 855, 856, 857, 858, 862, 863, 866, 872, 879, 888, 889, 10권-18, 20, 21, 33, 45, 49, 51, 53, 56, 59, 64, 85, 100, 104, 132, 170, 171, 181, 183, 188, 205, 252, 253, 257, 279, 289, 329, 331, 375, 391, 392, 400, 419, 420, 422, 460, 461, 462, 464, 476, 478, 520, 548, 600, 606, 618, 665, 727, 746, 747, 748, 749, 750, 755

김상오 10권-405, 411, 417, 421, 425, 426, 430, 431, 432, 434, 447, 450, 459, 464, 465, 468, 473, 474, 475, 478, 480, 489, 490, 491, 496, 500, 512, 514, 521, 527, 531, 579, 596, 605, 628, 633, 656, 662

김상용 9권-374, 402, 466, 469, 527, 539, 582, 690, 769, 833, 834, 10권-76

김상필 7권-115, 163, 10권-727

김석선 10권-261

김석하 9권-831, 839

김선기 9권-137, 148, 166, 178, 179, 182, 185, 220, 673, 679, 680, 695, 697, 10권-461, 662

김성려 7권-115

김성렬 9권-104, 105

김성배 10권-612, 739, 741, 745

김성수 6권-241, 487, 493, 495, 667, 674, 675, 679, 681, 742, 743, 744, 749, 7권-353, 386, 416, 433, 452, 523, 541, 545, 548, 576, 622, 8권-45, 85, 117, 134, 174, 175, 193, 205, 218, 226, 9권-25, 27, 134, 183, 187, 188, 191, 237, 247, 285, 387, 389, 394, 400, 4915, 437, 461, 468, 505, 508, 560, 647, 650, 656, 661, 662, 682, 769, 816, 10권-460

김성재 10권-232, 741

김성칠 9권-889

김성태 10권-32, 35, 245, 249

김세원 10권-127

김세준 10권-608, 646

김소운 9권-507, 10권-36, 115

김소호 7권-345

김수한 9권-683, 699, 706, 721, 729, 753, 759, 760, 773, 802, 876

김수현 9권-336, 360

김승렬 7권-307, 313, 347, 377, 398, 399, 413, 440, 445, 447, 449, 455, 484, 493, 556, 559, 560, 8권-19, 20, 21, 32, 34, 47, 65, 89, 110, 132, 181, 9권-187, 200, 203, 210, 211, 212, 850

김시형 10권-342

김양수　9권-673, 679, 797, 10권-461
김양현　7권-185
김억　8권-211, 212, 213, 219, 225, 9권-88, 128, 129, 166, 194, 269, 288, 300, 316, 331, 374, 399, 437, 440, 479, 483, 507, 514, 515, 516, 517, 552, 563, 579, 653, 661, 682, 718, 819, 821, 822, 835, 873, 878, 889, 10권-33, 53, 66, 73, 79, 81, 82, 85, 95, 105, 119, 134, 137, 139, 145, 157, 170, 171, 181, 183, 191, 195, 196, 199, 201, 214, 231, 241, 261, 274, 287, 288
김여란　10권-258
김연만　9권-438, 466, 582, 587, 715, 818, 826, 10권-60, 80, 82, 86, 87, 142, 252
김연익　9권-198, 216, 349
김영건　8권-199, 9권-147, 10권-86
김영관　6권-667, 7권-176, 179, 620, 8권-212, 213, 249, 9권-122, 213, 241, 341, 349, 517, 518, 521, 705, 766, 834, 842, 854, 858, 862, 866, 870, 872, 875, 879, 880, 881, 882, 10권-16, 19, 28, 31, 37, 38, 58, 68, 69, 70, 115, 137, 164, 200, 247, 310, 311
김영기　9권-346, 348, 349, 351, 352, 354, 356, 361, 362, 365, 371, 374, 376, 377, 381, 382, 385, 397, 398, 403, 409, 416, 430, 435, 437, 442, 450, 471, 473, 481, 484, 492, 493, 504, 532, 539, 547, 548, 578, 585, 587, 597, 715, 721, 731, 733, 756, 771, 783, 801, 10권-21, 62, 119, 548
김영랑　10권-230
김영례　9권-285, 291, 296, 308, 410, 430, 504, 631
김영룡　6권-224, 226, 231, 232, 258, 259, 260, 264, 270, 273, 281, 284, 319, 320, 418, 434, 485, 486, 490, 491, 531, 735, 736, 7권-346, 439, 532, 533, 9권-41, 148, 259, 260, 302, 349, 460, 567, 613, 615, 619, 645, 10권-16, 310, 319, 321, 551
김영배(金英培)　10권-183, 188, 332, 333, 349, 352
김영배(金榮培)　8권-221
김영복　9권-723, 731, 748, 774, 799
김영상　6권-189, 10권-614, 648, 657, 671
김영수　6권-487, 9권-170, 201, 215, 217, 317, 10권-516, 573, 684
김영완　9권-29, 70, 98, 99, 126, 160, 183, 199, 202, 212, 214, 216, 234, 272, 300, 354, 356,

359, 361, 396, 405, 408, 417, 418, 429, 431, 432, 437, 438, 449, 463, 464, 466, 514, 564, 681, 693, 754, 756, 819, 10권 –19, 25, 37, 44, 49, 50, 51, 52, 56, 59, 71, 73, 85, 102, 103, 110, 115, 131, 133, 159, 165, 170, 181, 182, 195, 242
김영욱 6권–428, 8권–220
김영운 6권–199, 200, 202, 212, 213, 236, 264, 271, 272, 418, 425, 427, 671, 672, 675, 681, 749, 7권–180, 199, 258, 269, 292, 305, 307, 313, 339, 344, 345, 346, 355, 361, 366, 397, 404, 416, 418, 439, 441, 444, 445, 453, 461, 470, 519, 523, 524, 534, 540, 544, 546, 551, 559, 566, 583, 8권–20, 21, 62, 77, 81, 88, 175, 176, 177, 182, 185, 195, 212, 213, 215, 217, 237, 238, 247, 250, 9권–63, 81, 169, 171, 241, 627, 715
김영윤 9권–276
김영일 8권–231
김영준 6권–551, 7권–215, 218, 221, 239, 244, 251, 256, 264, 265, 273, 287, 291, 305, 343, 346, 397, 407, 412, 448, 474, 489, 490, 520, 521, 535, 542, 548, 8권–43, 130, 145, 220, 9권 –149, 10권–516, 617, 685
김영진(金英振) 9권–751
김영진(金永鎭) 8권–303, 307, 336, 344, 346, 347, 380, 411
김영천 8권–201, 9권–550, 570
김영철 6권–511, 7권–387, 472, 473, 474, 620
김영태 9권–758, 10권–33
김영한 10권–565
김오남 9권–234
김옥두 8권–253, 261, 9권–132, 156
김옥배 9권–706, 787, 804
김용규 6권–560, 708, 729, 7권 –474, 9권–555, 10권–320, 571, 603, 626
김용기 9권–774, 801, 803, 811, 10 권–310
김용남 10권–583, 586, 650
김용문 9권–765, 10권–347, 349, 351, 358, 359, 360, 373, 374, 376, 377, 379, 381, 388, 558, 561, 562, 569, 575, 579, 580, 596, 597, 600, 601, 602, 603, 604, 606, 607, 609, 611, 614, 615, 616, 618, 620, 621, 644, 665, 683
김용배 9권–856, 875, 10권–79, 109, 132, 257, 320, 326, 330, 332, 367, 403, 642
김용보 8권–240, 243, 246, 10권 –79
김용섭 6권–175, 176, 177, 178, 185, 563, 10권–316, 592

김용순 7권-169, 228, 230, 236, 255, 264, 265, 289, 305, 444, 445, 469, 500, 531, 549, 620, 8권-172, 173, 174, 175, 176, 182, 184, 185, 186, 187, 9권-254, 569, 809
김용제 10권-291
김용진(金容振) 8권-418
김용진(金容鎭) 9권-216, 267, 585, 870, 10권-30, 58, 189, 619
김우경 517, 521, 522, 539, 212
김우평 32, 208, 209
김우현(金宇鉉) 32, 68, 69, 70, 109, 110, 217, 219, 222, 246, 282, 311
김우현(金羽鉉) 8권-137, 143, 349
김운선 9권-82
김운양 7권-344
김원근 7권-391, 392, 409, 412, 440, 445, 455, 8권-109, 234, 9권-212
김원기 10권-342
김원준 7권-20
김윤경 9권-123, 148, 166, 179, 267, 673, 679, 680, 697, 818, 10권-238, 240, 241, 461, 740
김윤백 10권-457, 567, 568
김은호 9권-129, 655, 10권-540
김익균 9권-696
김익두 7권-7, 307, 308
김익환 9권-397, 398, 400, 402, 414, 778, 10권-16
김인 10권-751
김인규 10권-453
김인근 10권-141
김인수 6권-238, 279, 451, 515, 517, 7권-146, 173, 546, 8권-152, 202, 10권-104, 131, 181, 207, 245, 248, 252, 255, 258, 272, 283, 342, 433, 452, 453, 462, 463, 476, 517, 549, 580, 601, 607, 612, 620, 629, 631, 666, 678, 679, 680, 684, 696, 725
김일엽 9권-142
김일운 7권-471, 600, 8권-36
김재수 9권-223, 252, 461, 462, 572, 635, 10권-39
김재엽 8권-212, 213
김재원 7권-499, 9권-848, 879, 889, 890, 10권-15, 31, 38, 77, 178
김전중 8권-565
김정기 9권-275, 281, 283, 10권-328
김정완 9권-809, 813
김정한 10권-238, 240, 241
김정환 10권-111
김정희 7권-488, 9권-39, 141
김종도 9권-472
김종수 8권-150, 9권-331
김종우 10권-384, 561, 562, 570
김종익 10권-118, 242, 247, 249, 255
김주 10권-23

김준(金俊) 10권-720
김준(金埈) 10권-731
김준식 10권-316
김준연 7권-258
김준영 10권-425, 484, 495, 542, 543, 559, 574, 583, 603, 605, 616, 622, 631, 650, 651, 668, 669, 675, 686, 688, 710, 759
김준희 7권-465, 466, 467, 470, 472, 473, 475, 476, 478, 495, 497, 516, 550, 555, 573, 8권-75, 76, 174, 188
김중화 10권-616
김지수 9권-629
김지연 6권-236, 271, 7권-308, 8권-239, 9권-40, 41, 126, 128, 158
김지용 10권-728
김지태 7권-551, 621, 626, 8권-132
김진목 8권-121
김진산 8권-237, 247, 9권-224, 359, 360, 636, 698
김진섭 9권-316, 855, 10권-30, 35, 63, 79, 82, 230
김진용 7권-484, 8권-216, 9권-149, 336, 360, 577, 10권-112
김진우 6권-176, 799, 9권-498, 618, 826, 874
김진호 9권-38
김창배 10권-292
김창연 9권-238
김창제 10권-145
김창호 9권-201, 413, 698
김천흥 9권-548
김철중 9권-99, 230, 231
김충선 10권-490, 491, 500, 514, 516, 524, 526, 536, 550, 553, 560, 572, 575, 579, 582, 597, 599, 602, 603
김충암 8권-157
김충진 9권-533, 732, 737, 742, 789, 799, 10권-165, 313
김태오 10권-358, 359, 360, 371, 379, 380, 390, 395, 406, 418, 438, 459, 491, 549, 692
김태주 9권-514
김태준 9권-399, 469, 472, 492, 522
김태호 8권-577, 578
김택수 8권-156, 9권-241
김포광 10권-326, 332, 360, 364, 373, 397, 425, 510, 512, 521, 523, 567, 572, 577, 591, 593, 594, 596, 600, 605, 637, 644
김필수 6권-215, 221, 223, 230, 244, 247, 253, 256, 257, 258, 260, 265, 266, 269, 275, 277, 283, 317, 471, 472, 493, 507, 665, 681, 786, 7권-440, 490, 558, 559
김하서 7권-487
김하석 9권-52
김한규 10권-455, 457
김해강 7권-595, 10권-421, 422, 503, 592

김혁장 10권-127
김현섭 10권-527, 567
김현승 9권-779, 782, 785, 787, 791
김현장 9권-226, 269, 271, 273, 293, 295, 301, 308, 315, 341, 345, 347, 353, 384, 387, 398, 413, 491, 498, 551, 619, 690, 867
김형규 10권-196, 318, 319, 334, 335, 352, 353, 356, 380, 390, 400, 401, 463, 699
김형모 9권-27, 105, 107, 110, 111, 112, 113, 122, 124, 168, 169, 208, 275
김형배 8권-132, 174, 175, 200, 237, 9권-147, 313, 432, 821, 840
김형선 9권-191
김호익 10권-202, 203
김호직 510권-51, 661
김홍식 9권-28, 548, 550, 563
김화진 9권-177, 182, 183, 184, 185, 186, 198, 222, 232, 236, 262, 437, 448, 454, 460, 461, 478, 10권-214, 255, 307, 309, 312, 316, 330, 357, 618
김환수 9권-27, 39, 43, 160, 163, 214, 234, 302, 305, 306, 827, 829, 832, 833, 842, 855, 860, 863, 10권-19
김활란 9권-828
김효수 9권-286, 10권-115
김희성 8권-575
김희재 831

ㄴ

나옹 7권-611, 9권-494
나옹화상어록 9권-494
나철 8권-344
낙준 8권-281, 302, 339
낙하생고 9권-99, 193, 423
난설헌집 10권-201
난중일기 10권-279
남광우 10권-405, 563, 564, 565, 630, 647, 659, 669, 684, 717, 721, 730, 735, 739, 741, 745, 746, 747, 749, 763
남대문상업학교 8권-485
남령 9권-651, 657
남명 9권-61, 437, 478, 497
남명집 9권-409, 422, 423, 424, 431, 443, 450, 10권-675, 677
남상천 10권-531, 603
남원우 9권-149, 268, 331, 413, 484, 548, 578, 649, 696, 698
남정 9권-744
남진 9권-572, 10권-259
남창 6권-147, 148, 149, 150, 151, 161, 555, 9권-130, 135, 188, 220, 379, 521, 522, 524, 565, 607, 626, 629, 768, 864, 872, 10권-127, 251, 481
남화경 7권-292, 8권-96, 103, 9권-34, 35

남훈전태평가 7권-265
낭남학원 8권-598, 599
내쇼날 독본 9권-53
내훈 9권-417
노계집 9권-137, 140
노동규 9권-376, 399
노병욱 9권-484, 602
노산 9권-364, 10권-707
노산시조집 9권-73, 88
노석 9권-27, 33, 83
노석정 9권-26
노성석 9권-450, 455, 473, 506, 517, 540, 587, 589, 618, 713, 769, 859, 863, 873, 10권-43
노수현 9권-666, 10권-718
노천명 9권-301
노철 10권-523, 524, 539, 559, 572, 573, 574, 583, 603, 605, 610, 617, 622, 627, 631, 643, 651, 656, 668, 669, 686, 687, 690, 710
노함풍 9권-278, 283, 440, 514
논리학 6권-257, 713, 714
농가시고 9권-378
농가월령가 9권-491, 10권-492, 616, 633
농가집성 9권-356, 378, 465
농업 6권-204, 235, 9권-105
뇌계집 9권-508
누판고 9권-133, 137, 185, 562
능엄경 9권-61, 335, 401, 521
능엄경언해 9권-222, 10권-352

ㄷ

다다 9권-167
다정불심 9권-634
단성사 7권-199, 258, 383, 9권-95, 156, 171, 173, 267, 323, 325, 383, 397, 418, 10권-264
단애 6권-301, 9권-468, 541, 10권-726
단편소설연구 9권-62
달밤 7권-98, 8권-32, 9권-230, 523
담석 10권-247, 511
담정유고 10권-631
담정총서 9권-381
답소무서 7권-288
대구고보 8권-468
대동야승 9권-127, 139, 175, 176, 270, 405, 10권-448
대동여지도 7권-371
대동운부군옥 9권-243
대동지지 7권-371, 429
대동출판사 9권-464, 466, 467, 468, 471, 472, 473, 474, 475, 476, 477, 478, 481, 483, 485, 488, 489, 491, 494, 497, 509, 522, 523, 524, 528, 531, 533, 538, 541, 548, 550, 551, 552, 554, 555
대동한묵회 9권-874
대명률 9권-125
대반열반경 9권-505

대산집 9권-397
대악후보 10권-549
대종교 8권-172, 180, 187
대학주자혹문 9권-358
대한독청 10권-39, 41
도남 10권-28, 145, 687, 699
도명철 9권-275, 279
도상봉 9권-874, 875, 10권-205
도성전도 8권-546
도유호 9권-577, 863
도진호(都鎭浩) 8권-576, 577
도진호(都鎭鎬) 7권-351, 431, 532
도화비밀결사 9권-67
독단 9권-494, 10권-82
동광사 8권-295, 297, 306
동광학교 7권-455, 493, 495, 501, 502, 514, 515, 518, 519, 520, 521, 523, 524, 525, 533, 534, 535, 536, 539, 540, 541, 542, 544, 545, 546, 547, 548, 549, 551, 552, 553, 555, 556, 558, 559, 560, 561, 562, 566, 570, 572, 573, 582, 621, 622, 623, 624, 625, 8권-19, 20, 21, 22, 23, 33, 38, 56, 57, 76, 80, 95, 114, 116
동국문헌비고 10권-453
동국신속삼강행실도 9권-539
동국씨족고 9권-94
동국여지승람 8권-174, 9권-119, 409, 420
동국정운 9권-819, 846
동국통감 6권-754, 7권-264, 9권-594, 653, 864, 10권-324
동궐도 9권-394, 418
동기창 6권-742, 7권-493
동덕여학교 8권-318
동래청년회 8권-214, 215
동리 10권-7, 127, 428, 543, 699, 720
동명 10권-735
동문선 9권-852
동빈 9권-692, 693, 768, 770, 801, 807, 819, 821, 823, 834, 842, 845, 846, 847, 863, 868, 872
동사강목 7권-542
동수 7권-532, 533
동시군영총집 9권-203
동아일보사 7권-212, 220, 258, 425, 517, 552, 8권-20, 111, 9권-5, 26, 28, 32, 35, 42, 62, 71, 100, 104, 115, 126, 129, 136, 137, 142, 200, 225, 259, 261, 287, 289, 431, 441, 455, 461, 463, 466, 475, 478, 490, 491, 492, 512, 541, 10권-76, 78
동야휘집 9권-236, 239
동양세고 9권-589
동운 9권-144, 148, 150, 156, 168, 456
동의보감 9권-742
동회 10권-272, 288, 332, 342, 346, 387
두계 6권-159, 160, 174, 192, 194,

224, 225, 238
두공부초당시전 9권-593, 656, 661
두만강사 9권-348, 349
두시 7권-482
두시언해 7권-534, 8권-216, 217, 9권-125, 140, 142, 151, 165, 182, 183, 185, 323, 335, 346, 378, 381, 385, 386, 476, 478, 506, 507, 508, 608, 10권-148, 357, 390, 709

ㄹ

러취 9권-851, 10권-17, 92

ㅁ

마씨문통 9권-173, 177, 692
마아크하임 9권-142
만송 9권-738, 750, 751, 752, 753, 754, 755, 756, 760, 766, 775, 777, 784, 785, 788
만주일보사 7권-36
만취 9권-732, 753
만희 9권-761, 775
망로각수기 8권-508
망향 9권-469
매월당집 9권-423
매일신보사 6권-549, 674, 8권-224, 9권-259, 290, 339
매창집 10권-183, 201
매천집 7권-259, 9권-386, 387, 423, 693, 10권-663
매헌 7권-582, 8권-127, 128, 130, 134, 135, 144, 175, 179, 181, 184, 188, 192, 194, 195, 197, 198, 201, 206, 208, 209, 210, 211, 212, 213, 214, 216, 217, 221, 224, 225, 233, 234, 246, 247, 248, 249, 250, 251, 252, 253, 9권-25, 26, 27, 29, 32, 33, 34, 35, 36, 38, 39, 42, 45, 46, 53, 54, 55, 56, 60, 63, 68, 70, 71, 72, 73, 78, 79, 80, 85, 91, 92, 93, 94, 96, 98, 99, 122, 123, 124, 128, 133, 135, 137, 139, 141, 142, 143, 148, 150, 151, 155, 156, 158, 159, 160, 162, 164, 166, 167, 168, 170, 171, 177, 178, 181, 182, 184, 186, 187, 188, 189, 191, 198, 199, 200, 202, 203, 207, 208, 209, 210, 211, 212, 216, 217, 218, 222, 224, 225, 226, 229, 231, 234, 235, 236, 238, 239, 241, 242, 243, 244, 246, 247, 251, 252, 253, 254, 255, 258, 259, 260, 261, 262, 267, 271, 272, 283, 284, 285, 287, 288, 290, 292, 293, 294, 295, 296, 299, 300, 301, 302, 303, 305, 306, 307, 309, 310, 312, 314, 316, 317, 318, 319, 320, 321, 324, 325, 327, 328, 330, 331, 332, 333, 334, 335, 339, 341, 342,

345, 346, 347, 349, 350, 353, 356, 360, 362, 365, 370, 371, 372, 375, 377, 381, 383, 384, 385, 386, 387, 389, 393, 395, 396, 398, 399, 400, 401, 404, 407, 408, 409, 410, 412, 416, 418, 420, 423, 424, 429, 430, 431, 433, 434, 435, 436, 438, 439, 441, 442, 443, 447, 448, 449, 450, 451, 452, 453, 454, 455, 458, 460, 461, 467, 469, 470, 472, 478, 480, 483, 484, 485, 491, 492, 493, 495, 496, 497, 503, 505, 506, 508, 509, 511, 512, 515, 516, 519, 520, 521, 526, 531, 540, 541, 544, 549, 554, 562, 563, 564, 566, 568, 578, 585, 591, 595, 600, 601, 602, 604, 607, 611, 613, 614, 617, 619, 626, 635, 647, 648, 649, 657, 681, 691, 692, 694, 695, 710, 711, 713, 717, 734, 741, 760, 761, 768, 773, 786, 820, 823, 824, 831, 840

맹자 6권-208, 674, 7권-492, 10권-69

맹자혹문 9권-476

맹주천 7권-444, 495, 520, 534, 542, 573, 622, 624, 8권-20, 39, 66, 80, 81, 102, 118, 193, 201, 239, 252, 9권-170, 171, 348, 510, 534, 548, 592, 10권-257

명엽지해 9권-156

명이제 8권-445

명탁한예 8권-508

목면보 9권-237

목민심서 6권-783, 10권-61

묘법연화경언해 9권-397

무속고 8권-382

무학 7권-611, 8권-125, 9권-319

무호 8권-174, 208

문곡 9권-487, 488, 519, 522, 529, 531, 535, 537, 538, 545, 546, 553, 554, 563, 569

문명로 8권-249, 9권-25, 38, 39, 56, 215, 257

문선규 10권-425, 448, 457, 465, 467, 488, 492, 495, 496, 518, 526, 537, 543, 598, 616, 686, 751

문시진경 9권-237

문시혁 9권-394

문예 8권-429, 572, 601

문예건설중앙협의회 9권-827

문예월간 9권-37

문우회 8권-131, 136, 182, 9권-87

문은종 8권-249, 253, 258, 9권-254, 275, 276, 301, 302, 504

문의근 10권-494, 495, 503, 508, 509, 510, 514, 521, 541, 544, 545, 574, 586, 594, 598, 605, 610, 650, 669

문일평 7권-426, 448, 471, 502, 542, 546, 565, 8권-53, 56, 59,

112, 174, 184, 216, 217, 224, 243, 9권-27, 28, 29, 36, 39, 42, 53, 56, 68, 77, 81, 86, 88, 129, 137, 144, 147, 160, 166, 200, 221, 222, 234, 238, 259, 261, 263, 271, 286, 324, 332, 333, 370, 371, 375, 376, 383, 385, 395, 397, 403, 412, 434, 435, 440, 450, 455, 459, 475

문장 8권-52, 9권-437, 440, 448, 458, 471, 491, 497, 515, 518, 523, 543, 548

문장각 10권-463, 464

문장사 9권-433, 436, 437, 438, 440, 441, 442, 443, 448, 449, 450, 451, 453, 455, 457, 461, 463, 464, 466, 467, 470, 471, 473, 474, 475, 476, 477, 478, 479, 480, 481, 483, 487, 488, 490, 493, 497, 506, 507, 509, 511, 517, 518, 522, 523, 524, 527, 538, 539, 540, 542, 544, 545, 548, 551, 554, 555, 560, 563, 569, 578, 585, 587, 10권-252

문장정종 9권-503, 505

문첩초 10권-580

문필가협회 9권-863, 10권-203

문학 10권-15, 28, 33, 59, 63, 69, 94, 243, 244, 351, 410, 500, 567, 659, 662, 728

문학가동맹 10권-128, 202, 203, 217

문학논문집 9권-856

문학동맹 9권-833, 874, 876, 10권-31, 44, 202, 203

문학론 9권-471

문헌비고 9권-856, 10권-453

문헌통고 5권-515

문화건설중앙협회 9권-832

문화건설협회 9권-822

문화협회 9권-816, 817, 818

문환 9권-728, 736, 741, 746, 747, 752, 771, 772, 777, 780, 781, 786, 787, 794

문흥회 9권-150, 151, 155, 156, 158, 159, 160, 161, 162, 164, 165, 166, 167, 168, 169, 170, 171, 174, 175, 176, 178, 183

물명고 9권-139, 158, 193, 420, 10권-73, 619

물산박람회 8권-320

미암일기 10권-52

미원장 7권-493

미타경 7권-594

민광식 8권-132, 9권-326, 442, 503, 529, 611, 664, 694, 863, 10권-119

민대식 8권-213, 9권-328, 857

민동식 9권-17

민병도 9권-17

민병수 9권-17

민병주 9권-17

민성기 9권-17

민순 10권-717
민순대 10권-746
민영규 10권-89, 418
민영휘 7권-611, 8권-59, 9권-296
민원식 7권-379
민제 10권-635, 642, 644, 646, 660, 661
민중식 7권-432, 8권-102
민충식 8권-67
민형식 8권-141, 9권-223, 267, 268, 694, 710, 739

ㅂ

바우웰 10권-391
박경소 9권-27, 122, 123, 159, 161, 185, 420, 429, 451, 453, 691
박관식 7권-123
박긍환 8권-227, 231
박기명 9권-77, 138, 173, 235
박기반 10권-597
박기원 10권-720
박기출 10권-239
박기홍 7권-464, 8권-127, 197, 9권-155, 415, 602
박길진 10권-334, 350, 360, 523
박길호 7권-468, 469
박난계 9권-459
박노갑 9권-161, 225, 827, 833, 883, 10권-219
박노아 9권-865, 10권-115
박노춘 10권-105, 111, 717, 721
박동길 10권-637, 718
박만규 10권-150, 600, 604
박만서 6권-277, 320, 417, 988
박만조 8권-588, 589, 590, 592, 593, 594, 595
박명석 10권-128
박목월 10권-192, 701
박문 7권-91, 92, 95, 96, 101
박문문고 9권-613
박문서 10권-253
박병순 10권-402, 420, 431, 447, 456, 467, 468, 473, 475, 478, 489, 492, 499, 500, 502, 503, 513, 516, 526, 532, 538, 543, 559, 575, 593, 603, 610, 621, 622, 623, 624, 627, 628, 636, 644, 656, 658, 685
박보서 10권-407, 426, 446, 447, 450, 451, 457, 465, 467, 468, 473, 481, 490, 491, 492, 494, 500, 507, 509, 512, 514, 517, 526, 531, 532, 533, 536, 545, 549, 600, 633, 635, 649, 669, 684, 694, 695, 698, 700, 708, 711
박봉석 9권-736, 803, 10권-89, 140
박상근 10권-141
박상길 10권-435
박상렬 10권-246, 247, 248, 249, 257
박석운 7권-344
박석전 7권-315, 344, 380, 468

박성찬 7권-398
박세영 9권-571
박세채 9권-594
박술음 9권-81, 86, 98, 173, 236, 255, 273, 300, 318, 378, 477, 484, 577, 681, 698, 10권-22, 64, 88, 96, 419, 601
박승두 6권-442, 7권-451, 9권-331, 336
박승빈 9권-136, 137, 257
박연암집 8권-65
박영민 9권-113, 10권-604
박영철 9권-84, 736, 737, 738
박영희 8권-238, 9권-346, 381, 487
박완 9권-743, 744
박용철 9권-37, 129, 300, 303, 411, 529
박우덕 10권-307, 348, 535
박우천 8권-532
박유종 9권-733
박윤병 6권-782, 783
박윤영 9권-319, 328
박은종 9권-768
박익선 7권-470, 8권-69
박일병 7권-315, 351, 365, 376, 382, 432, 520, 8권-181, 9권-28
박재륜 9권-51, 65, 70, 78, 80, 83, 86, 97, 235, 497, 506, 510, 711
박재삼 10권-397, 400, 404, 405, 619, 620, 645, 684
박제찬 8권-263, 266, 276
박종목 9권-321, 350, 353, 398, 402, 419, 432, 438, 442, 463, 465, 473, 490, 491, 492, 522, 531, 534, 540, 628, 643, 664, 682, 689, 690, 817, 831, 839, 864, 875, 887, 10권-282, 619
박종호 10권-170, 318
박종홍 10권-49, 61, 154, 171, 185, 191, 193, 245, 253, 267, 270, 273, 462, 517, 518, 646, 729, 750
박종화 9권-97, 165, 194, 269, 272, 274, 287, 296, 303, 307, 310, 316, 332, 333, 339, 342, 347, 348, 364, 370, 381, 384, 395, 397, 418, 419, 436, 450, 456, 458, 490, 491, 519, 532, 587, 602, 618, 652, 690, 716, 756, 818, 829, 831, 855, 865, 885, 10권-20, 29, 76, 81, 82, 105, 142, 197, 204, 205, 230, 242, 461, 608, 635, 701, 730
박준규 10권-314, 316, 319, 327, 336, 347, 355, 361, 362, 364, 367, 373, 378, 385, 386, 387, 388, 390, 391, 393, 400, 404, 413, 417, 418, 421, 435, 464, 465, 483, 624
박준영 8권-262, 10권-270
박찬호 9권-22, 23, 10권-512
박창술 10권-710
박창양 9권-536, 537

박창화 8권-34, 57
박채선 9권-886
박천일 10권-329
박충식 10권-208, 384
박치우 9권-889
박타령 9권-130, 10권-127, 172, 173, 177, 178, 179, 180, 181, 182, 693
박태원 6권-490, 495, 9권-127, 441, 461, 469, 818, 10권-71, 96, 97, 98, 112
박택규 9권-689, 731, 750, 752, 753, 775, 784, 798, 800, 802, 10권-233, 316
박통사언해 9권-524
박팔양 10권-271
박한영 7권-200, 265, 441, 483, 484, 487, 490, 8권-193, 201, 249, 9권-139, 143, 170, 210, 380, 384, 410, 832
박해경 6권-520, 9권-104
박헌옥 9권-115
박현식 9권-147
박현환 7권-584, 592, 618, 623
박호병 9권-118
박희선 9권-804, 813, 815, 817, 819, 825, 831, 850, 859, 10권-39, 40, 41, 91, 333, 336, 354, 358, 360, 362, 363, 364, 380, 386, 417, 420, 422, 425, 428, 429, 447, 449, 682
반도지광 9권-587
방두환 8권-52, 9권-100, 103
방영태 9권-149
방응모 9권-332, 455, 490, 858
방인근 8권-212, 97, 9권-194
방종현 9권-292, 294, 295, 305, 320, 321, 417, 419, 420, 455, 463, 469, 470, 473, 506, 540, 600, 602, 697, 698, 715, 732, 833, 855, 10권-22, 68, 72, 97, 115, 141, 205, 229, 280, 288, 289, 375, 462
방한암 8권-252
방현숙 9권-522
배기식 8권-525
배은희 8권-525
배재학교 8권-525
배정국 10권-532, 545, 582, 583, 585, 632, 648, 694, 715, 816, 818, 30, 31, 43, 44, 52, 73, 75, 80, 91, 112
배진환 9권-731
배진환 9권-731
백개만 8권-511
백관수 6권-675, 679, 683, 9권-58, 222, 529
백금회 7권-335
백낙세 7권-335
백낙준 10권-95, 254, 375, 378, 392, 393, 675
백남규 6권-434, 436, 442, 472, 482, 494, 498, 521, 551, 552, 680, 683, 767, 768, 7권-455,

465, 470, 475, 476, 490, 493, 496, 500, 502, 539, 544, 8권-114, 9권-136, 10권-513, 636
백남두 8권-342
백남운 8권-342
백남진 8권-342
백당(白堂) 325, 401, 425, 484, 502
백당(栢堂: 金鐘來) 10권-558, 610
백두용 9권-34, 35, 159, 202
백련초해 9권-34, 35, 159, 202
백범 8권-153, 10권-200, 201
백석 6권-179, 10권-603
백양당 578, 583, 586, 589, 592, 600, 602, 612, 628, 644, 648, 663, 691, 694, 713, 716, 864, 10권-30, 43, 44, 52, 56, 57, 70, 73, 75, 79, 84, 85, 90, 94, 96, 112, 113, 115, 120, 134, 140, 157, 165, 201, 226, 242, 243, 244, 268, 272
백양촌 10권-421, 481, 499, 503, 513, 538, 547, 603, 656
백용희 7권-466, 468, 469, 471, 472, 473, 474, 475, 476, 495, 496, 501, 516, 524, 550, 555, 8권-76, 82, 136, 137, 191, 201, 217, 234, 9권-163, 164, 209, 215, 259, 570, 731, 806
백우용 7권-365, 377, 414, 444, 471, 540, 547, 8권-194, 195, 204, 239, 246, 252
백운선 10권-494, 554
백은 7권-544, 9권-603
백이전 7권-442
백인 9권-750
백정목 8권-280, 436, 491, 492, 516, 517, 567
백철 10권-397, 398, 430, 431, 442, 520, 549, 580, 581, 585, 601, 604, 606, 615, 648, 665, 666, 669, 693, 708, 711, 717
백초 10권-513, 514, 522, 537, 543, 550, 570, 627, 663
백학명 7권-488
백화 8권-207, 251
백화선사어록 9권-856
번역소학 9권-421, 68, 10권-72
법화경 9권-61, 108, 335, 400, 433
법화경언해 9권-398
벽초 홍명희 6권-197, 803
변영로 8권-65, 9권-406, 602, 889, 10권-399, 461, 601, 619
변영만 8권-52
변일섭 7권-445, 464, 469, 471, 491, 497, 501, 517, 533, 550, 8권-76, 81, 84, 130, 143, 145, 149, 172, 234, 236, 244, 9권-46, 116, 119, 122, 138, 184, 185, 241, 388, 394, 406, 433, 442, 483, 485, 551, 585, 596, 603, 610, 629, 630, 652
병교 6권-264, 265, 430, 7권-20, 22, 38, 78, 115, 310, 378, 621, 623, 626, 8권-23, 219, 822, 823,

852, 10권-198, 405, 407, 787
별건곤 8권-340
병구 7권-153, 210, 285, 298, 339, 344, 349, 357, 370, 380, 381, 390, 395, 403, 413, 415, 420, 447, 448, 453, 462, 464, 470, 476, 493, 495, 496, 502, 515, 518, 519, 521, 533, 535, 539, 540, 560, 564, 574, 621, 623, 8권-55, 56, 67, 81, 82, 96, 99, 100, 103, 105, 172, 176, 183, 193, 198, 9권-28, 39, 187, 188, 288, 765, 800, 10권-217
병국 7권-471, 567, 8권-76, 85, 96, 97, 99, 104, 109, 117, 148, 150, 196, 198, 207, 216, 240
병규 7권-454, 9권-711, 10권-349
병두 9권-243, 659, 830, 831, 832, 840, 846, 849, 850
병룡 9권-681, 688, 806
병륙 9권-681, 689, 696, 735, 746
병모 9권-277, 278, 621
병문 9권-579, 687, 705, 796
병석 9권-712, 720, 782, 807, 830
병수 6권-529, 556, 7권-202, 9권-529, 686, 731, 798, 805, 871, 41, 179, 294, 300, 314, 316, 787, 803
병순 10권-139, 140, 141, 142, 143, 185, 244
병시 8권-17
병식 9권-770, 10권-259, 261
병옥 9권-271, 304, 580, 681, 691, 716, 718, 722, 733, 735, 736, 760, 771, 806, 808, 809, 810
병우 9권-230, 283, 503
병원 9권-29, 94, 96, 140, 545, 562, 568
병유 9권-885, 10권-31, 86, 154, 155, 161, 162, 167, 295, 767
병익 9권-830, 10권-349, 350, 462
병주 10권-167, 180, 233, 295, 300, 308, 310, 312, 315, 346, 416, 426, 498, 546, 595, 649, 711, 755, 760, 761, 774, 780, 782, 786, 788, 793, 796, 798, 803, 813, 816, 820
병천 9권-758, 831
병철 9권-683, 686, 729, 733, 736, 746, 757, 766, 778, 780, 782, 787, 793, 804, 805, 811, 844
병춘 9권-628, 688, 699, 758, 759, 772, 800, 10권-161, 177, 213, 232, 233, 301
병탁 8권-286, 322
병희 6권-245, 278, 515, 7권-255, 367, 368, 535, 546, 8권-206, 218, 9권-77, 304, 394, 691, 808, 10권-41, 58, 71, 214, 300, 301, 302, 306, 318, 327, 371, 390, 400, 402, 405, 425, 429, 443, 448, 450, 468, 476, 488, 495, 514, 622, 629, 650, 691, 692, 710, 751

보성고보 9권-33, 83
부선 9권-421
부업공진회 8권-25, 28, 29, 31, 32, 41
부천록 7권-430, 10권-298, 299
부활 7권-390, 10권-569
북새기략 9권-177
북천가 9권-330
분류두공부시 9권-330
분원사기보초 9권-330, 358
불교대사전 9권-661
불교사 9권-61, 142, 143, 144
불교통사 7권-350
불교회 7권-271, 334, 343, 344, 345, 349, 350, 352, 357, 361, 362, 365, 371
불조전 9권-520
비파행 8권-210, 211
빙허 9권-353, 406, 493, 515

ㅅ

사계전서 9권-158
사계전집 9권-92, 126
사과 9권-365
사기 9권-372, 552
사류통편 8권-515
사명 6권-464, 7권-611
사미인곡 7권-431, 10권-64, 650, 676, 677
사상계 10권-679
사성통해 9권-270, 363, 595, 611, 628, 714, 715, 716
사찬 9권-402, 485
산림경제지 10권-645
산문문학개론 10권-244
산유화 10권-79
삼강행실 7권-428, 9권-360, 395, 400, 503, 539
삼국사기 6권-763, 9권-80, 389, 451, 10권-324
삼국유사 7권-552, 555, 9권-415, 451, 486, 487, 490, 734
삼국지 9권-772, 10권-401
삼남신문사 10권-336
삼남일보사 10권-499, 514
삼인시조집 10권-110, 357
삼죽사류 9권-433
삼천리 7권-567, 9권-318, 586
삼천리사 9권-287, 381, 439, 450, 509, 512, 513, 519, 589
삼한귀감 9권-183, 186
삼한습유 9권-177
상백 9권-583, 586, 604, 608, 626, 645
상춘집 9권-212
상현 7권-277, 305, 334, 371, 10권-514
새벽 6권-197, 241, 242, 243, 424, 461, 665, 732, 805, 806, 7권-45, 47, 48, 53, 92, 109, 112, 120, 125, 146, 182, 209, 226, 240, 328, 329, 441, 482, 492, 498, 514, 520, 521, 548, 549, 597, 8

권-40, 63, 69, 99, 144, 165, 166, 173, 193, 199, 201, 202, 210, 236, 246, 251, 254, 9권-28, 33, 41, 91, 112, 129, 134, 144, 148, 149, 150, 158, 161, 170, 179, 181, 184, 188, 197, 247, 262, 274, 327, 366, 399, 422, 437, 462, 464, 513, 551, 591, 653, 662, 668, 688, 704, 705, 716, 717, 718, 719, 729, 735, 742, 746, 748, 753, 760, 774, 780, 781, 785, 790, 793, 795, 799, 800, 805, 807, 812, 816, 817, 819, 820, 822, 825, 827, 830, 835, 839, 861, 865, 872, 876, 884, 889, 10권-15, 19, 20, 22, 25, 26, 27, 29, 30, 36, 38, 39, 42, 51, 55, 56, 58, 68, 69, 71, 73, 90, 91, 104, 105, 119, 138, 153, 212, 228, 256, 257, 260, 267, 268, 275, 282, 289, 297, 300, 309, 321, 338, 347, 375, 394, 410, 411, 425, 440, 444, 449, 454, 460, 465, 482, 484, 495, 497, 500, 533, 547, 550, 559, 573, 581, 584, 613, 622, 624, 628, 630, 636, 641, 646, 650, 657, 662, 672, 674, 675, 677, 682, 690, 695, 696, 697, 774, 776, 799, 802, 813, 819

새벽사 10권-550

새솔회 10권-720

색경 9권-542

서계집 9권-600, 605, 609

서고청 10권-208

서금보 9권-245, 597

서긍 9권-543

서도대전 9권-53

서도전집 9권-510, 587

서림청화 9권-451, 525

서민호 9권-673, 679, 680, 681, 692, 711

서병규 9권-279

서산 7권-94, 120, 326, 345, 352, 379, 430, 441, 454, 9권-491

서상란 8권-177, 252, 9권-37, 136, 237, 247, 253, 255, 295, 307, 315, 326, 340, 345, 411

서상천 9권-273, 406, 469, 470, 471, 478, 479, 481, 487, 494, 495, 508, 510, 518, 579, 628, 632, 635, 653, 798, 818, 10권-26, 41, 51, 113

서성칠 8권-568, 569

서승효 7권-357, 547, 572, 8권-60, 86, 141, 207, 9권-673, 679, 680, 697, 870

서울신문 9권-830, 833, 852, 875

서원출 9권-715

서유기 9권-419

서재학 7권-514, 8권-135, 141, 150, 151, 172, 175, 217, 222, 238, 244, 246

서정범 9권-804

서정순 9권-743
서지학회 10권-99, 113, 135, 188, 196
서포만필 9권-208
서항석 9권-86, 88, 522, 10권-727
석가보 8권-542
석가씨보 8권-542
석고가서첩 8권-554
석남 8권-79, 9권-473, 475, 481, 495, 496, 497, 503, 504, 506, 522, 528, 531, 532, 535, 536, 537, 541, 544, 546, 548, 550, 551, 554, 555, 559, 560, 561, 562, 565, 568, 569, 571, 577, 581, 582, 583, 584, 586, 587, 592, 593, 594, 597, 598, 600, 602, 604, 607, 608, 609, 610, 611, 612, 613, 618, 619, 620, 626, 627, 628, 629, 630, 632, 645, 653, 661, 689, 694, 695, 696, 698, 711, 713, 714, 715, 716, 732, 768, 769, 770, 816, 817, 818, 819, 820, 821, 822, 823, 824, 829, 830, 832, 834, 839, 840, 842, 847, 857, 870, 888, 10권-15, 22, 27, 30, 31, 33, 35, 37, 38, 43, 45, 51, 60, 63, 81, 95, 132, 146, 147, 438, 648
석농 10권-325, 489, 567, 568
석대홍 8권-388, 428
석동균 8권-388
석보균 8권-388
석보상절 9권-322, 323, 359, 477, 479, 480, 140, 191, 196, 719
석순균 10권-145
석전 6권-564, 7권-277, 305, 307, 334, 350, 377, 384, 393, 395, 407
석정 8권-257, 9권-860, 10권-89, 434, 441, 456, 476, 478, 479, 483, 486, 489, 497, 499, 521, 527, 531, 532, 534, 535, 538, 553, 568, 586, 603, 604, 605, 622, 652, 710
석주집 9권-288
석초 10권-699
선문염송집 9권-493, 508
선원보략 8권-515
선전대책중앙위원회 10권-204, 205
선학입문 7권-22, 8권-82
설문해자징익 8권-515
설의식 9권-88, 522, 524, 544, 61, 76, 82, 95
설창식 10권-577
설파화상 8권-47
성경린 9권-833, 834, 871, 872, 883, 10권-34, 35, 38, 65, 79, 110, 114, 143, 144, 145, 171, 191, 193, 224, 225, 246, 247, 264, 375, 407, 419, 464, 549, 581, 604, 613, 631, 640, 641, 665, 676, 688, 715, 720, 736, 748, 749, 750
성경통지 7권-352

성교서 9권-54, 411, 562
성교첩 9권-58
성달영 9권-219
성동 9권-420
성벽 9권-116, 258, 293, 311, 321, 330, 370
성봉한 8권-492
성산별곡 9권-613, 614, 10권-71
성선경 7권-22
성일학과 9권-213
성재 9권-453, 489, 528, 533, 535, 536, 537, 541, 550, 551, 561, 562, 609, 693, 753, 861, 10권-185, 232, 635, 741
성해응 6권-787, 9권-219
세계명인전 9권-520, 533
세계풍속대계 8권-527
세대 7권-75, 9권-746, 749, 775, 10권-27, 28, 32, 35, 36, 41, 42, 53, 56, 57, 60, 61, 63, 65, 66, 73, 79, 81, 83, 87, 91, 93, 94, 100, 102, 118, 119, 120, 121, 125, 130, 133, 134, 137, 138, 140, 142, 143, 149, 155, 158, 163, 164, 183, 186, 187, 188, 189, 190, 191, 192, 193, 194, 195, 196, 197, 198, 199, 200, 201, 216, 248
세조악보 9권-648, 652
세종악보 9권-652
소남 10권-319, 321, 325
소대풍요 9권-98
소동파 6권-251, 7권-493, 10권-639
소병돈 10권-582
소석 7권-22, 26
소설연구 9권-56, 62
소안시조집 10권-594
소전 9권-694, 10권-92, 93, 94, 96, 120
소진걸 9권-730, 738, 752, 792, 10권-522, 628
소진문 9권-709, 744, 755, 779, 782, 792, 811, 812, 10권-522
소진철 9권-233
소화시평 9권-193, 198, 511
속삼강행실 9권-503
속악가사 9권-144, 148, 150, 151, 159, 162, 165, 186
속장경 9권-521, 618
속청구풍아 9권-461
손과정 9권-562, 592, 774
손권배 10권-376
손등 7권-317, 8권-123
손의암 7권-470
손진태 9권-267, 313, 329, 332, 389, 394, 395, 398, 405, 419, 431, 441, 454, 475, 482, 489, 496, 497, 504, 514, 520, 521, 531, 542, 543, 554, 562, 568, 598, 618, 656, 715, 827, 833, 854, 855, 856, 874, 10권-182, 250, 251
송갑식 9권-741, 792
송강가사 9권-136, 288, 289, 303,

320, 324, 345, 347, 354, 355
송강집 9권-212, 253, 292
송경 9권-377, 465, 711, 10권-394
송도홍 9권-864
송만갑 9권-220
송목관집 9권-237
송병석 9권-731, 784
송병채 9권-703, 765, 10권-179
송석일 10권-168, 208, 209, 212, 227, 294, 310, 311, 380, 427, 428, 550, 579, 629, 644, 660, 763, 796, 797, 809
송석하 9권-355, 409, 416, 419, 431, 433, 437, 448, 451, 452, 453, 464, 466, 468, 472, 473, 475, 477, 480, 482, 483, 485, 487, 488, 489, 494, 495, 496, 497, 505, 506, 512, 514, 520, 521, 522, 524, 529, 535, 540, 569, 595, 630, 648, 662, 681, 696, 712, 729, 733, 759, 771, 817, 842, 846, 848, 851, 862, 863, 864, 875, 888, 889, 20, 29, 49, 53, 60, 69, 130, 146, 147, 648
송신영 9권-311
송신용 9권-161, 166, 182, 203, 210, 211, 215, 230, 235, 246, 331, 335, 358, 361, 362, 363, 374, 385, 397, 402, 407, 419, 424, 431, 464, 505, 698
송은 8권-175
송을수 8권-263
송일중 7권-489
송정식 7권-20, 21, 24, 61, 68, 73, 129, 134, 138, 164, 173, 184, 212, 213, 221, 222, 238, 264, 265, 268, 275, 277, 292, 305, 308, 309, 311, 313, 336, 339, 343, 348, 364, 379, 389, 395, 397, 398, 403, 407, 408, 413, 439, 443, 448, 453, 464, 470, 502, 8권-77, 98, 171, 188, 192, 201, 217, 9권-242, 275, 703, 704, 746, 752, 765, 778, 786, 807, 812, 10권-194, 250, 311
송주상 10권-318, 336, 402
송주용 8권-260, 9권-149
송준호 10권-479, 496, 513, 572, 573, 577, 602, 643, 656, 689
송진우 6권-241, 7권-309, 353, 415, 432, 433, 500, 8권-175, 9권-222, 237, 394, 395, 400, 431, 457, 468, 503, 646, 439
송충원 8권-253
송태영 9권-733, 810, 10권-265, 607
송택 8권-297
송택규 7권-20, 21, 22, 172, 224, 265, 306, 310, 311, 313, 418, 419, 420, 443, 446, 453, 454, 495, 502, 534
수당 6권-545, 7권-26, 40, 44
수도여자대학 10권-736

수주적록 9권-331
수호 10권-24, 209, 260, 279
수호전 9권-340, 653
수호지 7권-36, 622, 8권-71, 835, 10권-406
수희 9권-732, 733, 746, 774, 814
숙향전 9권-193, 802, 10권-584
순오지 9권-86
순화각법첩 9권-71
숭실학교 6권-780, 7권-378
쉐아바카 10권-577, 583
스타 8권-506
승범 10권-499, 500, 507, 534, 592, 600, 619, 621, 623, 636, 651, 656, 662, 663, 682, 683, 686, 690, 691, 745, 746
시대일보 8권-112, 113, 205
시산성웅 8권-400, 468
시용향악보 10권-518, 549, 570, 571, 572, 622, 624, 735
시원 10권-15
시절가장단 8권-303
시조개론 9권-869, 10권-230, 721
시조고 9권-833
시조선 9권-507, 516, 519
시조소초 8권-330
시조연구 10권-71, 404, 719
시조연구회 10권-111, 119, 131, 141, 143, 185, 204, 404
시조유취 9권-166, 177
시조작법 9권-318, 10권-144, 199, 250
시조전집 9권-317, 322
신가정 9권-150, 155, 176, 216, 232, 287, 288, 299
신간회 9권-104
신갑희 9권-817
신광영 9권-56, 79
신교사 10권-478, 493, 554, 633, 684
신교육건설전람회 10권-100, 102
신구문화사 6권-8, 7권-8, 423, 8권-8, 9권-8, 10권-8, 520, 527, 541, 542, 579, 585, 601, 609, 612, 615, 632, 633, 640, 650, 657, 660, 664, 665, 666, 682, 688, 692, 693, 695, 703, 718, 741, 745
신구현 9권-294, 299, 301, 303, 305, 310, 311, 332, 341, 373, 377, 414, 417, 478, 515, 534, 595
신근 10권-476, 513
신기복 10권-127
신기석 10권-322, 330
신기업 10권-354, 593
신기영 10권-126
신기준 10권-127, 128
신길동 10권-126, 146, 567, 568, 584, 593
신남진 8권-589
신남철 9권-889
신단실기 6권-763, 788, 7권-432
신대원 8권-152

신도성 10권-279, 281, 613
신동광 9권-36
신동아 9권-160, 176, 183, 186, 216, 235
신동아사 9권-128, 160, 176, 191, 236
신동엽 9권-841, 842, 845, 847, 850, 851, 852, 854, 856, 861, 867, 870, 871, 872, 875, 876, 878, 879, 882, 885, 887
신명균 6권-247, 7권-440, 450, 493, 495, 554, 566, 622, 8권-84, 177, 179, 184, 187, 220, 239, 250, 252, 9권-91, 128, 136, 147, 179, 184, 200, 220, 316, 317, 322, 359, 365, 371, 409, 549, 560, 597
신명희 7권-146, 161, 184, 189, 197, 215, 236, 244, 305, 339, 343, 398, 539, 546, 8권-80, 9권-278, 458
신문관 7권-22, 385, 425, 464, 471
신문학원 10권-61, 64, 67, 70, 73, 74, 78, 79, 81, 86, 92, 95, 96, 98, 120, 126, 130, 131, 138, 142, 144, 155, 158, 159, 162, 185, 186, 187, 188, 189, 190, 191, 193, 195, 196, 198, 199, 202, 216, 219, 223, 224, 226, 228, 229, 231, 246, 247, 248, 249, 252, 253, 254, 257, 258, 259, 518, 608, 672, 739
신미사학 8권-82
신민 8권-344, 467
신민사 8권-292, 302, 344, 429, 469, 486
신보영 7권-531, 551, 9권-412, 688, 733, 784, 788, 10권-305, 730
신상우 7권-552, 566, 8권-207, 9권-134
신생 8권-428, 467, 478
신생사 9권-129, 10권-69
신생활위원회 10권-243
신생활촉진회 10권-194
신석두 7권-33, 71
신석정 9권-281, 282, 283, 284, 300, 314, 316, 507, 10권-380, 420, 421, 422, 426, 427, 429, 430, 465, 467, 478, 481, 496, 499, 502, 503, 513, 553, 559, 575, 577, 585, 593, 604, 610, 624, 625, 631, 650, 651, 656, 675, 685, 710
신석초 10권-699, 701
신석호 9권-863, 10권-22, 27, 113, 141, 142, 246, 604, 608, 613
신소년사 8권-302
신시대사 9권-612
신여성 9권-400, 470, 555
신여암집 7권-475
신연순 8권-566
신영우 9권-45, 46
신오위장 9권-115, 116, 130, 144,

151, 159, 203, 394, 406, 518, 10권-127, 138, 139, 171, 181, 197, 213, 244, 282, 352, 354, 481, 571, 574, 584, 593, 693
신오위장가집 10권-352
신오위장본 10권-171, 181
신오위장전집 10권-244
신요영 10권-748
신용식 8권-238
신용우 10권-592
신용인 8권-365
신원사고증 9권-419
신익희 10권-205, 610, 613
신작 7권-254, 10권-102
신천지 10권-165, 421, 455, 458, 468, 555, 569
신태수 10권-721
신현득 10권-567, 568, 624, 756
신형철 8권-305, 307, 340
신혜원 9권-58
신흥대학교 10권-717
신흥학교 7권-476, 478
신흥회 9권-67
실업강습회 8권-220
심리학 6권-714, 8권-82
심악 10권-247, 554, 580
심우섭 9권-347, 399, 682
심의린 8권-445
십일회 10권-218, 461
십죽재화보 9권-270
십초시 9권-388

ㅇ

아놀드 9권-817, 826
아동문화협회 9권-857, 874, 880
아롱 9권-603, 631, 10권-283
아이젠하워 10권-417
악서정해 9권-210
악장가사 9권-123, 124, 125, 141, 202, 394
악학궤범 9권-118, 608
안기영 9권-135, 870
안도산 9권-329, 851
안동혁 10권-7, 729
안릉일기 9권-542, 551
안명호 8권-548
안명환 8권-444
안민세 10권-57
안상철 9권-294, 314, 317, 319
안상호 7권-20, 21, 22
안서 9권-166, 322, 507
안석영 10권-36, 245
안심전 7권-345
안용백 10권-149, 239, 421, 463, 604, 608
안유 8권-124
안인식 8권-541
안자산 9권-408
안재홍 7권-621, 9권-673
안종철 8권-575, 576
안진경 7권-493
안진길 10권-126, 626
안창남 7권-522, 523

안평대군 9권-485
안호삼 9권-542, 543, 560, 578, 579, 611, 630, 632, 681, 682, 693, 738, 742, 826, 10권-63, 73, 120, 130, 185, 205, 214, 241, 282, 614, 726
안호상 79권-15, 10권-89, 205, 613
안호준 9권-29, 458, 480, 547, 550, 627, 631, 682, 769, 10권-134, 185, 282
안확 8권-184, 216, 219, 222, 224, 233, 9권-25, 36, 68, 207, 451, 851
안희남 9권-436, 818, 10권-71, 264
안희재 8권-124
앙엽기 9권-384, 385
애류 7권-348, 350, 377, 380, 384, 389, 393, 397, 399, 401, 403, 407, 584, 618, 8권-64, 88, 113, 121, 152, 161, 165, 166, 171, 177, 179, 180, 181, 183, 186, 187, 188, 192, 193, 195, 196, 206, 207, 209, 211, 212, 213, 214, 216, 218, 219, 221, 223, 225, 226, 233, 234, 235, 237, 239, 244, 247, 248, 250, 252, 9권-25, 27, 28, 34, 36, 37, 46, 51, 53, 58, 69, 70, 72, 73, 79, 83, 87, 92, 93, 99, 124, 126, 127, 129, 134, 137, 139, 147, 148, 149, 150, 151, 156, 158, 159, 160, 162, 165, 166, 167, 168, 169, 171, 175, 179, 183, 184, 189, 193, 199, 208, 209, 211, 212, 218, 221, 230, 236, 243, 247, 254, 255, 259, 263, 270, 272, 285, 290, 291, 292, 295, 296, 299, 306, 307, 316, 317, 321, 322, 324, 327, 328, 330, 334, 341, 350, 353, 356, 371, 375, 378, 384, 388, 396, 398, 401, 404, 406, 419, 435, 447, 454, 456, 463, 465, 474, 477, 486, 490, 491, 493, 507, 515, 516, 518, 519, 525, 528, 531, 532, 535, 537, 538, 539, 545, 548, 549, 550, 555, 567, 600, 602, 613, 618, 619, 626, 628, 629, 630, 634, 646, 650, 654, 657, 658, 665, 681, 690, 694, 697, 713, 718, 738, 817, 823, 832, 878, 887, 10권-23, 66, 71, 73, 104, 609, 614, 619, 762
야마다 6권-297, 298
야연만록 9권-331
야율초재 9권-419
약사여래경 9권-505, 521, 618
약사여래본원공덕경 9권-505
양건식 7권-390, 470, 8권-136, 204, 9권-34, 57, 82, 90, 91, 161, 165, 194, 198, 210, 212, 287, 290, 309, 323, 327, 332, 364
양국여 7권-258, 376
양금신보 9권-375, 411, 594, 597
양명초 9권-149

양백화 8권-106, 9권-95, 98, 142, 160, 193, 224, 302
양상경 10권-62, 145, 194, 314, 318, 329, 394, 402, 648, 689, 719, 720, 731
양순자 9권-629, 630, 790, 10권-181, 301, 356, 385, 418, 438, 452, 517, 540, 579, 581, 657, 719
양영일 9권-104
양일동 9권-813
양장주 9권-106, 107, 109, 110, 111, 114, 122
양재성 10권-348, 349
양주동 9권-456, 463, 473, 497, 498, 507, 511, 545, 590, 591, 889, 10권-81, 97, 104, 149, 201, 230, 265, 618, 619, 666, 672, 674, 694, 720
양진태 7권-467
양치종 9권-371
양홍기 6권-736, 768, 769, 770, 771, 779, 783
양회수 10권-331, 372, 388, 389, 394, 400, 406, 432, 480
어문학연구회 10권-32
어문학총서 9권-550
어숙권 9권-546
어우야담 10권-148
어학회 10권-23, 121, 128, 182, 183, 186, 195, 223, 409
언해태산집 9권-525
엄주천 10권-21
엄하금 7권-35
여사서 9권-421
여산구락부 7권-290
여산민회 9권-801
여상현 9권-875
여성 8권-325, 329
여씨향약언해 9권-525
여암전서 10권-357
여운형 10권-82
여지도 8권-543
역대시조선 9권-504, 516, 517, 531, 532, 10권-27, 64, 67, 196
역대시조집 9권-612
역대총목 9권-363
역도 9권-487, 632, 653, 654, 657, 661, 769, 10권-24, 58
역사보 9권-419
역어유해 9권-375
연경재전집 9권-232
연암집 8권-65, 9권-27, 84
연의삼국지 10권-401
연조귀감 9권-219
연행록 10권-67
연희학교 7권-378
열녀전 9권-452, 454
열성수교 9권-606
열운 9권-654, 855, 861
열하일기 6권-763, 9권-696
염상섭 10권-57, 245, 262, 268, 389
영가집언해 9권-405
영관 9권-214, 341

영근 9권-770, 787, 805, 840, 854, 869, 883, 884
영남악부 9권-219
영랑 10권-205
영생여중학교 9권-672, 673
영생중학교 9권-668, 672
영운(永運) 6권-201, 216, 266, 268
영운(福礀) 9권-236, 586, 588, 629, 693, 10권-620
영원 6권-143, 7권-210, 271, 381, 9권-667, 679
영희 7권-550, 8권-175, 179, 180, 201, 202, 203, 207, 219, 220, 221, 222
예동 10권-119, 120, 125, 130, 132, 141, 145, 146, 185, 190, 193, 196, 204, 206, 216, 217, 218, 245, 246, 250, 253, 254, 259, 289, 323, 324, 375, 379, 455, 464, 468, 476, 483, 485, 490, 500, 502, 509, 522, 538, 543, 546, 568, 576, 631, 643, 650, 686
예천명 9권-562
옛글 10권-96, 542
오근풍 10권-622, 690
오동균 9권-115, 122, 149
오동애 10권-410, 411
오문호 8권-176, 191, 213, 215, 224, 9권-208, 254, 335, 400, 401, 406, 442, 443, 483, 490, 493, 494, 495, 513, 515, 516, 526, 538, 584, 614, 10권-68
오산학교 7권-378
오상수 9권-806, 808, 809, 810, 10권-76, 207, 322, 323, 325, 358, 372, 378, 380, 426, 431, 482, 491, 538, 546
오상순 8권-181, 9권-515, 10권-604, 612, 619, 683
오서 10권-345, 767
오세창 7권-524, 560, 8권-21, 131, 193, 10권-252, 299, 346, 375, 386, 421, 472, 486, 510, 682, 712, 819, 114
오신혜 9권-492, 504, 535, 539, 540, 541, 549, 550, 552, 553, 554, 555, 597, 634
오영석 10권-388
오영섭 9권-537
오용진 10권-563, 564
오의균 9권-554, 561, 10권-127, 567
오장환 9권-198, 318, 322, 323, 370, 478, 504, 873
오재순 7권-440, 441, 463, 470, 501, 8권-84, 176, 199
오조명신록 9권-485
오천석 9권-863, 864
오철호 7권-200, 265, 287, 344, 416, 418, 420, 441, 483, 491, 495, 496, 537, 544, 547, 551, 553, 555, 573, 8권-27, 52, 56, 61, 103, 114, 120, 124, 128, 129, 135, 142, 182, 191, 192, 223, 9권

−71, 78, 79, 168, 169, 170, 188, 216, 236, 242, 243, 257, 258, 285, 286, 291, 324, 325, 332, 333, 334, 375, 384, 385, 388, 393, 406, 412, 415, 432, 453, 479, 481, 494, 518, 551, 600, 602, 609, 626, 766, 786
오하동 10권−484
오하영 6권−159, 10권−255
옹고집전 10권−214, 232
완당간첩 6권−662, 9권−162, 200
완희 9권−733, 734, 735, 767, 769, 770
왕양명집 7권−26, 27, 9권−164
왕준성 9권−166, 169
왕희렴 9권−414
요금원사어해 10권−352
요도 9권−669
요로원야화기 9권−544, 545, 10권−171, 450, 463
용감수경 9권−846
용담유사 9권−213
용비어천가 9권−253, 291, 307, 394, 658, 10권−390
용찬 10권−341, 343, 461, 463
용해 7권−427, 428
우당 10권−321, 323, 329, 330, 331, 332, 373, 379, 403, 437, 448, 567, 568
우도어보 8권−171
우리말본 7권−429, 432, 433, 476, 9권−359
우리말연구회 6권−425, 7권−445, 467, 468, 472, 181
우만승 7권−35
우송 6권−697, 9권−451, 465, 515, 592, 603, 628, 881, 10권−540, 555
우하 9권−216, 254, 255, 269, 270, 274, 285, 287, 296, 299, 300, 301, 303, 304, 305, 306, 307, 308, 454, 469, 470, 477, 492, 494, 503, 510, 512, 519, 529, 530, 533, 535, 538, 541, 542, 544, 545, 553, 559, 563, 564, 565, 566, 570
운강 10권−422, 425, 429, 661
운곡 9권−564, 565, 659, 731, 10권−196, 198, 492, 595, 650
운곡시집 9권−564
운곡행록 10권−198
운야산인 7권−23
원각경 9권−61, 142, 143, 144, 200, 473
원각경언해 9권−61, 200
원경묵 8권−295
원경왕후 8권−124
원란회 9권−157, 169, 212, 221
원부사 9권−201
원산독학협회 9권−135, 140
원태상 10권−748
원한경 10권−135
월명사전 9권−454
월인석보 9권−472

월인천강지곡 9권-323
월탄 9권-165, 193, 194, 290, 302, 304, 321, 333, 346, 350, 353, 360, 364, 371, 372, 381, 385, 397, 398, 402, 404, 405, 406, 407, 413, 418, 422, 432, 437, 438, 440, 441, 442, 447, 451, 454, 465, 466, 470, 473, 477, 480, 482, 487, 490, 492, 493, 496, 498, 506, 514, 515, 522, 525, 534, 538, 540, 541, 545, 547, 552, 561, 570, 583, 587, 603, 628, 631, 634, 652, 666, 690, 694, 697, 715, 757, 769, 839, 845, 846, 865, 867, 868, 886, 887, 10권-29, 36, 45, 92, 95, 98, 230, 282, 461, 608, 619, 635, 658, 699
웰취 9권-821
위계후 8권-309, 326, 347, 360, 374, 376
위관 8권-171, 9권-363, 364
위당 8권-27, 52
위서 9권-772
위창 8권-509, 555
유경상 8권-253, 258, 261
유경종 7권-22, 370
유근 7권-220, 412, 425
유기수 10권-474, 495, 546
유기철 10권-126, 592
유길상 9권-37, 94, 137, 181, 192, 259, 269, 305, 307, 308, 328, 331, 345, 354, 377, 398, 437, 460, 519, 532, 546, 580, 591, 592, 644, 653, 693, 10권-18, 629
유낙준 9권-161, 163
유년수 9권-72, 73, 160, 161, 165, 182, 199, 415, 530
유도순 8권-415, 424, 426, 428, 430
유득공 9권-359
유림초록 9권-609
유봉영 10권-648
유성룡 9권-114
유성원 8권-528
유수운 9권-58
유억겸 9권-457, 458, 835, 10권-68, 99
유엽 10권-16, 364, 368, 376, 635
유완희 8권-426
유원총보 9권-233
유응호 10권-80, 141, 260, 268
유일선 6권-229, 244, 10권-581
유자후 7권-431, 9권-447, 455, 504, 529, 543, 547, 562, 566, 592, 615, 643, 856, 10권-20, 79, 125
유정 10권-497, 619, 641
유정렬 10권-20
유정석 7권-469
유제극 10권-716
유제운 10권-307, 310, 312, 336, 353, 420, 421, 427, 640, 671,

731
유제한 10권-429, 460, 461, 648
유종석 9권-460, 488, 554, 571, 751, 780, 10권-200, 306, 367, 765, 795, 822
유종원 7권-431
유중환 9권-683, 736
유지영(柳志永) 9권-194
유지영(劉智泳) 9권-536
유직렬 8권-303, 465, 468
유직양 10권-159, 314, 318, 328, 347, 351, 356, 357, 358, 364, 371, 379, 393, 394, 477, 510, 544
유진오 10권-557, 618, 718
유진태 8권-487
유치진 10권-72, 205
유치훈 7권-291
유태화 9권-179
유호석 10권-325, 329, 354, 395, 404
유홍렬 10권-259, 279, 281, 740
유홍종 7권-169, 189, 200, 9권-89, 91, 195, 199, 340
유희 9권-139, 158, 420
유희진 10권-436, 443
육국사 9권-534
육당 7권-434, 9권-210, 560
육방옹시선 10권-110
윤건로 9권-846, 848, 849, 852, 857, 868
윤경섭 9권-503
윤경일 9권-799
윤고산 9권-374, 417
윤곤강 10권-121, 130, 245
윤극중 10권-256
윤남한 10권-478, 577, 604
윤덕기 9권-603
윤덕영 7권-432, 10권-208, 209, 384
윤병섭 9권-247, 293, 307, 315, 340, 345, 359, 377, 387, 484, 551, 619, 650, 681
윤병호 9권-673, 679, 680, 840
윤봉길 10권-210
윤상범 9권-689, 705, 770
윤상훈 6권-227, 228, 229, 237, 244, 245, 246, 250, 263, 266, 278, 320, 485, 486, 493, 494, 495, 7권-496, 498, 505, 512, 552, 646, 711, 727, 496, 10권-543, 586, 627
윤석주 10권-325, 327, 352, 650
윤석중 9권-166, 451, 476, 478, 492, 493, 553, 591, 697, 857, 874, 10권-28, 112, 137, 178, 192, 251, 311
윤석희 9권-180
윤세복 10권-541, 726
윤씨행장 9권-589
ㅍ윤우경 10권-341, 460
윤일선 10권-225, 613, 634
윤일중 7권-421, 422, 10권-309
윤정일 9권-794

윤정중 7권-421, 446, 453, 9권-705
윤지병 9권-186, 648, 683, 10권-16
윤창후 9권-331
윤택중 9권-405, 812, 10권-126, 256, 387, 606, 607, 608
윤한남 10권-495, 579, 597, 602
윤형중 8권-253
윤회 9권-383
응제시 9권-384, 385, 386, 387, 388, 413, 433
의역화엄경 8권-82
의우도 9권-476
의유당 10권-201
의유당관북유람일기 10권-27, 748
의유당일기 10권-79, 85, 105, 134, 139, 140, 201
이각종 8권-291, 344
이갑 9권-137, 148, 179, 180, 200, 263
이갑성 10권-434, 435
이강래 9권-179, 673, 679, 680, 744, 859, 10권-461
이겸로 10권-520, 608, 615, 646, 746
이겸성 9권-522, 861
이겸욱 9권-791
이겸태 9권-459, 463, 464, 732, 734, 735, 745, 749, 755, 802, 10권-311, 509, 583
이관구 9권-448, 452, 453, 464, 468, 469, 471, 488, 489, 528, 595, 682, 689, 693, 695, 829, 889, 10권-118, 148, 635
이광렬 6권-515, 520, 524, 540, 549, 551, 552, 553, 555, 646, 694, 711, 741, 761, 767, 10권-318, 320, 327, 515, 544
이광섭 10권-289, 339, 341
이광수 9권-142, 394, 447, 10권-89, 90, 93, 94, 125, 132, 137
이광식 9권-328
이광의 10권-520
이광종 9권-83, 199, 255
이교동 7권-469
이교식 10권-337, 340
이구종 10권-619
이규봉 9권-372, 400, 431, 503, 572, 682, 821, 828, 832, 870, 888
이규영 6권-247, 10권-635
이극로 9권-137, 142, 147, 156, 187, 201, 237, 241, 246, 289, 317, 478, 523, 562, 564, 673, 679, 804, 816, 825, 870, 10권-69, 228, 230
이근성 9권-386, 387, 388, 393, 406, 415, 429, 477, 595, 598, 602, 610, 611
이근식 9권-571
이금룡 9권-211
이기복 9권-631, 1권-382, 383, 385, 386
이기봉 10권-727, 728

이기영 6권-157, 185, 190
이기우 10권-651
이기원 10권-348
이기인 9권-86, 87
이길용 10권-76
이능우 10권-105, 171, 247, 257, 258, 263, 274, 282, 283, 288, 379, 381, 462, 479, 576, 608, 620, 660, 687
이능화 9권-43, 55, 95, 98, 123, 124, 125, 134, 141, 150, 156, 193, 198, 203, 212, 296, 325, 346, 351, 398, 419, 424, 433, 434, 495, 510, 511, 551, 565, 10권-740
이당 10권-540
이덕윤 9권-605, 606, 10권-721
이동림 10권-269, 608, 612, 638, 657, 663, 666, 667, 672, 719
이동백 9권-211, 220, 696, 10권-141
이동순 8권-253
이동훈 10권-414, 415
이득윤 9권-598, 600, 605
이륜행실 7권-428, 9권-360, 395
이마니시 9권-39
이마동 9권-484, 697, 846
이마무라 9권-39
이만규 9권-147, 673, 679, 680
이맥 9권-379
이명구 10권-54, 55, 58, 85, 208, 280, 419, 634
이명선 9권-301, 303, 310, 311, 332, 341, 373, 377, 518, 534, 544, 545, 546, 549, 595, 637, 818, 10권-81, 111, 114, 134, 157, 239, 270, 271, 274, 279, 280, 281
이명세 10권-203
이명칠 6권-254
이무영 9권-397
이민재 10권-664
이병기 6권-1, 3, 5, 6, 286, 808, 7권-1, 3, 628, 1, 3, 604, 8권-1, 3, 673, 848, 892, 9권-1, 3, 281, 669, 729, 824
이병도 9권-25, 27, 32, 35, 36, 38, 42, 47, 51, 53, 63, 64, 69, 80, 99, 122, 123, 125, 126, 129, 138, 144, 157, 159, 165, 167, 174, 181, 183, 187, 191, 198, 200, 201, 202, 207, 208, 212, 219, 220, 221, 229, 234, 257, 287, 292, 313, 320, 324, 325, 329, 331, 332, 333, 345, 347, 349, 354, 357, 360, 362, 365, 370, 371, 373, 376, 382, 383, 384, 389, 393, 394, 395, 396, 398, 399, 401, 403, 405, 406, 409, 410, 411, 414, 415, 416, 418, 419, 422, 425, 429, 432, 433, 438, 439, 440, 441, 442, 447, 448, 449, 450, 451, 452, 455, 456, 457, 459, 460, 461, 463, 464,

466, 468, 473, 475, 481, 482, 483, 485, 486, 487, 488, 489, 492, 494, 496, 514, 539, 569, 583, 595, 615, 616, 632, 643, 654, 690, 691, 692, 693, 733, 768, 771, 811, 817, 820, 827, 850, 852, 853, 855, 856, 857, 858, 862, 863, 865, 866, 868, 871, 872, 874, 879, 882, 888, 889, 10권-7, 18, 20, 21, 31, 45, 49, 59, 64, 69, 79, 97, 115, 141, 148, 168, 170, 171, 181, 183, 188, 189, 191, 192, 196, 205, 208, 279, 281, 287, 289, 360, 375, 412, 419, 420, 422, 461, 464, 537, 538, 548, 549, 584, 586, 600, 612, 618, 630, 631, 635, 637, 665, 666, 692, 716, 717, 725, 726, 729, 740, 746, 748, 755

이병우 9권-195, 312, 350, 371, 441, 459, 467, 492, 503, 577, 585, 586, 618

이병의 10권-414, 415, 416

이병주 10권-245, 608, 709

이병태 10권-252, 253

이봉래 10권-497

이봉수 9권-817, 820, 822, 828, 832, 841, 842, 847, 860, 861, 870, 871, 877, 879, 880, 882, 885, 886, 887, 890, 10권-22, 32, 44, 52, 57, 60, 70, 98, 128, 148, 149, 164, 182, 246, 452

이삼만 6권-677, 9권-116

이상국집 9권-125, 420

이상근 10권-685, 691

이상돈 9권-39, 166, 167, 174, 175, 176, 178, 184, 189, 191, 201, 209, 210, 213, 215, 217, 219, 224, 225, 235, 236, 255, 261, 270, 271, 274, 285, 289, 296, 305, 310, 311, 314, 316, 317, 318, 320, 322, 347, 350, 357, 361, 362, 364, 366, 371, 373, 377, 385, 388, 399, 401, 409, 412, 416, 430, 431, 439, 443, 448, 456, 458, 461, 462, 482, 491, 497, 505, 513, 531, 532, 561, 569, 618, 626, 644, 645, 646, 661, 662, 663, 664, 666, 667, 681, 682, 694, 717, 747, 754, 756, 765, 768, 769, 770, 803, 819, 821, 829, 876, 10권-23, 109, 157

이상백 9권-329, 475, 495, 496, 548, 559, 560, 561, 565, 566, 567, 577, 583, 585, 586, 604, 606, 607, 608, 609, 626, 627, 628, 637, 643, 646, 647, 648, 662, 663, 666, 689, 711, 712, 715, 832, 874, 10권-223, 243

이상오 10권-579, 580, 581, 601, 604, 615, 621, 630

이상준 9권-135, 188, 198, 219,

220, 293, 295, 307, 328, 340, 352, 354, 484, 485
이상춘 9권-148, 180, 317, 435, 10권-265
이상호 9권-51, 56
이서계 9권-604, 605
이서구 10권-33
이석길 10권-521
이석린 9권-673, 679, 680, 816, 10권-461
이석목 9권-101, 102, 103, 122
이석한 10권-325, 331
이석현 6권-188, 189, 190, 191, 202, 217, 220, 240, 244, 245, 282, 800, 9권-144, 216, 349, 374
이석호 9권-526
이선근 10권-432, 433, 461, 463, 466, 476, 500, 553, 616, 709
이성방 9권-104
이성의 9권-395, 400, 403, 406, 414, 415, 425, 464, 506, 603, 769, 878, 10권-517, 580, 607, 609, 613, 639, 642, 746, 747, 749
이세정 9권-148, 179, 180, 567, 877, 881, 10권-101, 109, 110, 135, 186, 612
이수관 9권-809, 813
이수만 9권-746
이수영 6권-173, 493, 502, 514, 516, 517, 520, 522, 541, 551, 9권-238
이순탁 10권-60, 95
이숭녕 9권-855, 866, 867, 10권-22, 31, 34, 204, 206, 217, 229, 252, 280, 288, 419, 460, 461, 516, 517, 518, 549, 606, 608, 618, 730
이승규 9권-83, 187, 252, 255, 271, 332, 347, 387, 406
이승만(李承萬) 9권-287, 290, 296, 302, 307, 316, 333
이승만(李承晩) 9권-818, 821, 861, 10권-727
이승천 9권-61
이승호 9권-32, 211, 10권-372
이시영 9권-870, 874, 10권-205
이십사사 9권-397
이십오사 9권-409, 410, 411, 464
이양하 10권-746
이여성 9권-289, 403, 406, 407, 408, 409, 416, 447, 450, 452, 454, 466, 468, 469, 470, 472, 475, 482, 486, 493, 495, 496, 506, 516, 563, 583, 589, 595, 598, 627, 637, 666, 682, 720, 721, 832
이영도 10권-246, 621, 726, 741
이영재 9권-432, 442, 536, 564, 565, 566
이완규 9권-568, 569, 571, 577, 581, 582, 583, 584, 585, 588, 589, 592, 607, 608, 610, 613,

615, 643, 645, 661, 662, 663, 664, 666, 690, 695, 697, 718, 769, 817, 870, 10권-42, 182, 195
이완희 9권-767
이요한 10권-449
이용극 9권-755, 179, 10권-294
이용기(李用基) 9권-363
이용기(李龍基) 6권-494, 539, 9권-137, 138
이용대 6권-782, 9권-808, 809, 10권-322, 643
이용문 9권-161
이용설 6권-415, 418, 551, 8권-220
이용우 9권-165, 287, 340, 347, 364, 466, 469, 542, 10권-179, 319, 401, 413
이우공 261
이우민 9권-760, 791, 10권-136, 389
이우식(李愚植) 9권-317
이우식(李祐植) 9권-673, 680
이우식(李愚軾) 10권-314, 321, 372, 389, 394, 403, 405, 432, 436, 442, 544, 628
이우식 10권-314, 321, 372, 389, 394, 403, 405, 432, 436, 442, 544, 628
이원기로계첩 9권-211
이원기로연 9권-599
이원영 9권-620
이원조 9권-582
이윤식 10권-388, 401, 402
이윤재 9권-138, 148, 166, 179, 221, 230, 317, 653, 673, 679, 830, 861
이윤주 9권-234, 254, 284, 306, 307, 326, 328
이윤희 9권-478, 875, 10권-60, 64, 73, 82, 156, 171, 188, 258, 341, 517, 580
이은상 9권-73, 86, 88, 89, 124, 143, 150, 156, 165, 236, 324, 364, 386, 410, 673, 679, 680, 10권-229, 719, 735
이은영 6권-185, 186, 199, 200, 210, 211, 215, 217, 220, 223, 224, 226, 227, 228, 229, 232, 234, 245, 246, 247, 253, 256, 257, 258, 259, 262, 800, 9권-274, 352, 405, 459, 523, 524, 682, 703, 732, 745, 749, 755, 770
이응구 6권-281, 9권-533, 686, 688, 704, 721, 722, 728, 729, 734, 737, 739, 740, 746, 748, 752, 754, 756, 757, 760, 761, 766, 767, 771, 772, 773, 774, 776, 779, 780, 782, 784, 788, 789, 790, 793, 799, 801, 803, 807, 818, 820, 823, 835, 860, 888, 10권-17, 18, 137, 168, 198, 199, 232, 309, 311, 312, 508, 615
이의승 10권-453
이익상 6권-494, 9권-96

이인 7권-597
이인영 9권-188, 189, 208, 209, 231, 232, 235, 248, 255, 259, 270, 273, 292, 352, 358, 382, 387, 395, 413, 417, 423, 432, 442, 447, 448, 449, 450, 451, 454, 455, 456, 457, 463, 469, 470, 471, 472, 473, 474, 475, 477, 481, 482, 484, 486, 487, 488, 490, 491, 493, 494, 495, 496, 497, 503, 506, 508, 510, 514, 518, 522, 524, 525, 527, 528, 530, 535, 546, 563, 578, 585, 598, 631, 637, 648, 820, 847, 855, 863, 866, 83, 10권-141, 142
이일 9권-681, 768
이재곤 7권-432
이재선 10권-193, 338, 340, 342, 351, 452, 464
이재수 10권-19, 23, 29, 138, 214, 215, 243, 503, 507, 512, 539, 563, 564, 565, 566, 569, 694
이재욱(李在旭) 9권-418
이재욱(李在郁) 9권-531, 874, 10권-84, 89
이재철 9권-229
이재학 10권-701
이재훈 9권-65, 131, 164, 189, 271, 293, 304, 308, 312, 341, 342, 404, 413, 456, 481, 482, 483, 484, 490, 493, 507, 512, 542, 588, 820, 853, 10권-137, 184, 225, 261, 613, 635, 661, 667, 672, 673
이정업 9권-886, 888
이정호 6권-667, 9권-316, 340, 473
이정희 9권-51, 108, 319, 335, 383, 828
이조묵 9권-358
이조실록 9권-420, 423, 424, 10권-91, 218, 223, 522
이종규 9권-812
이종대 9권-386, 524, 545, 546, 549, 578, 681, 769, 819, 860, 863, 10권-31, 69, 71, 119
이종덕 9권-845, 847, 856, 868, 872, 879, 887, 10권-44, 84, 88, 90, 250
이종륜 10권-7, 414, 415, 729
이종만 9권-804, 805, 811, 812, 830
이종수 6권-437, 438, 440, 448, 10권-405, 476, 495, 509, 551, 596
이종완 9권-81, 313, 10권-38, 60
이종우 9권-171, 483, 538, 582, 885, 10권-51, 119, 171, 237
이종익 6권-262, 263, 265, 266, 268, 274, 275, 281, 283, 284, 422, 348, 10권-251, 252, 253, 520, 541, 542, 556, 579, 580, 581, 601, 603, 606, 609, 612, 615, 621, 630, 633, 638, 650, 657, 664, 667, 671, 679, 682,

685, 688, 708, 721, 725, 729, 739, 740, 741, 745
이종준 10권-238
이종택 10권-316
이종표 9권-716, 717, 10권-349, 362, 392
이종호 6권-551, 9권-70, 10권-177, 208
이주홍 10권-238, 240, 691
이주환 9권-833, 834, 864, 871, 872, 10권-28, 32, 34, 35, 38, 58, 138, 143, 144, 145, 171, 187, 191, 246, 247, 375, 388, 389, 460, 464, 488, 549, 581, 604, 613, 635, 644, 688, 719
이중각 9권-687, 694, 746, 861, 878, 883, 10권-90, 93, 97, 113, 114, 139, 163, 349
이중갑 8권-258
이중건 9권-140, 142, 200, 316, 322, 323, 381
이중학 9권-281, 282, 283, 284
이중화 9권-82, 129, 137, 144, 148, 149, 150, 167, 168, 182, 357, 362, 429, 447, 455, 456, 493, 673, 679, 874, 10권-182
이진수 9권-793, 795, 10권-256, 257
이진우 9권-810, 811, 812
이진홍 9권-887, 888
이찬 9권-68, 129, 395, 402
이창구 9권-24, 94, 102, 103, 158, 159, 200, 202, 207, 215, 218, 235, 242, 253, 263, 282, 306, 662, 744, 815, 10권-237, 410, 603, 639, 665, 720, 730
이창로 10권-166
이창배 10권-641, 642, 644, 660, 715
이철승 10권-521, 569, 570
이춘섭 9권-482, 490
이충무공전 9권-803, 804
이치규 9권-37, 484, 663, 10권-64
이탁 9권-179, 186
이태규 10권-20, 21, 34, 38, 58, 115, 154, 155, 729
이태극 10권-92, 95, 385, 405, 417, 615, 620, 630, 634, 658, 659, 660, 667, 699, 701, 707, 717, 719, 721, 726, 735, 739, 741, 745, 765, 822
이태준 9권-41, 58, 230, 243, 252, 263, 301, 308, 339, 352, 353, 354, 374, 376, 382, 408, 411, 416, 417, 421, 430, 434, 438, 466, 471, 472, 477, 481, 508, 509, 511, 527, 529, 532, 539, 543, 565, 582, 647, 692, 713, 818, 827, 828, 833, 849, 864, 865, 880, 10권-31
이필근 7권-433
이하용 9권-25, 31, 32, 69, 71, 162
이하윤 9권-88, 144, 148, 202, 207, 490, 492, 507, 547

이학근 6권-712, 10권-319, 328, 377, 409, 413, 458, 527, 552, 591, 594, 624, 662
이학용 10권-568, 651
이학인 9권-247, 254, 263, 274
이한복 8권-208, 9권-129
이한주 7권-25, 26, 9권-533, 723, 742, 753, 759, 761, 776, 801, 802, 10권-40, 136, 233, 300, 305, 309, 311, 316, 507, 531
이한직 9권-465, 512
이헌구 6권-145, 9권-271, 293, 308, 347, 354, 378, 818, 821, 863, 10권-134, 205
이현호 10권-720
이혜구 9권-479, 483, 524, 527, 594, 596, 662, 695, 696, 819, 825, 864, 872, 876, 889, 10권-141, 157, 181, 245, 246, 349, 359, 371, 379, 384, 386, 526, 600, 608
이호 10권-535
이호성(李浩盛) 8권-413, 10권-128, 129, 130
이호성(李鎬成) 6권-280, 8권-372
이호우(李鎬雨) 9권-519, 520, 522, 524, 527, 528, 531
이호우(爾豪雨) 9권-523, 539, 542
이호성 6권-280
이호우 9권-519, 520, 522, 524, 527, 528, 531
이혼성 9권-379
이홍직 9권-549, 597, 599, 600, 618, 627, 630, 643, 648, 715, 861, 10권-35, 142, 188, 288, 462, 463, 464, 657
이회백 9권-409, 464, 495
이훈 9권-389, 400, 401, 402, 448, 450, 461, 476, 535, 544, 561, 566, 567, 572
이훈구 9권-454, 455, 490, 514
이희균 9권-25, 65, 68, 71, 73, 97, 177, 235, 238, 240, 244, 285, 295, 323, 504, 506, 507, 610, 620, 646, 648, 665, 711, 716, 10권-323, 324, 325, 495, 512, 536, 544, 631, 656, 662, 668
이희승 9권-136, 148, 179, 317, 374, 402, 519, 673, 679, 816, 819, 820, 821, 866, 873, 880, 889, 10권-7, 20, 21, 32, 44, 53, 59, 60, 62, 66, 137, 138, 146, 154, 170, 273, 280, 288, 375, 399, 419, 446, 452, 538, 548, 549, 580, 600, 617, 637, 665, 683, 701, 717, 721, 729, 730, 735, 741
익재집 9권-610, 10권-629, 632
익종어필첩 10권-70
인곡 7권-431, 9권-594, 607, 10권-64, 84, 85, 94, 96, 242, 259, 650, 676, 677
인문사 9권-461, 548
인물양성담 7권-490

인촌 9권-395, 396, 400, 403, 405, 410, 411, 413, 419, 433, 441, 451, 454, 478, 479, 491, 497, 504, 521, 524, 531, 537, 539, 562, 564
인현왕후전 9권-497, 507, 515, 522, 523, 613, 859, 873, 10권-67, 68, 741
일동장유가 9권-246
일본서기 9권-373, 525
일사 10권-247, 259, 462, 464
일석 9권-295, 10권-61, 70, 85, 92, 97, 145, 192, 197, 206, 244, 245, 247, 251, 269, 270
일선의열도 9권-476, 477, 10권-79
일엽 9권-142, 10권-210, 211
일화 7권-409, 450, 10권-320, 657
임경재 7권-433, 496, 8권-60, 84, 89, 150, 175, 192, 204, 209, 9권-340
임규 9권-560, 770, 802
임길순 9권-853
임당 7권-271
임방울 10권-608, 646
임병주 8권-261
임보환 9권-23, 149, 156, 158, 166, 167, 182, 184, 225, 282, 326, 442, 487, 563, 625
임성빈 9권-603, 10권-29, 170, 182, 196, 201, 277, 278, 282
임숙재 10권-82
임연당집 9권-362
임영신 10권-603
임용태 10권-348
임용택 10권-318
임인유교 9권-599
임인유사 9권-597
임주백 10권-428, 730
임중환 9권-804, 805
임창순 9권-578, 588, 855, 10권-153, 565
임청 9권-462, 469, 473, 478, 481, 483, 488, 492, 503, 509, 511, 514, 515, 523, 549, 572
임춘성 9권-808
임택룡 10권-332, 333, 335, 347, 351, 353, 357, 389, 402, 491, 492, 494, 519, 521, 526, 554, 650, 651, 656
임하필기 9권-224, 225
임학수 9권-470, 10권-230
임화 9권-522, 524, 550, 696, 758, 789, 818, 823, 827, 874
임흥수 9권-105, 107

ㅈ

자산어보 8권-171
자치통감 9권-494, 531, 774
자치통감강목 9권-531
자하시집 9권-423
장경식 10권-584
장금화 9권-187, 188
장남계 9권-27, 36, 38, 43, 84, 91,

150, 157, 161, 195, 270, 434, 492, 508, 602, 615
장덕수 7권-252, 258, 353, 376, 10권-102
장덕순 10권-216, 618, 729
장만영 9권-395, 507
장면 9권-436
장발 9권-34, 35, 53, 54, 58, 68, 71, 90, 131, 132, 155, 162, 182, 183, 189, 255, 268, 270, 293, 305, 308, 328, 330, 332, 341, 354, 355, 377, 381, 397, 402, 407, 409, 436, 484, 560, 565, 619, 631, 682, 692, 717, 820, 874, 10권-15, 19, 50, 58, 63, 64, 73, 241, 258, 282
장사훈 9권-842, 854, 864, 10권-27, 191, 659
장석기 7권-469
장석륜 8권-117, 144, 177, 195, 200
장석태 9권-493, 10권-29
장성균 10권-60, 64, 66, 71, 199
장순하 10권-336, 349, 359, 447, 449, 453, 455, 474, 484, 486, 521, 531, 559, 603, 701
장월승 9권-604
장응두 9권-512, 513, 515, 522, 526, 528, 530, 535, 542, 10권-239
장응진 7권-502, 8권-113, 116, 144, 237, 9권-42, 43, 79
장이욱 10권-132, 208
장인걸전 9권-201, 10권-429
장인식 9권-523, 548, 585, 634, 872, 10권-55, 57, 62, 464
장지영 6권-247, 8권-59, 85, 89, 192, 205, 206, 207, 9권-34, 81, 83, 126, 132, 144, 147, 149, 150, 155, 158, 165, 166, 175, 183, 187, 188, 192, 194, 199, 208, 215, 230, 239, 254, 255, 370, 555, 634, 636, 673, 679, 769, 817, 821, 827, 840, 848, 859, 873, 882, 885, 889, 10권-30, 66, 74, 146, 182, 244, 741
장지태 9권-263, 291, 292, 294, 320, 358, 382, 389, 394, 395, 396, 398, 401, 405, 410, 417, 420, 421, 423, 432, 433, 442, 451, 453, 463, 468, 469, 471, 472, 542, 547, 587, 594, 612, 613, 649, 716, 737, 768, 769, 770, 780, 803, 835, 855, 860, 864, 10권-15, 21, 25, 41, 56, 57, 72, 73, 76, 90, 92, 114, 120, 143, 145, 170, 171, 181, 198, 199, 273, 311, 380, 462, 463, 464, 476, 517, 518, 555, 556, 579, 580, 606, 608, 615, 661, 679
장지택 9권-728, 748, 757, 780, 781, 801, 10권-308, 309, 311
장태염총서 8권-507
장태영(張泰英) 9권-553, 566, 572, 579, 584, 611, 712, 717, 718,

721, 724, 759, 765, 768, 816, 817, 818, 819, 841, 842, 845, 850, 857, 862, 880, 888
장한가 8권-211
장현식 7권-230, 255, 257, 337, 8권-45, 53, 54, 183, 184, 188, 194, 196, 203, 218, 234, 9권-52, 68, 93, 183, 243, 295, 306, 534, 539, 542, 550, 552, 599, 600, 627, 629, 630, 631, 649, 654, 673, 679, 768, 769, 770, 808, 809, 888, 10권-242
장현중 7권-85, 132, 173, 244, 9권-599
장현철 9권-93
장화홍련전 10권-580
장환 9권-198, 318, 322, 323, 370, 459, 460, 478, 504, 571, 579, 873, 10권-102, 180, 247, 261, 359, 360, 363, 374, 377, 459
전광용 10권-666, 726, 747, 749
전국문학자대회 10권-202
전기풍 7권-469, 9권-811
전동춘 8권-201, 238, 244, 250, 9권-168
전몽수 9권-520, 523, 525, 10권-144, 159
전부일 8권-261
전승범 10권-507, 513, 524, 531, 538, 548, 554, 557, 560, 577, 599, 616, 617, 643, 662, 675
전영택 10권-619, 736
전우 6권-759, 7권-308, 500, 515, 619, 8권-56
전원배 10권-386, 390, 526, 546, 556, 573, 586, 594, 596, 622, 644, 656, 666, 668, 691, 692, 708
전조선문필가협회 10권-203
전형 7권-119, 9권-452, 465, 819, 845, 846, 10권-22, 97, 398, 483
전형필 9권-452, 819, 845, 846, 10권-97
전훈 9권-691, 833, 840, 863, 867, 874
접약자 9권-142
정갑원 7권-431, 536, 10권-305, 306, 309, 313, 356, 428
정건 7권-535, 536
정건영 9권-155
정계섭 9권-133, 137, 144, 148, 149, 164, 182, 183, 186, 187, 188, 189, 193, 194, 198, 199, 203, 211, 236, 238, 403, 414, 429, 542, 547
정과정전 9권-454
정광진 7권-379, 395, 399, 460, 8권-22
정광현 10권-462, 618, 680
정교 7권-419, 471, 9권-141
정구철 6권-223, 9권-198, 199, 592, 768
정구충 9권-135, 155, 189, 203, 259, 272, 833, 888, 10권-65, 72,

73, 266
정규창(丁奎昶) 9권-136, 308, 341, 342, 456, 458, 484
정기수(丁奇洙) 10권-353, 367, 431, 603, 607, 646
정기용 6권-508, 510, 526, 558, 655, 656, 660, 661, 662, 665, 668, 669, 670, 671, 677, 680, 683, 684, 686, 687, 692, 694, 695, 708, 718, 730, 741, 744, 766, 769, 779, 7권-446, 457, 462, 463, 464, 471, 476, 482, 491, 516, 545, 8권-234, 9권-262
정노식 9권-455, 489, 490, 550, 552, 553, 554, 609
정동화 9권-731, 752, 845
정두원 9권-598, 604, 605
정만조 9권-93
정무경 9권-361, 386, 388, 389, 393, 396, 630
정방 9권-136
정병욱 10권-55, 58, 63, 81, 100, 125, 133, 146, 151, 155, 190, 206, 238, 240, 241, 257, 375, 518, 603, 620, 643, 660, 670, 708, 717, 721
정봉모 10권-333
정상호 10권-414, 415, 416
정석모 6권-214, 215, 236, 238, 258, 259, 320, 493, 507, 511, 714, 7권-186, 301
정석해 10권-322
정석희 8권-258
정송강 7권-431
정수영 10권-717
정악전습소 9권-188
정열모 9권-147, 179, 182, 183, 184, 347, 596, 673, 679, 816, 817, 851, 10권-20, 109, 132, 264
정영복 10권-594
정욱 8권-253, 10권-188
정운경 7권-471, 583, 9권-66
정원섭 9권-831
정원택 10권-207, 618, 619, 620, 629, 663, 664, 678, 698, 725, 746
정음 8권-85
정음도해 9권-220
정음집설 9권-220
정응관 10권-326, 328, 332, 429, 573
정의택 10권-161, 208, 374
정인보 7권-432, 570, 573, 624, 8권-27, 52, 56, 65, 177, 195, 9권-212, 375, 410, 10권-229, 230
정인섭 9권-137, 147, 179, 291, 673, 679, 680, 10권-693, 709
정인승 9권-138, 149, 317, 478, 483, 673, 679, 818, 821, 855, 861, 874, 877, 10권-182, 255, 325, 328, 347, 348, 349, 351, 352, 374, 388, 390, 395, 400, 404, 406, 409, 413, 417, 418, 421, 425, 429, 431, 432, 434,

435, 442, 443, 465, 468, 473, 476, 481, 484, 488, 492, 509, 513, 514, 516, 517, 523, 536, 549, 561, 562, 579, 580, 600, 601, 606, 611, 633, 635, 637, 647, 665, 669, 678, 682, 693, 695, 708, 711, 718, 721, 735, 740
정인택 10권-201
정일화 9권-801
정재완 9권-28
정종여 9권-526
정지용(鄭芝溶) 8권-263, 9권-29, 60, 70, 77, 97, 142, 148, 155, 159, 165, 181, 183, 189, 229, 252, 254, 256, 259, 267, 268, 269, 271, 272, 286, 289, 293, 296, 300, 301, 303, 308, 310, 316, 332, 333, 339, 340, 341, 342, 346, 348, 364, 370, 377, 381, 402, 405, 413, 421, 430, 436, 437, 440, 442, 449, 421, 458, 461, 464, 465, 481, 484, 488, 496, 507, 517, 532, 541, 545, 555, 565, 582, 610, 654, 681, 692, 722, 828, 833, 864, 10권-33, 68, 71, 75, 82, 132, 192, 201
정지용시집 9권-293
정진태 9권-198
정추인 7권-335, 419, 520, 522, 535, 8권-52, 53, 79, 204
정충시 6권-238, 239, 244, 259, 268, 274, 276, 280, 282, 284, 414, 439, 440, 446, 447, 450, 463, 465, 477, 494, 498, 499, 503, 505, 509, 510, 511, 515, 516, 519, 520, 521, 534, 535, 544, 552, 555, 556, 646, 653, 661, 683, 685, 696, 704, 708, 711, 715, 718, 729, 734, 736, 740, 742, 748, 751, 771, 779, 781, 782, 787, 7권-145, 224, 227, 230, 235, 254, 257, 265, 268, 273, 290, 305, 308, 338, 347, 386, 395, 440, 518, 535, 538, 572, 625, 8권-38, 42, 43, 57, 85, 130, 143, 150, 174, 175, 179, 197, 214, 215, 220, 224, 225, 252, 258, 9권-26, 60, 62, 97, 98, 121, 123, 128, 149, 239, 241, 283, 284, 285, 320, 335, 422, 423, 424, 431, 450, 479, 497, 507, 508, 526, 544, 554, 559, 565, 569, 602, 609, 626, 629, 630, 633, 635, 645, 648, 649, 651, 697, 715, 734, 735, 766, 768, 803, 807, 816, 817, 818, 819, 821, 828, 853, 859, 863, 865, 876, 884, 888, 10권-16, 17, 20, 65, 84, 91, 105, 110, 112, 186, 188, 205, 606, 611, 612, 747
정탁 7권-625
정태락 9권-569, 683, 686, 706,

721, 731, 732, 771, 844, 10권-77, 116, 132, 133, 136, 161, 169, 178, 592
정태진 9권-672, 673, 679, 830, 10권-271
정포은 6권-664
정포은집 9권-384
정해진찬의궤 9권-192
정홍규 10권-325, 326
정화 6권-729, 7권-97, 98, 449, 453, 461, 10권-645
정훈 9권-816, 826, 833
정희상 8권-239
제왕운기 9권-376, 399, 400, 401, 608, 610
제중신편 9권-742
조광 9권-318, 325, 397, 478
조광호 9권-813
조규봉 9권-276
조남령 9권-442, 473, 481, 498, 511, 518, 519, 524, 527, 528, 530, 535, 539, 545, 547, 548, 554, 578, 586, 587, 651, 652, 653, 654, 698, 811, 845, 10권-17, 20, 23, 27, 29, 34, 36, 39, 40, 54, 73, 83, 131, 156, 163, 182
조동식 9권-877, 10권-194
조만식 9권-400
조명 9권-731, 756
조명기 10권-20, 22, 31, 113, 218, 634, 740
조병모 9권-115, 276, 283, 367, 412, 413, 414, 415, 416, 417, 436, 625, 697
조병준 9권-272, 293, 378, 406
조병희 9권-77, 304
조복성 10권-7, 729
조선 10권-127, 129, 135, 137, 188
조선고전간행회 9권-610
조선교화단체연합회 39권-53
조선극장 9권-60, 83, 89, 173, 240
조선금석총람 9권-210
조선농업 9권-477
조선말본 9권-217, 667
조선말큰사전 10권-128
조선명신록 9권-184, 543, 544
조선문단 8권-209, 248, 9권-143, 161, 247
조선문예협회 9권-353
조선문전 7권-517
조선문학가동맹 10권-202
조선문흥회 9권-148, 149, 150
조선미술전람회 8권-212, 9권-90, 469
조선민속학회 9권-355
조선민족총서 10권-182
조선불교통사 10권-710
조선불교회 7권-202, 215, 220, 264, 269, 309, 315, 434, 443, 470, 493, 501, 8권-128
조선사 8권-217, 233
조선사강좌 9권-201
조선사료집 10권-618
조선사편수회 9권-39

조선서지학회 10권-88
조선속담대사전 9권-540
조선시가사강 9권-359
조선어강습소 8권-214
조선어독본 9권-165
조선어문고전해제 9권-541
조선어문법 9권-28, 29, 33, 166
조선어문학회 9권-490
조선어사전 9권-184, 420
조선어사전편찬회 9권-162
조선어연구회 6권-247, 7권-433, 8권-204, 235
조선어학서적전람회 9권-243
조선어학연구회 9권-415
조선어학회 9권-26, 33, 62, 91, 143, 171, 178, 220, 237, 357, 441, 447, 471, 507, 515
조선어학회사건 10권-637
조선역대여류문학집 10권-243
조선영화협회 9권-830
조선왕조실록 10권-602, 604, 612, 692
조선요리학 9권-528
조선일보사 8권-188, 9권-36, 83, 87, 248, 326, 332, 334, 346, 363, 364, 395, 400, 407, 409, 418, 422, 441, 454, 466, 470, 474, 481, 490, 514, 528, 533, 10권-182, 726
조선향토문화대집성 9권-400
조선호텔 10권-229, 741
조소림 7권-345
조순 8권-219, 236, 237, 238, 245
조야집요 10권-59
조연현 10권-619
조완구 9권-874, 10권-55
조용만 9권-287, 290, 302, 307, 436, 441, 628, 665, 666, 689, 695, 716, 756, 769, 818, 820, 829, 831, 846, 882, 10권-20, 28, 29, 33, 45, 79, 92, 98, 102, 111, 115, 131, 196, 201, 269, 460, 461, 497, 682
조용원 7권-459, 464, 471, 493, 545, 8권-75, 164, 9권-358, 359, 884
조용주 7권-440, 445, 459, 463, 464, 465, 469, 490, 495, 496, 501, 516, 533, 536, 541, 544, 545, 546, 551, 563, 564, 565, 618, 621, 622, 623, 8권-76, 111, 112, 114, 116, 125, 127, 129, 133, 166, 171, 174, 188, 192, 201, 211, 216, 221, 226, 233, 236, 244, 245, 248, 251, 9권-386
조용해 6권-314, 7권-433, 549, 570, 9권-29, 33, 199, 200, 325, 327, 339, 340, 348, 393, 448
조운 9권-27, 87, 88, 89, 90, 91, 92, 93, 94, 95, 97, 98, 99, 106, 108, 114, 123, 124, 481, 539, 540, 541
조윤제 9권-230, 255, 262, 267, 313, 329, 359, 398, 399, 411,

463, 473, 475, 479, 488, 514, 521, 527, 535, 537, 632, 637, 648, 694, 715, 768, 817, 820, 827, 830, 848, 851, 856, 863, 866, 876, 10권-31, 53, 85, 89, 97, 224, 225, 231, 249, 278, 279, 280, 701
조은복 10권-338
조의설 10권-425
조일형 10권-278
조종현 10권-622, 625, 719
조철영 7권-612
조춘원 6권-114, 175, 196, 254, 286, 727, 799, 7권-287, 457, 469, 482, 495, 516, 302
조풍연 9권-577, 594, 628, 635, 857, 874, 10권-28, 43, 112, 113, 137, 192, 251, 552
조한교원회 9권-83, 126, 187, 352
조한종 8권-253, 259, 261
조해형 10권-320, 322, 456
조현 10권-55, 100
조호원 9권-166
조희충 9권-114, 275, 276, 285, 367, 650, 651, 652, 10권-243, 478, 559
졸고천백 9권-185, 186, 192
종희 8권-203, 99권-0, 91, 124, 140, 156, 170, 176, 181, 195, 196, 197, 199, 207, 224, 229, 230, 241, 273, 282, 288, 294, 308, 309, 313, 340, 346, 366, 370, 407, 417, 447, 448, 484, 533, 534, 554, 594, 644, 654, 657, 681, 697, 706, 709, 713, 718, 721, 742, 747, 761, 770, 771, 772, 775, 776, 777, 780, 782, 783, 785, 786, 787, 788, 795, 10권-25, 27, 28, 43, 51, 55, 75, 76, 81, 83, 90, 95, 163, 170, 171, 177, 178, 179, 195, 214, 262, 292, 295, 297, 299, 301, 308, 313, 316, 318, 319, 320, 326, 327, 329, 330, 331, 362, 363, 376, 377, 380, 382, 387, 399, 400, 401, 403, 413, 420, 430, 431, 432, 434, 435, 438, 445, 447, 449, 456, 474, 484, 501, 502, 503, 507, 509, 512, 513, 522, 536, 556, 560, 563, 569, 574, 576, 578, 592, 600, 610, 611, 615, 616, 617, 621, 622, 626, 637, 638, 643, 647, 648, 649, 650, 656, 662, 663, 665, 667, 668, 671, 672, 673, 677, 682, 683, 685, 687, 689, 690, 691, 700, 711, 716, 741, 747, 748, 761, 768, 769, 775, 776, 779, 793, 795, 803, 811, 822
좌전 9권-604, 696, 697
주동국 9권-28
주례 9권-81, 90, 572
주방문 10권-207
주병건 9권-843, 10권-125, 410

주세경 9권-276
주시경 6권-229, 246, 247, 261, 282, 427, 8권-85, 115, 9권-166, 869, 10권-719
주시경 선생 6권-246, 282, 10권-719
주역참동계 9권-237
주요한 9권-851, 10권-619
주자어류 9권-476
주재정 7권-540, 541, 547, 555, 8권-88, 193, 248, 9권-316, 327, 354, 398, 860
주종의 8권-56, 94, 97, 132
죽란물명고 9권-358
줄포경찰서 9권-120
중국고대연구 9권-173
중국고문학사 10권-658
중국철학사 7권-523
중동학교 6권-282, 7권-406, 416, 542, 565, 566, 572, 9권-350
중등국어교본 9권-835
중앙 9권-848, 10권-27, 380, 516, 545, 600, 619, 667
중앙구락부 7권-323, 348, 353, 376, 383, 390, 393
중앙실천연구회 10권-129
중앙일보사 9권-55, 150, 217, 237, 243, 252, 311
중앙학교 10권-277, 741
중앙학림 7권-200
중외일보 7권-556
중용언해 9권-542
증보가곡원류 9권-290, 663, 682
증보가요집성 10권-641, 715
지나소설사 10권-294, 295
지나소설집 9권-461
지나화인연구 9권-697
지대생 8권-213, 239, 244, 245, 247
지영천자 9권-562
지헌영 9권-815, 816, 10권-201, 210, 212, 376, 410, 411, 618, 674
지화자 9권-864
진단 9권-156, 234, 235, 329, 359, 459
진단학보 9권-246, 332, 333, 350, 358, 365, 441, 523, 613, 851, 10권-580
진단학회 9권-220, 267, 313, 332, 359, 497, 535, 582, 817, 819, 820, 823, 825, 828, 847, 856, 858, 859, 863, 10권-23, 26, 27, 31, 218, 223, 225, 259, 522
진서림 10권-101, 132
진소하 7권-469, 9권-808
진연의궤 9권-187, 192, 203

ㅊ

차상원 10권-279
찬 6권-158, 219
창해 9권-300, 301, 327, 328, 330, 448, 450, 454, 456, 470, 477, 479, 494, 528, 563

창환 9권-52, 310, 349, 350, 364, 371, 381, 388, 459, 476, 478, 505, 516, 524, 525, 532, 533, 534, 542, 553, 563, 583, 699, 709, 720, 735, 746, 797, 10권-116, 180, 292, 306, 308, 313, 407, 428, 572, 706, 710, 741, 778, 793
채태성 9권-300, 845
채희창 10권-144, 171, 247
천뢰 8권-259, 9권-521, 522, 524, 528, 554, 768, 819, 821, 834, 27, 37, 54, 57, 61, 66, 69, 70, 98
천지팔양경 9권-237
천태사교의 9권-41, 351, 510, 656, 661, 10권-196, 198
철자법위원회 9권-143, 147
청구야담 9권-45, 214, 219, 226, 229, 232, 10권-35
청구영언 9권-91, 128, 201, 256, 594, 10권-104, 139, 403
청구풍아 9권-203, 461
청성잡기 10권-60, 716
청암 9권-554
청운 8권-234
청전 9권-289, 10권-613
청정 9권-78, 289, 475, 497, 506, 521, 522, 524, 526, 544, 547, 554, 564, 565, 568
청조사 9권-304
청주대학 10권-728
청탑사 9권-839
청태집 9권-634
청평조사 8권-210
청포 7권-617, 10권-603
초당시전 9권-125
최경렬 10권-314, 319, 495, 570, 594
최경창 9권-299
최관석 10권-289, 301
최규남 10권-372, 393, 462
최기남 7권-596
최기전 10권-436
최남구 9권-110, 111, 113, 114
최남선 6권-320, 751, 7권-431, 460, 470, 569, 52, 201, 221, 124, 486, 517
최남주 9권-30, 31
최동식 9권-723, 736, 749, 752, 777, 778, 783, 786, 797, 799
최두선 7권-376, 8권-233, 10권-727
최문환 10권-279
최봉칙 10권-348
최삼열 9권-71
최상규 10권-616
최상덕 9권-88, 90, 10권-333, 336
최상수 10권-516, 740
최상옥 10권-80
최상채 10권-403, 414, 675
최선익 9권-149, 183
최성문 8권-260
최성연 10권-594, 621
최성우 7권-390, 470, 476, 8권-62,

223
최승렬(崔昇烈) 6권-221, 238, 244, 258, 259, 260, 265, 270, 274, 275, 276, 281, 283, 284, 320, 493, 494, 510, 511, 521, 523, 539, 552, 557, 565, 751, 755, 7권-466, 488, 9권-809, 10권-393, 496, 497, 593
최승렬(崔承烈) 10권-496, 502, 592, 603
최승범 6권-808, 7권-628, 8권-604, 9권-892, 10권-363, 364, 390, 402, 406, 411, 420, 426, 427, 431, 437, 444, 447, 450, 451, 465, 467, 475, 476, 479, 483, 484, 495, 499, 500, 503, 515, 517, 521, 526, 531, 532, 534, 538, 542, 553, 559, 569, 571, 574, 577, 581, 587, 593, 600, 603, 605, 610, 617, 619, 622, 623, 625, 627, 631, 636, 641, 642, 644, 649, 650, 651, 656, 669, 675, 682, 685, 686, 710, 715, 727, 745, 746, 750, 751, 760, 795, 809, 816, 821, 824
최승희 9권-570, 571
최영주 9권-316, 347, 429, 430, 438, 449, 450, 458, 504, 517, 540, 628, 697, 713
최영호 10권-616
최윤식 10권-32, 62, 130, 154, 168, 171, 186, 196, 206, 223, 229, 245, 289, 462, 518, 637, 640, 661
최의순 9권-88, 142, 143
최익채 7권-429, 439, 448, 468, 471, 474, 502, 518, 539, 542, 549, 621, 625, 8권-30, 45, 133, 135, 198, 200, 201, 204, 207, 210, 234, 251, 252
최익현 7권-260, 487
최일운 10권-569, 582
최재철 10권-208
최정현 9권-102
최진순 9권-495, 830, 851, 860, 870, 10권-44
최창극 7권-315
최창해 9권-529
최태영 8권-253, 10권-635
최판옥 9권-17, 21, 23, 26
최학송 8권-209, 211, 212, 234, 251, 9권-25, 87, 89, 90, 91, 94, 95, 96, 97, 128, 540, 10권-79
최현배 6권-247, 9권-136, 138, 147, 171, 178, 179, 217, 317, 359, 363, 373, 376, 378, 387, 389, 393, 398, 406, 411, 416, 431, 570, 571, 673, 679, 817, 821, 827, 840, 10권-20, 39, 73, 82, 146, 182, 223, 452, 461, 463, 572, 613, 664, 680, 740
최현옥 9권-120
추사 9권-54, 72, 158, 280, 310,

363, 440, 484, 494, 564
추사간첩 9권-104, 122, 156, 410
추월영 10권-151
추인 7권-420, 517, 536, 538
춘계 10권-325, 627
춘곡 9권-820, 839, 10권-22
춘사 6권-494, 552, 560
춘원 6권-494, 495, 7권-409, 584, 585, 587, 593, 596, 599, 603, 605, 616, 618
춘추사 9권-570, 580, 598, 618, 663
춘향가 9권-130, 696, 10권-258, 492, 665
춘향전 7권-467, 9권-135, 652, 841, 10권-67, 127, 191, 282, 329, 379, 481, 500, 720
충남교육회 9권-804
충무독본 10권-375
취롱 7권-224, 225, 228, 239, 241, 245, 252, 253, 254, 257, 258, 265, 271, 277, 280, 302, 305, 306, 307, 308, 309, 313, 314, 315, 324, 325, 326, 334, 336, 337, 350, 362, 370, 371, 377, 383, 385, 388, 389, 399, 401, 409, 411, 416, 460, 464, 465, 470, 473, 493, 495, 496, 501, 502, 514, 551, 552, 556, 573, 582, 584, 8권-44, 64, 76, 102, 111, 112, 127, 130
취지은자서경 9권-505

ㅌ

탁지준절 9권-395
태락 9권-686, 687, 689, 699, 703, 704, 707, 708, 709, 722, 724, 727, 728, 729, 731, 736, 740, 741, 743, 745, 746, 747, 748, 749, 771, 798, 799
태백신문 10권-376, 388, 432
태양신문 10권-228
태희 10권-15, 31, 37, 43, 45, 55, 76, 81, 84, 89, 90, 93, 99, 102, 104, 110, 112, 113, 135, 147, 148, 154, 163, 170, 171, 182, 183, 184, 206, 247, 259, 260, 261, 262, 295, 316, 318, 333, 396, 397, 406, 463, 600, 606, 632, 644, 663, 676, 687, 691, 692, 694, 789
택수 9권-24, 104
토끼타령 9권-130, 256, 10권-646
토별가 9권-394, 406, 407, 409, 413, 518, 10권-568
토요동인 10권-532, 534, 535
토요회원 8권-221
통감 6권-697, 9권-525
통문관 10권-461, 462, 517, 549, 580, 604, 606, 608, 611, 613, 615, 629, 632, 642, 648, 658, 663, 667, 688, 692, 709
통신중학관 7권-523
통천교회 7권-356

퇴경 9권-140, 143, 409

ㅍ

패문운부 9권-27, 550, 10권-68, 663
평양지 10권-105
포광 10권-328, 329, 336, 347, 351, 362, 373, 407, 409, 432, 436, 437, 439, 441, 445, 450, 465, 467, 475, 479, 481, 484, 485, 486, 490, 493, 495, 497, 502, 508, 513, 515, 521, 523, 526, 527, 533, 536, 542, 544, 545, 547, 551, 552, 553, 557, 560, 567, 568, 569, 570, 573, 579, 582, 586, 602, 603, 610, 622, 626, 627, 646, 656, 662, 690, 710
폭격비행대 9권-240
풍소궤범 9권-609
풍요삼선 9권-98
풍요속선 9권-86
피리 8권-128, 10권-130
피천득 9권-88, 880, 10권-137, 251

ㅎ

하거 6권-182, 271, 428, 457, 461, 528, 706, 7권-29, 42, 71, 75, 76, 86, 90, 115, 120, 134, 152, 205, 216, 244, 250, 302, 333, 349, 354, 355, 360, 372, 385, 468, 503, 506, 556, 585, 588, 605, 613, 8권-117, 181, 9권-107, 419, 421, 438, 440, 441, 450, 454, 457, 466, 467, 469, 471, 472, 474, 476, 477, 478, 480, 481, 483, 485, 486, 488, 491, 496, 498, 503, 504, 505, 506, 507, 508, 510, 512, 517, 522, 523, 524, 525, 526, 528, 529, 530, 531, 532, 533, 534, 535, 538, 539, 541, 542, 543, 544, 545, 546, 548, 549, 550, 551, 552, 555, 560, 561, 563, 564, 565, 566, 567, 568, 569, 570, 572, 579, 581, 583, 584, 585, 586, 587, 588, 589, 591, 592, 593, 594, 595, 596, 597, 598, 600, 602, 603, 606, 607, 608, 609, 610, 611, 612, 617, 626, 627, 628, 629, 630, 631, 632, 634, 636, 637, 644, 646, 647, 648, 649, 650, 651, 653, 654, 655, 657, 658, 661, 662, 664, 665, 682, 690, 691, 692, 693, 694, 695, 696, 698, 711, 712, 713, 714, 715, 716, 717, 768, 769, 770, 780, 816, 818, 820, 823, 829, 832, 833, 834, 835, 840, 841, 842, 845, 850, 852, 855, 856, 857, 859, 860, 862, 863, 864, 865, 866, 868, 869,

870, 871, 875, 876, 877, 878, 881, 882, 883, 884, 886, 888, 889, 890, 10권-16, 17, 19, 21, 22, 26, 27, 28, 29, 30, 31, 32, 35, 38, 43, 51, 55, 56, 57, 58, 60, 63, 67, 68, 69, 70, 72, 74, 78, 87, 90, 93, 94, 97, 102, 103, 104, 105, 111, 112, 113, 114, 115, 117, 119, 120, 125, 132, 137, 140, 152, 155, 156, 157, 164, 181, 182

하경 8권-123, 124

하경덕 9권-169, 239, 257, 284, 304, 310, 318, 319, 321, 339, 346, 349, 362, 370, 371, 372, 373, 374, 376, 378, 381, 382, 383, 395, 401, 402, 412, 413, 416, 424, 431, 432, 433, 434, 435, 438, 448, 449, 453, 456, 457, 461, 463, 476, 483, 495, 497, 520, 531, 612, 818, 846, 885, 10권-36, 72, 170, 201, 227, 247, 287, 694

하경렬 6권-684, 685, 694, 695, 697, 701, 708, 713, 7권-462, 463, 464, 469, 490, 491, 495, 496, 501, 516, 521, 544, 545, 584, 8권-75, 82, 85, 87, 109, 135, 184, 185, 188, 201, 217, 244, 249

하곡 8권-149

하규일 8권-204, 224, 9권-187, 188, 201, 220

하원시초 9권-362

하정집 8권-195

하태웅 9권-809, 10권-318, 355

하태흥 9권-28, 40, 158, 176, 232, 305, 372, 447, 551, 582, 826, 10권-172

학롱 10권-351, 352, 353, 358, 384, 409

학생 6권-197, 201, 208, 10권-416, 417, 419, 426, 431, 432, 437, 446, 447, 459, 468, 477, 485, 486, 487, 488, 489, 491, 493, 500, 524, 525, 526, 532, 534, 550, 558, 560, 563, 575, 577, 578, 579, 582, 591, 594, 596, 597, 598, 620, 622, 633, 679, 685, 717, 719, 727, 730, 763

학술용어제정위원 9권-858

한객건연 9권-237

한객건연집 9권-359

한경지략 9권-356, 358, 431, 1권-614, 616

한계서법통해 9권-691, 738, 742

한관비첩 8권-46

한국계년사 10권-735

한국고미술협회 10권-258

한국고사숙어사전 10권-567, 596

한국서지학회 10권-727, 729

한국통사 10권-37

한글 10권-16, 22, 23, 24, 26, 95, 98, 203, 224, 239, 409, 501, 575, 636, 638, 741

한글전용촉진회원 10권-238
한글철자법위원회 9권-147
한글촉진회 10권-247, 249
한글학회 6권-247, 10권-241, 248, 461, 517, 572, 616, 630, 633, 647, 648, 657, 667, 668, 671, 680, 688, 692, 693, 698, 719
한동화 7권-288, 418
한라산 8권-155, 161, 163, 9권-20, 386
한배 10권-309, 337, 338, 339, 340, 345, 346, 349, 350
한별 7권-258, 264, 269, 277, 305, 307, 315, 324, 334, 362, 365, 371, 380, 387, 388, 390, 395, 396, 409, 410, 411, 412, 414, 428, 432, 433, 439, 440, 443, 444, 450, 451, 453, 454, 455, 460, 463, 465, 470, 471, 475, 483, 484, 486, 489, 490, 493, 494, 495, 496, 501, 502, 512, 514, 515, 517, 518, 519, 520, 522, 533, 534, 535, 537, 549, 551, 552, 556, 562, 564, 565, 566, 569, 570, 572, 573, 594, 621, 622, 8권-76, 115, 147
한사열전초 9권-357
한석봉각서첩 7권-23
한성도서주식회사 9권-38, 40, 41, 63, 73, 332
한수 8권-124
한양가 9권-167, 238, 10권-67, 71, 72, 82, 230, 360, 381, 647, 693, 694, 695, 696, 698
한영자전 7권-534, 10권-356
한완석 10권-279, 281, 509
한용운 7권-559, 9권-61, 143, 144, 376, 455, 467, 481, 484, 489
한재곤 9권-790, 10권-314, 319, 321, 323, 324, 331
한종석 6권-503, 504, 507, 508, 514, 515, 524, 733, 741, 783, 7권-21, 74, 9권-198
한중록 9권-437, 438, 442, 451, 452, 458, 483, 490, 497, 569, 579, 584, 587, 769, 10권-67, 74, 75, 79, 94, 184, 201, 686
한징 9권-57, 138, 162, 174, 198, 211, 237, 243, 283, 322, 327, 355, 460, 474, 478, 572, 603, 673, 679, 710, 851, 853
한충 6권-222, 7권-429, 444, 445, 446, 460, 470, 476, 483, 493, 502, 514, 515, 517, 518, 522, 523, 524, 537, 541, 547, 552, 553, 555, 556, 570, 573, 577, 8권-19, 20, 27, 39, 53, 59, 63, 64, 66, 68, 76, 82, 88, 92, 111, 113, 116, 117, 120, 121, 124, 137, 141, 148, 166, 174, 193, 194, 203, 204, 221, 223, 224, 232, 233, 235, 236, 237, 238, 239, 240, 244, 248, 9권-25, 169, 212, 229, 237, 257, 286, 303, 318,

321, 322, 341, 355, 374, 376, 403, 456, 462, 490, 566, 717, 733, 738, 739, 740, 772, 788, 798, 800, 817, 829, 831, 851, 853, 858, 10권-288
한퇴지 7권-431
한홍 9권-198, 208, 449
한홍록 9권-387, 539, 632, 636, 695, 716, 717, 721, 857, 10권-23, 33, 37, 38, 56, 66, 70, 279, 282, 498
한희 9권-24, 42, 58, 64, 77, 82, 87, 99, 100, 120, 121, 128, 176, 181, 196, 197, 199, 207, 215, 242, 246, 251, 282, 308, 309, 314, 346, 366, 369, 518, 531, 534, 554, 561, 595, 636, 653, 654, 657, 672, 681, 692, 697, 706, 718, 722, 728, 739, 740, 742, 746, 771, 772, 775, 776, 777, 783, 786, 789, 790, 795, 830, 869, 874, 876, 879, 889, 10권-61, 77, 78, 80, 82, 104, 155, 161, 162, 169, 187, 188, 271, 551, 552, 554, 555, 579, 581, 763, 796, 809
함남경찰부 9권-667
함명준 7권-108, 109
함병업 9권-88
함상훈 7권-463, 464, 490, 491, 492, 495, 496, 501, 516, 544, 545, 546, 548, 549, 622, 8권-116, 9권-127, 346, 386, 422, 455, 566
함태영 10권-553
함화진 7권-460, 9권-186, 192, 201, 231, 241, 290, 311, 604, 609, 615, 617, 619, 662, 663, 825, 826, 830, 834, 862, 866, 875, 876, 10권-182
해강 10권-430, 499, 538, 593
해동가요 9권-91, 128, 225, 231
해동만고가 9권-353
해동문헌총목록 9권-182, 183
해동악부 9권-54, 55, 96, 98, 140
해동악장 9권-186, 193
해동어 9권-233
해동이적 9권-186
해동제국기 9권-209
해천양행 7권-25
향랑도 9권-476
향린 9권-353, 570, 583, 603, 628, 631, 839, 875, 10권-278
향약집성방 9권-769
허균 9권-546, 594, 597
허두가 10권-127, 139, 171, 182, 354, 568
허미수 7권-558, 8권-124
허성배 10권-593
허연객 9권-58
허영숙 7권-409, 9권-447
허웅 10권-151, 152, 206, 238, 239, 240, 241, 257, 375, 564, 565
허정렬 10권-314, 318, 319, 334,

347, 373, 394, 405, 460, 464
허헌 6권-421, 422, 430, 434, 646, 647, 649, 657, 665, 671, 678, 679, 711, 714, 716, 718, 730, 744, 749, 759, 761, 770, 782, 9권-53
허환 7권-502, 525, 8권-21, 60, 103
헤겔 논리학집 10권-546
현금동문유기 9권-597, 600, 604, 606, 607, 608, 609
현금보 9권-245, 593
현대문학사 10권-615, 619, 645, 651, 670, 684, 728
현대시인전집 10권-497
현대시조선 10권-659, 660, 661
현대일보 9권-864, 10권-63
현대일본문학전집 9권-44, 57
현상윤 7권-309, 8권-45, 224, 9권-42, 300, 389, 632, 713, 858, 885
현석년 9권-399, 415, 450, 456, 528
현신규 10권-718
현의룡 7권-611
현인규 9권-325
현제명 10권-225, 443
현진건 9권-165, 287, 290, 348, 372
현창운 7권-551
현창호 10권-647, 648, 693, 696, 698
협률대성 9권-217, 221, 222, 10권-157, 730, 735
협서곡종재배법 10권-580
협주명현십초시 9권-361
협주십초시 9권-508
형평사 9권-104
혜경궁홍씨 9권-452
혜원 9권-409
호남악부 9권-181, 10권-214
호산시사회 9권-753
호서문학회 10권-411
호암 9권-162, 291, 292, 370, 395, 404, 407, 420, 422, 424, 425, 429, 434, 440, 448, 449, 451, 454, 456, 459, 461, 489
호암사화집 9권-475
호영강습원 7권-465, 466, 469, 470, 477, 497, 500, 501, 502, 516, 517, 519, 536, 542, 544, 547, 550, 566, 8권-57, 10권-405
호월 9권-754, 10권-294
호적 7권-246, 523, 9권-92, 420, 10권-467
홍가인 7권-325, 326, 334, 518, 542, 543, 566, 570
홍관묵 7권-24
홍구범 10권-216
홍귀달 9권-383
홍기문 9권-829, 833
홍낙임 9권-451, 10권-67
홍루몽 9권-414, 420, 436

홍명희 6권-197, 803, 7권-432, 544, 546, 551, 8권-94, 177, 196, 9권-370, 455, 498, 818, 866, 10권-63, 113
홍벽초 7권-583, 8권-52, 9권-53
홍사준 9권-190, 191
홍상한 10권-105
홍선표 9권-451, 471, 528
홍순룡 6권-439, 9권-190, 191
홍순응 9권-549, 619, 694, 769, 772, 820, 10권-319, 387
홍순채 10권-316, 317, 319, 322, 327, 355, 390, 402, 409, 478
홍순혁 9권-123, 320, 321, 354, 362, 364, 851, 856, 863, 10권-88, 142
홍암 8권-226
홍영선 8권-220, 9권-853, 10권-110, 112
홍원기 9권-629, 820, 871, 10권-35, 79, 80, 193, 405
홍정식 10권-244
홍종인 9권-93, 10권-140, 141, 142
홍종철 10권-102, 358, 374, 473
홍태식 7권-544, 545, 546, 547, 57
홍택주 9권-438, 449, 478, 488, 490, 492, 495, 496, 507, 510, 522, 529, 539, 542, 561, 566, 568, 569, 577, 579, 581, 587, 589, 595, 629, 630, 648, 693, 712, 717, 759, 768
홍현식 10권-656
홍효민 10권-230, 249
화엄경첩 9권-520
환형(주영 씨) 7권-165
황매천집 9권-386
황병인 9권-29, 71, 235, 323, 324, 356, 874
황산 7권-285, 8권-17, 104, 10권-150, 375, 376, 620, 641, 658, 707
황석우 9권-210, 212, 242, 507, 10권-461, 579
황의돈 9권-46, 419, 420, 870
황종순 9권-188, 189
황중현 9권-148
황진이 9권-308, 352, 353, 406, 417, 570
황호면 10권-577
회드 9권-842, 843
회선시교당 8권-118, 174, 184, 187, 195, 197, 198, 204, 205, 206, 210, 211, 212, 216, 217, 221, 226, 252
효산 6권-670, 671, 10권-320, 327, 329, 429
효순사실 9권-606
후지쓰카 9권-38
훈몽자회 6권-763, 767, 9권-291, 294, 414, 420, 470, 491, 10권-23, 198, 661
훈민정음 9권-166, 508, 531
훈민정음서문 9권-56
훈의강목 9권-487

휘문시보　8권-136
휘문의숙　6권-229, 7권-433, 8권-20
휘문학교　7권-378, 496, 502, 8권-58, 101, 114, 116, 118, 120, 127, 129, 132, 133, 136, 142, 146, 182, 195, 201, 9권-34, 358, 515, 563, 614
흥비부　9권-202

가람 이병기 전집

11

국문학 저서 I

국문학전사

이병기/백철 공저

가람이병기전집간행위원회

목차

- 서문序文·자서自序 • 25

서론

1. 국문학의 개념 • 53
2. 국문학사의 연구방법 • 60
3. 국문학사의 시대구분 • 63

제1부 고전문학사

제1편 여조麗朝이전以前의 문학

제1장 고대문학- 예술의 기원~삼국이전

1. 시대의 개관 • 73
   (1) 원시 종합예술 • 73
   (2) 예술의 분화分化 • 76
2. 문학의 기원과 국문학 • 78
   (1) 국문학 연구의 특수성 • 78
   (2) 문학의 기원 • 79
   (3) 국문학의 기원 • 82
3. 한자의 전래 • 84
4. 신화와 전설 • 88
   (1) 신화·전설의 의의 • 88
   (2) 신화·전설의 백미白眉 • 90

(3) 전설과 설화의 발전 • 99
5. 가요歌謠 • 100
(1) 시가의 기원 • 100
(2) 서정요抒情謠의 출발 • 103
제2장 삼국시대의 문학
1. 시대의 개관 • 110
(1) 시대 배경 • 110
(2) 삼국문학의 특성 • 112
2. 신라의 화랑과 그 문학 • 113
3. 고구려의 설화 • 118
4. 백제의 가요 • 125
제3장 통일신라의 문학
1. 시대의 개관 • 135
(1) 시대 배경 • 135
(2) 통일신라의 문학과 국문학의 전통 • 136
2. 이두吏讀와 설총薛聰 • 138
(1) 이두의 사용 • 138
(2) 국학자 설총薛聰 • 140
3. 향가문학 • 143
(1) 향가의 형태 • 143
(2) 향가의 작가와 그 내용 • 146
(3) 실전失傳된 향가 • 148
(4) 삼대목三代目의 편찬 • 150

4. 설화문학과 후대의 소설 • 152

제4장 고려시대의 문학

1. 시대의 개관 • 169

(1) 시대 배경 • 169

(2) 고려문학의 특성 • 171

2. 균여전均如傳과 삼국유사三國遺事 • 172

(1) 균여대사와 향가 • 172

(2) 삼국유사와 향가 및 설화 • 179

3. 시조형의 발생과 그 성장 • 183

(1) 시조형의 발생 • 183

(2) 시조형의 성장 • 185

4. 별곡別曲과 별곡체別曲體의 등단登壇 • 188

(1) 곡·별곡·별곡체의 의의 • 188

(2) 별곡의 발전 • 191

5. 가사체歌詞體의 발생 • 197

제2편 근조문학近朝文學

제1장 시가문학의 난숙기

1. 시대의 개관 • 205

(1) 시대 배경 • 205

(2) 근조 전기 문학의 특성 • 207

2. 훈민정음과 국문학 • 209

3. 용비어천가龍飛御天歌와 월인석보月印釋譜 • 211

(1) 용비어천가 • 212

(2) 월인석보月印釋譜 • 213
4. 악장樂章의 발달 • 215
5. 가사歌詞문학의 발달 • 218
6. 시조문학의 난숙 • 220
(1) 시조문학의 중추中樞 • 220
(2) 면앙정과 시조 • 222
(3) 절창絶唱 황진이黃眞伊의 시조時調 • 224
(4) 기류妓流의 시조 • 228
(5) 문학의 대가 정송강鄭松江 • 230
7. 소설문학의 출발 • 232
(1) 소설의 기원 • 232
(2) 허균과 홍길동전 • 234
8. 번역사업과 국문학 • 237
(1) 불경의 번역 • 237
(2) 유경儒經 및 문학류의 번역 • 240
제2장 산문정신의 맹아기
1. 시대의 개관 • 245
(1) 시대 배경 • 245
(2) 근조후기 문학의 특성 • 247
2. 시조 문학의 계승 • 249
(1) 윤고산尹孤山과 그 시조 • 249
(2) 김천택金天澤과 김수장金壽長의 시조 • 251
(3) 시조時調 명칭의 기원과 말기의 시조 • 254

3. 잡가雜歌의 융성隆盛 • 255
4. 산문 문학의 진전 • 263
5. 소설 문학의 발전 • 269
(1) 소설문학의 제문제諸問題 • 269
(2) 궁정宮廷 소설 • 276
(3) 여항閭巷 소설 • 283
6. 서민문학의 대두 • 293
(1) 광대廣大와 극가문학劇歌文學 • 293
(2) 신오위장申五衛將의 극가문학劇歌文學 • 295
7. 번역문학飜譯文學과 규범류閨範類 • 300
8. 고전문학의 사상적 변천 • 326

제2부 신문학사

제1편 근대적 문학

제1장 간단한 서론

1. 근대성은 어떻게 준비되었는가? • 342
(1) 근대성의 의의 • 342
(2) 근대성의 시초 • 342
(3) 근대적인 여명기 • 344
(4) 근대적인 것의 등장과 그 환경 • 345
(5) 근대성의 확인까지 • 346
(6) 동학란東學亂의 근대적 의의 • 348
(7) 신교육의 실시 • 350
(8) 개화기와 신생활운동 • 352

(9) 국어운동의 전개 • 353
(10) 국어보급國語普及과 기독교基督教 기타 • 355
(11) 근대적 신문의 간행 • 356
2. 근대적 문학의 특수성 • 358
(1) 연대가 늦은 것 • 358
(2) 자기전통의 출발이 아닌 것 • 359
(3) 근대적 문학과 그 환경 • 360
(4) 문학사조의 혼류 • 360
(5) 신문학의 반항성과 비애 • 362
(6) 사상성思想性의 결핍 등 • 363
제2장 전환기의 신문학—역술譯述·창가唱歌·신소설新小說의 시대
1. 먼저 역술譯述의 과정 • 364
(1) 역술의 과정 • 364
(2) 번안문학飜案文學 • 366
2. 창가唱歌와 신시新詩와의 관계 • 368
(1) 창가의 의미와 그 시초 • 368
(2) 근대적近代的 사조思潮를 노래함 • 371
(3) 창가와 그 표현 형식 • 374
(4) 창가와 신시와의 관계 • 376
3. 신소설과 그 문학사적 위치 • 378
(1) 신소설의 명칭과 그 시초 • 378
(2) 신소설의 작가와 작품 • 379
(3) 신소설은 계몽문학啓蒙文學 • 382

(4) 신소설의 주제 • 383
(5) 신소설의 새로운 것 • 390
(6) 신소설의 모순점과 그 문학사적 위치 • 395

제3장 근대적 문학의 신개척기新開拓期—육당六堂·춘원春園의 시대

1. 「소년少年」이 선두에 서다 • 401
(1) 「소년」지의 간행 • 401
(2) 소년 주제主題의 신체시운동新體詩運動 • 403
(3) 소년 주제主題와 춘원의 소설 • 404
2. 신문학 운동의 전개 • 405
(1) 언문일치言文一致의 운동 • 405
(2) 시체문時體文의 의의 • 405
3. 민족정신과 신문학 • 406
4. 자유연애론 • 408
(1) 자유애정과 「어린 벗에게」 • 408
(2) 자유연애와 「무정」의 경우 • 411
5. 이광수와 「무정無情」 • 412
(1) 춘원과 작가적 지위 • 412
(2) 춘원의 문학관 • 413
(3) 그의 문학수업 • 414
(4) 「무정」의 위치 • 416
6. 외국문학의 소개와 그 번안 • 418

제4장 근대문예사조의 도입기—「창조」파와 그 문학

1. 문단적 신기운新氣運 • 422

2. 「창조創造」파 문학의 신예성新銳性 • 423
(1) 「창조」파의 등장 • 423
(2) 「창조」간행의 의의 • 424
(3) 인생의 제시와 리얼리즘 • 425
3. 「창조」파와 문학의 개조 • 426
(1) 산문 문체의 확립 • 426
(2) 완전한 구어체口語體 • 428
4. 「창조」출신의 작가와 시인 • 429
(1) 김동인과 그 문학관 • 429
(2) 전영택田榮澤과 인도적人道的 작품 • 434
(3) 주요한과 그의 시 • 437
5. 「창조」파의 문학사적 위치 • 440
(1) 「창조」의 전기와 후기 • 440
(2) 근대문예사조近代文藝思潮의 도입 • 440
(3) 자연사상도 유행 • 443
제5장 근대적 문학의 성장기—20년 전후의 세 가지 문학
1. 3·1운동이 끼친 영향 • 447
(1) 이 시대의 문단 풍조 • 450
(2) 밖에서 온 세기말문학世紀末文學 • 451
(3) 퇴폐와 허무가 주조 • 454
2. 「백조」파의 낭만주의 문학 • 457
(1) 20년대의 낭만주의 • 457
(2) 「백조」파 문학의 이색 • 459

(3) 시의 황금시대 • 464
(4) 「백조」파 시대와 소설 • 466
(5) 동대同代와 「백조」 이외의 시인 • 468
3. 자연주의문학自然主義文學의 위치 • 475
(1) 우리 문학과 자연주의 • 475
(2) 자연주의와 「조선문단朝鮮文壇」 • 477
(3) 염상섭과 그 작품 경향 • 479
(4) 현진건玄鎭健과 그 작품경향 • 482
제2편 현대적 문학
제1장 간단한 서론緖論
제2장 하나의 신출발기新出發期―신경향파의 등장 등
1. 힘의 문학의 요구 • 494
2. 신경향파 문학의 특색 • 497
3. 신경향파의 주요한 작가 • 501
4. 신경향파 시대와 시 • 507
제3장 「프로」문학의 진출과 문단 춘추시대春秋時代
―프로파派·민족파民族派·절충파折衷派 등의 대립
1. 1925년 이후의 문단 할거도割據圖 • 515
2. 「프로」문학의 등장 • 517
(1) 목적의식의 문학 • 517
(2) 정치주의와 기계주의機械主義 • 518
3. 소위 제2기의 작품 • 520
4. 국민문학운동과 「프로」파와의 논쟁 • 523

5. 「아나키즘」과의 논쟁 • 532
6. 절충파이론折衷派理論의 등장 • 534
7. 내용과 형식의 논쟁 • 539
8. 「프로」문학의 반성기(작품 활동의 강조 등) • 541
9. 동반자작가와 농민작가 • 544
10. 이 시기의 작품 실적 • 547
11. 민족파 문학의 귀추 • 548
12. 해외문학파의 활동 • 550
13. 「프로」문학의 해체기 • 553

제4장 현대적 문학의 생성기生成期
—예술파藝術派·주지파主知派의 등장 등

1. 세계적으로 불안의 시대, 그 반영의 문학 • 559
(1) 「파시즘」의 대두와 문화위기 • 559
(2) 지식인과 고민의 문학 • 563
(3) 지식인 실업시대와 그 문학 • 566
2. 예술파藝術派의 득세 • 571
(1) 구인회九人會의 등장 • 571
(2) 예술지상의 이론과 시 • 573
3. 주지파主知派 문학의 도입 • 575
(1) 「모던이즘」의 시운동 • 575
(2) 주지파主知派의 비평과 소설 • 581
4. 행동주의行動主義와 「휴먼이즘」 • 584

제5장 현대적 문학의 분화기分化期

—신구작가新舊作家의 분산적分散的 경향

1. 세계위기의 심화와 문학동태 • 591

2. 환경의 급변과 신세대론 • 593

3. 풍자문학諷刺文學의 등장 • 595

4. 전원문학田園文學의 의의 • 598

5. 인생파人生派의 문학 • 604

6. 심리心理·세태소설世態小說의 경향傾向 • 609

7. 역사소설과歷史小說 통속소설通俗小說 • 614

8. 여류문학女流文學의 수준 • 618

9. 이십대의 작가와 그 경향 • 624

10. 양문예지兩文藝紙의 공적 • 634

11. 암흑속의 문학 • 644

부록 국한문학사

서언序言

제1장 한문자漢文字

(1) 결승結繩 및 서계書契 • 653

(2) 서계書契의 창시創始 • 653

(3) 육서(육의六義) • 654

(4) 서체書體와 문수文數 • 655

(5) 한자의 유입流入과 보급 • 656

제2장 삼국의 시문詩文
(1) 한문의 통용성通用性 • 658
(2) 국한문의 의의 • 659
(3) 국한문의 종류와 삼국의 시문詩文 • 659
제3장 과거와 유교의 진작振作
(1) 과거제도의 변천개관 • 678
(2) 유불도儒佛道의 3교三教 • 683
(3) 설총薛聰과 최충崔沖 • 684
(4) 안향安珦과 홍약洪鑰 • 685
제4장 여조麗朝의 시문
(1) 한림별곡翰林別曲과 기타 기록 • 687
(2) 김부식金富軾과 정지상鄭知常 • 688
(3) 이규보李奎報와 진화陳澕 • 691
(4) 칠현七賢 • 696
(5) 이제현李齊賢 • 700
(6) 이목은李牧隱과 그 문도門徒 • 705
(7) 시승詩僧들 • 710
제5장 문학에 관한 명저名著
(1) 균여전均如傳 • 714
(2) 삼국유사三國遺事 • 715
(3) 제왕운기帝王韻紀 • 716
(4) 백운소설白雲小說 • 717
(5) 동명왕편東明王篇 • 718

(6) 파한집破閑集 • 718
(7) 보한집補閑集 • 719
(8) 졸고천백拙藁千百 • 720
(9) 삼한시구감三韓詩龜鑑 • 720
(10) 십초시十抄詩 • 721
(11) 익재집益齋集 • 722
제6장 융성隆盛한 선조조宣祖朝 문학
(1) 상문억무尙文抑武의 정책 • 728
(2) 집현전集賢殿 폐지 및 사화士禍 • 729
(3) 이행李荇의 문명文名 • 729
(4) 중국 문장의 명저 구입 • 731
(5) 선조조의 인물과 그 중흥 • 731
(6) 팔문장八文章 • 732
(7) 계택상월谿澤象月 • 734
제7장 박연암朴燕岩의 문장과 문학
(1) 연암의 약력 및 그 성격 • 738
(2) 연암동燕巖洞 병거屛居 • 738
(3) 그의 필화筆禍 • 739
(4) 그의 교우 • 739
(5) 그의 저작著作 • 742
(6) 그의 사상思想과 영향影響 • 742
제8장 근조近朝 명가名家들의 시
(1) 고법古法 준수遵守 • 748

(2) 문학 혁신의 필요성 • 749
(3) 국한문의 특성 • 749
(4) 자하紫霞의 동인론시절구東人論詩絶句 • 750
(5) 매천梅泉의 독국조제가시讀國朝諸家詩 • 755
(6) 전사가前四家, 후사가後四家 • 758
(7) 강위姜瑋·이건창李建昌·황현黃玹·김택영金澤榮 • 770
(8) 시조時調·잡가雜歌의 한역 • 776

제9장 악부樂府

(1) 악부의 어원 • 780
(2) 동도악부東都樂府 • 781
(3) 해동악부海東樂府(심광세沈光世) • 781
(4) 해동악부海東樂府(이복휴李福休) • 782
(5) 해동악부海東樂府(이유원李裕元) • 783
(6) 관서악부關西樂府 • 784
(7) 영남악부嶺南樂府 • 785
(8) 광한루악부廣寒樓樂府 • 789

제10장 시화詩話

(1) 종래의 한문 • 792
(2) 한문학과 국문학과의 관계 • 793
(3) 시화총림詩話叢林 • 793

결언結言 • 797
여백에 쓰는 말 • 799
색인索引 • 802

색인 [가람 11권(국문학 저서 Ⅰ)]

ㄱ部

〈인명〉

簡易(간이) 733, 752, 756, 757
姜敬愛(강경애) 619
姜鷺鄕(강노향) 631
姜世晃(강세황) 784
姜瑋(강위) 770, 773
姜希顔(강희안) 212, 242
巨仁(거인) 662
警修堂(경수당) 761
桂鎔默(계용묵) 604
戒膺(계응) 710, 712
高景欽(고경흠) 554
高尙顔(고상안) 220
高秀寬(고수관) 294
고오고리 552
高霽峰(고제봉) 223
高兆基(고조기) 720
골스워디 552
恭愍王(공민왕) 184, 700, 702, 705, 720
恭讓王(공양왕) 706
郭輿(곽여) 184, 185, 186, 720
郭預(곽예) 720, 721
郭夏信(곽하신) 637
廣德婦(광덕부) 146, 182
괴에링 552
괴에테 552
具聖書(구성서) 423
具然學(구연학) 379, 383
瞿佑(구우) 270
國木田獨步(국목전독보) 502
宏演(굉연) 706, 710, 711, 713
屈原(굴원) 301
權九玄(권구현) 513
權擥(권람) 722
權明秀(권명수) 631
權溥(권부) 685
權石洲(권석주) 733
權陽村(권양촌) 750
權用正(권용정) 761, 769
權應仁(권응인) 795
權適(권적) 719, 720
權韠(권필) 756
權漢功(권한공) 685
權好文(권호문) 191
權煥(권환) 547
均如大師(균여대사) 147, 171, 714
그레고리 552
그룻세 76, 77, 81, 82, 83, 84, 88, 108
奇高峰(기고봉) 223
箕子(기자) 87, 88, 189, 291, 656,

707, 783
企齋(기재) 752
幾何主人(기하주인) 758
吉再(길재) 184
金光均(김광균) 578, 592
金珖燮(김광섭) 563, 592
金光煜(김광욱) 251
金光洲(김광주) 571, 632
金敎益(김교익) 372
金鉤(김구) 240
金坵(김구) 721
金九容(김구용) 705, 706
金君綏(김군수) 720
金克己(김극기) 706, 720, 721
金起林(김기림) 582, 594, 598
金基鎭(김기진) 473, 495, 501, 507, 553
金農岩(김농암 昌協) 737
金達鎭(김달진) 592
金大問(김대문) 114, 115, 133, 662
金臺山(김대산 邁淳) 737
金東里(김동리) 593, 625
金東鳴(김동명) 479, 592, 599
金東仁(김동인) 437, 503
金東煥(김동환) 510, 511
金斗鎔(김두용) 596
金得臣(김득신) 753, 793, 795
金來成(김내성) 618
金萬重(김만중) 179, 283, 285, 286
金梅月(김매월) 757
金明淳(김명순) 423, 474
金明燁(김명엽) 551
金汶(김문) 240
金文谷(김문곡) 222
金文烈(김문열 富軾) 737
金明淳(김명순) 423, 474
金明燁 551
金汶(김문) 240
金文谷(김문곡) 222
金敏洙(김민수) 355
金敏淳(김민순) 255
金盤(김반) 266
金坯窩(김배와) 258, 777
金馥(김복) 551
金富軾(김부식) 108, 169, 688, 706, 717, 719, 720
金三奎(김삼규) 551
金尙宓(김상복) 241
金相沃(김상옥) 639
金尙鎔(김상용) 563, 592, 599
金聲近(김성근) 530
金誠立(김성립) 754
金沼葉(김소섭) 596
金素月(김소월) 468, 469, 493, 640
金守溫(김수온) 213
金壽長(김수장) 184, 251, 252, 334
金垂訓(김수훈) 662
金承久(김승구) 631
金時習(김시습 梅月堂) 269
金安老(김안로) 222, 795
金億(김억 岸曙) 419, 442, 450
金永起(김영기) 643
金永郎(김영랑) 493, 553, 573
金永壽(김영수) 593, 629

金永鎭(김영진) 530
金午男(김오남) 622
金玉均(김옥균) 347, 348
金龍濟(김용제) 596
金容浩(김용호) 84, 592, 634
金雲卿(김운경) 662
金元周(김원주) 474, 622
金謂磾(김위제) 101
金分信(김유신) 156, 673
金裕貞(김유정) 593, 607
金允植(김윤식) 592
金翼洙(김익수) 379
金仁謙(김인겸) 220, 803
金仁存(김인존) 720
金詮(김전) 240
金淨(김정) 243, 753
金正國(김정국) 240, 795
金廷漢(김정한) 593, 596
金正喜(김정희) 761, 768, 770
金宗瑞(김종서) 220
金宗直(김종직) 109, 751, 755, 780
金鍾漢(김종한) 632, 636, 639
金晉燮(김진섭) 551
金鎭壽(김진수) 631
金滄江(김창강 澤榮) 761, 737
金昌述(김창술) 510, 523
金昌協(김창협) 756
金昌翕(김창흡) 757
金天澤(김천택) 201, 251, 252
金春秋(김춘추) 157
金春澤(김춘택) 285, 287, 336
金彈實(김탄실) 622
金澤榮(김택영) 737, 741, 770, 774
金河西(김하서) 230
金翰容(김한용) 551
金海剛(김해강) 547, 592
金烱元(김형원) 512
金弘集(김홍집) 348, 352
金華山(김화산) 532
金華尹(김화윤) 720
金煥(김환) 443, 573
金煥泰(김환태) 573
金后稷(김후직) 663

〈작품·서명〉

歌曲源流(가곡원류) 29, 184, 201, 255, 334
가난한 아내 520
街頭(가두)의 連絡(연락) 619
가루지기타령 263, 296
嘉俳日在京寓得生字(가배일재경우득생자) 772
가버린 미례(美禮) 621
가을 546, 607, 614
가을 어스름 640
歌行化世分(가행화세분) 173, 174
刊經都監(간경도감) 213
갈매기 577, 579
葛處士十步歌(갈처사십보가) 297
甘山集(감산집) 774
感傷(감상)의 廢墟(폐허) 462
感應降魔分(감응항마분) 173, 177
감자 432, 484
感通神異分(감통신이분) 173

感興(감흥) 709
갑수의 戀愛(연애) 545
江南柳(강남류) 708
江陵梅花傳(강릉매화전) 294
薑山集(강산집) 760
江上村(강상촌) 382
江村別曲(강촌별곡) 197, 201, 218
降誕靈驗分(강탄영험분) 173
姜太公(강태공) 628
江湖別曲(강호별곡) 218
까마귀 572
까막잡기 482
개 419
개밥 507, 521
開闢(개벽) 361, 449, 495, 500, 503, 507
개살구 545
開拓者(개척자) 412
꺼래이 620
距離(거리) 643
居士戀(거사련) 723
乞食(걸식) 712
검은손 521
檄黃巢書(격황소서) 670
甄萱(견훤) 616
結綺宮(결기궁) 688
結婚前夜(결혼전야) 571
京畿雜歌(경기잡가) 84, 256
景幾體歌(경기체가) 190, 201
京釜鐵道歌(경부철도가) 372
警修堂集(경수당집) 761
谿谷漫筆(계곡만필) 795
系圖(계도) 494, 639
鷄林雜傳(계림잡전) 672
溪上釣(계상조) 777
癸丑日記(계축일기) 276
孤高(고고) 628
古琴詠(고금영) 250
古今註(고금주) 103
孤島(고도) 638
高麗古記(고려고기) 672
高麗史(고려사) 97, 101, 108, 118, 125, 127, 129, 133, 145, 192, 685, 723
古本春香傳(고본춘향전) 291
古寺(고사) 642
孤山遺稿(고산유고) 250
古意(고의) 707
古風衣裳(고풍의상) 642
故鄕(고향) 773
古花甁(고화병) 580, 581
古懽堂集(고환당집) 771
哭李密直種德(곡이밀직종덕) 708
穀象(곡상) 619, 621
哭秋琴先生(곡추금선생) 773
骨董品(골동품) 592
골목길 613
公子行(공자행) 301
孔雀行(공작항) 301, 309
箜篌引(공후인) 103, 104
過奇相林園(과기상림원) 692
課農小抄(과농소초) 740, 743
過渡期(과도기) 548
過許小癡話舊(과허소치화구) 771

慣看賓(관간빈) 765
觀劇詩(관극시) 789
貫那夫人(관나부인) 125
關東別曲(관동별곡 安軸) 218
關東別曲(관동별곡 鄭澈) 218, 219, 231, 753
關東楓岳鉢淵藪石記(관동풍악발연수석기) 181
觀瀾樓(관란루) 688
關西別曲(관서별곡) 218
關西樂府(관서악부) 254, 780, 784
廣大歌(광대가) 297, 299
廣文者傳(광문자전) 742
狂炎(광염) 432
狂人記(광인기) 571
狂人手記(광인수기) 620
廣寒樓記(광한루기) 790
廣寒樓樂府(광한루악부) 780, 789
嶠南樂府(교남악부) 780
橋邊白衲(교변백납) 777
九經(구경) 142
「區區」(구구) 583
구름을 잡으려고 507
驅魔劒(구마검) 388
仇甫日記(구보일기) 572
駒城道中(구성도중) 772
九雲夢(구운몽) 55, 283, 285, 286, 378
九疑山(구의산) 381
蚯蚓夢(구인몽) 571
九日麻浦同朴齊家宿朴相洪水舍洪水舍(구일마포동박제가숙박상홍수사홍수사) 759
九日謾成(구일만성) 709
求職(구직)과 고양이 571
九品寺(구품사) 693
國境(국경)의 밤 511, 512
國文正理(국문정리) 355
國語文法(국어문법) 355
國語文典音學(국어문전음학) 355
國讌呈才唱詞抄錄(국연정재창사초록) 217, 242
菊花陣烈(국화진열) 628
君家酒(군가주) 776
꿈 467
꿈의 나라 463, 465
勸遊歌(권유가) 297
勸酒歌(권주가) 197
勸學歌(권학가) 371
歸去來辭(귀거래사) 301, 303
歸帆(귀범) 599, 695
歸不歸(귀불귀) 628
鬼(귀)의 聲(성) 394, 399
龜兎說話(귀토설화) 152, 270
歸乎曲(귀호곡) 192
均如傳(균여전) 172, 677, 714
그것은 年輪(연륜)이나 640
그들 631
極寒(극한) 744, 747
近代小說考(근대소설고) 399, 410
覲天庭(근천정) 215, 216
金剛經三家解(금강경삼가해) 238, 239, 243
金剛山詩(금강산시) 760

金剛三昧經論序(금강삼매경론서) 671
錦溪筆談(금계필담) 226, 242
金(금) 따는 콩밭 607, 608
金陵集(금릉집) 741
金半指(금반지) 480
錦衫(금삼)의 피 616
金色夜叉(금색야차) 366
金星(금성 詩誌) 474
禽獸會議錄(금수회의록) 382
衿陽雜錄(금양잡록) 130, 676
金鰲新話(금오신화) 269
金玉叢部(금옥총부) 255
其泊報恩寺詩(기박보은사시) 751
氣象圖(기상도) 582, 598
箕城別曲(기성별곡) 218
饑歲歎(기세탄) 250
箕雅(기아) 270
飢餓(기아)와 殺戮(살육) 500
寄友人(기우인) 699
기음노래 220
汽笛(기적) 621
긴밤이 새어지이다 510
길 507
길처럼 640
金家麥田有馬(금가맥전유마) 760
金講師(김강사)와 T敎授(교수) 564, 614
金神仙傳(김신선전) 742
金太子傳(김태자전) 276

〈건명〉

歌詞體(가사체)의 발생 197
歌詞體(가사체)의 원형 198
歌詞體(가사체)의 형태와 완성 200
加耶琴(가야금)과 嘉悉王(가실왕) 74
假借(가차) 654
甲午更張(갑오경장) 248, 347
甲申政變(갑신정변) 350, 568
甲子士禍(갑자사화) 729
강강수월래 82, 100, 101, 262
江西詩派(강서시파) 752
개화시대 344, 352, 384
結繩(결승) 653
京城板(경성판) 285
敬亭山(경정산) 252, 253
癸丑日記(계축일기)의 내용 276
谿澤象月(계택상월) 734, 750
고구려의 說話(설화) 118
고구려의 吏讀(이두) 140
古記體(고기체) 270, 659
고대의 문학 73
고려문학의 특성 171
고려의 문화적 배경 169
고려의 정치적 배경 169
古文(고문) 655, 657
古文體(고문체) 659, 663, 672
古詩體(고시체) 659
고전문학과 고대문학 73
고전문학의 전통계승 문제 334
고전주의파 64
古風(고풍) 703, 711, 720
功令(공영) 682
과거제도의 변천 678
과거법의 시행 170

科文(과문) 710, 729
科文六體(과문육체) 682
館閣三傑(관각삼걸) 757
廣大(광대) 293
廣大(광대)와 극가문학 293
廣大(광대)·기생의 작품 294
口語體(구어체) 427, 428
九雲夢(구운몽)의 제작동기 283
九雲夢(구운몽)의 한역 286
九人會(구인회) 492, 571
九齋(구재) 684
국문학의 기원 82
국문학연구의 특수성 78
국문학사와 세계문학사의 차이 65
국문학사의 연구방법 51, 60
국문학사의 시대구분 63
국문학연구의 현황 61
국문학사의 사명 61
국문학의 개념 53
국문학과 민족문학 56
국문학사의 연구방법 51, 60
국문학의 개념 53
국문학의 기원 82
국민문학 운동 525
국어와 국문학 55
國語硏究所(국어연구소) 354
국학의 3대 거장 179
국한문의 종류 659
국한문의 의의 659
국한문의 특성 749
국한문학의 처리문제 651
宮庭小說(궁정소설) 276
勸善懲惡(권선징악) 소설 396
均如大師(균여대사)의 전기 171
均如大師(균여대사)와 향가 171
均如傳(균여전)의 내용 714
劇歌(극가) 293
근대문학과 현대문학 359
近朝三大文(근조삼대문) 736
근조말기의 시조 254
근조전기문학의 문화적 배경 206
근조전기문학의 정치적 배경 205
근조전기문학의 특성 207
근조전기의 시조작가 222
근조전기문학의 사상적 배경 205
근조후기문학의 문화적 배경 247
근조후기문학의 사상적 배경 245
근조후기문학의 정치적 배경 246
근조후기문학의 특성 245
金石文(금석문) 90 139
金善調(금선조) 126, 129, 130
妓流(기류)의 시조 246
金震陽獄事(김진양옥사) 706

ㄴ部

〈인명〉

羅稻香(나도향) 457, 460, 462
懶翁和尙(나옹화상) 198, 218
羅晶月(나정월) 423
樂善齋(낙선재) 300
洛下生(낙하생) 785
鸞郞(난랑) 114, 115, 683
南公轍(남공철) 739, 741, 743

南九萬(남구만) 267, 778
南宮滿(남궁만) 631
南宮璧(남궁벽) 444, 446, 450
南宮濬(남궁준) 379
南龍翼(남용익) 270, 757, 795
南聖重(남성중) 270
南永魯(남영로) 286
南怡(남이) 221
南秋江(남추강) 757
南孝溫(남효온) 243, 795
盧蘇齋(노소재) 757
盧守愼(노수신) 732, 752, 756
盧永綏(노영수) 720
盧天命(노천명) 592, 623
盧春城(노춘성) 457
訥齋(눌재) 751, 756
能俊大師(능준대사) 147

〈작품·서명〉

나그네 637
나는 王(왕)이로소이다 461
나비 546, 614, 765
나의 노래 423
나의 뜰 599
나의 文學修業(문학수업) 625
나의 서재 599
나의 作詩(작시) 設計圖(설계도) 639
나의 집 599
나의 寢室(침실)로 464, 465
洛東江(낙동강) 786
落魄不遇(낙백불우) 520
落葉松(낙엽송) 641
落葉日記(낙엽일기) 545
落花流水(낙화유수) 767
駱駝(낙타) 639
蘭兒一代記(난아일대기) 549
蘭草(난초) 600
날개 582, 583, 598, 610
捺絃引(날현인) 149
南柯記(남가기) 155
南京路(남경로)의 蒼空(창공) 571
南明集(남명집) 238, 240, 243
南炎浮洲志(남염부주지) 269
南征記(남정기 謝氏南征記) 283, 286, 287, 378
南州別曲(남주별곡) 218
男唱春香歌(남창춘향가) 297
남편 621
내 언제 226
來遠城(내원성) 118
內典錄(내전록) 716
路加傳(노가전) 355
蘆溪歌(노계가) 220
노다지 607, 608
露領近海(노령근해) 545
老人歌(노인가) 197, 201
老人獻花歌(노인헌화가) 182, 326
노틀담의 꼽추 467
鹿處士宴會(녹처사연회) 283, 293
綠天舘集序(녹천관집서) 746, 747
綠草青江馬(녹초청강마) 766
論介(논개)의 還生(환생) 432
農家月令歌(농가월령가) 197, 201, 220, 248

農家集成(농가집성) 676
農夫(농부) 602
농부의 집 521
聾山亭詩(농산정시) 662
陋巷詞(누항사) 220
늪 631

〈건명〉

낙동강과 제2기 작품 523
樂善齋(낙선재) 300
浪漫主義(낭만주의) 360, 457
내용과 형식의 논쟁 539

ㄷ部

〈인명〉

다눈치오 460
多福(다복) 228
達全(달전) 710, 711
大覺(대각) 686, 710
大覺國師(대각국사) 686
大居(대거) 151, 179, 677
大矩和尙(대구화상) 147, 151
都彌(도미) 271, 272, 273
도스트에프스키 453
陶淵明(도연명) 301, 737
動安居士(동안거사) 716
東洲(동주) 754
杜甫(두보) 774
듀마 367
得烏谷(득오곡) 146, 182

〈작품·서명〉

憧憬(동경) 563, 592, 628
怛忉歌(달도가) 149, 781
答蒼厓(답창애) 745, 747
答君受(답군수) 746
答南直閣公轍書(답남직각공철서) 740
大藏經(대장경) 170
大盜傳(대도전) 549
大地(대지) 592
大東風雅(대동풍아) 184
大韓文典(대한문전) 355
大明律直解(대명률직해) 140, 168
大同別曲(대동별곡) 218
大同江別曲(대동강별곡) 188, 192
大同江曲(대동강곡) 189
大學講話(대학강화) 736
待春賦(대춘부) 616
悼亡詩(도망시) 768
道峰(도봉) 641
道學歌(도학가) 331
道中聞雁有感(도중문안유감) 771
德思內(덕사내) 149
登滿月臺懷古(등만월대회고) 226
登全州望京臺(등전주망경대) 708
登岳陽樓(등악양루) 301
燈籠(등롱) 697
冬至(동지)달 226
東都樂府(동도악부) 780, 781
東光(동광) 439, 520, 527, 597, 630
東國李相國集(동국이상국집) 90, 108, 718

東國詩話(동국시화) 264, 335
東國文獻備考(동국문헌비고) 132, 134
東國輿地勝覽(동국여지승람) 133, 271
東海(동해) 599
東寰錄(동환록) 786
東將臺晩眺(동장대만조) 772
東京曲(동경곡) 149
東明(동명) 479
東明王傳說(동명왕전설) 718
東明王誕生說話(동명왕탄생설화) 90
東明王篇(동명왕편) 718
東溟日記(동명일기) 266
東人論詩絶句(동인론시절구) 750
東人詩話(동인시화) 264, 335
東史綱目(동사강목) 158, 168
東史節要(동사절요) 159, 685
東亞日報(동아일보) 362
東言攷略(동언고략) 101
動動(동동) 192
動物詩集(동물시집) 592
兜率歌(도솔가) 149, 182, 183
都新聞(도신문) 380
獨樂七曲(독락칠곡) 191
獨樂堂(독락당) 220
獨立新聞(독립신문) 353, 357
獨坐敬亭山(독좌경정산) 253
讀國朝諸家詩(독국조제가시) 755
讀易隨記(독역수기) 772
杜詩批解(두시비해) 29, 755
渡漢江(도한강) 771
端午(단오) 769
端宗哀史(단종애사) 549
短雜歌(단잡가) 297
斷層(단층) 631
碓樂(대악) 149, 192, 781
多難譜(다난보) 621
檀君記(단군기) 672
檀君開國說話(단군개국설화) 90, 108, 264
桃李花歌(도리화가) 297, 299
陶山十二曲(도산십이곡) 221
同志(동지) 521
冬至(동지)달 226
童唱春香歌(동창춘향가) 291, 296
突阿樂(돌아악) 149
徒領歌(도령가) 149
豚(돈) 545, 546
다듬질 643
달밤 572
돌다리 572
동백꽃 608
동심가 369
뒷걸음질 521
들 545, 572, 627
들국화 641
따라지 608

〈건명〉

大成殿(대성전) 685
大篆(대전) 655
東學亂(동학란) 348
讀書出身科(독서출신과) 678

ㄹ部

〈인명〉
랑쥬방 584
랜섬 64
로나아르 552
롱펠로 420
루-딘 453
룻소 446
리드 376, 581

〈작품·서명〉
람프 619, 621
람프등 619
레디메이드 人生(인생) 570
렌의 哀歌(애가) 623
易學大盜傳(역학대도전) 742

〈건명〉
로맨티즘 431
리얼리즘 425, 610
리얼리즘의 擴大(확대)와 深化(심화) 612

ㅁ部

〈인명〉
막켄지이 76
卍雨(만우) 712
晚華堂(만화당) 294
晚華齋(만화재) 790
梅窓(매창) 228
梅泉(매천) 755, 757, 773
梅花(매화) 228
孟思誠(맹사성) 184
俛仰亭(면앙정) 222
明玉(명옥) 228
毛允淑(모윤숙) 552, 622
모팟상 453
牧牛和尙(목우화상) 180
妙淸(묘청) 169
文一平(문일평) 54
文香(문향) 228
뭇소리니 559
뮬러어 76
閔魯行(민노행) 770
閔維重(민유중) 278
閔泰瑗(민태원) 450

〈작품·서명〉
馬嵬懷古(마외회고) 662
마음이 옅은 者(자)여 429
磨雲嶺碑(마운령비) 666, 667
魔人(마인) 618
馬駔傳(마장전) 742
摩訶衍雲公聽余維摩經一部(마하연운공신여유마경일부) 771
輓歌(만가) 563
만무방 607
萬甫老人(만보노인) 602
萬福寺樗蒲記(만복사저포기) 269
萬峰歸僧(만봉귀승) 775
萬歲報(만세보) 357
萬歲前(만세전) 453, 479, 480

滿殿春曲(만전춘곡) 190
滿殿春別詞(만전춘별사) 190
晚餐(만찬) 609
漫興(만흥) 250
晚華堂(만화당)
春香歌(춘향가) 278
望鄕(망향) 374, 563, 592
望鄕歌(망향가) 374
매일신문 357
梅泉集(매천집) 755, 774
메나리 788, 789
메돼지와 木炭(목탄) 613
俛仰亭短歌(면앙정단가) 223
俛仰亭雜歌(면앙정잡가) 223
俛仰亭長歌(면앙정장가) 223
明堂祝願(명당축원) 297
明美堂集(명미당집) 772
名山記(명산기) 264
蓂葉志諧(명엽지해) 264, 335
明月亭(명월정) 379
溟州歌(명주가) 118
모든 것이 다 갈 때 439
模範耕作生(모범경작생) 603
母子(모자) 620
茅亭記(모정기) 710
牧丹(모란)꽃 필 때 481
牧丹屛(모란병) 381
木東崖傳(목동애전) 379
木州歌(목주가) 146
木花(목화)와 콩 547
몬테크리스토 伯爵(백작) 367
夢見主上歌(몽견주상가) 224
墓地(묘지) 453, 479
舞鼓(무고) 642
武功曲(무공곡) 215, 216
無極記(무극기) 181
巫女圖(무녀도) 625, 626
무덤 423
無明(무명) 415
無等山(무등산) 125
無産者(무산자) 554
무쇠탈 367
武淑(무숙)이 타령 294
無雙新舊雜歌(무쌍신구잡가) 260, 335
無影塔(무영탑) 483, 616
戊午燕行錄(무오연행록) 265
武夷九曲(무이구곡) 222
無情(무정) 410, 412, 416
問群曲(문군곡) 149, 183
聞琴次韻陳學士澕(문금차운진학사화) 693
文壇展望(문단전망) 525
文壇側面史(문단측면사) 548
文德曲(문덕곡) 215
文殊寺(문수사) 711
聞雁(문안) 775
門隸(문예)에 對(대)한 雜感(잡감) 441
文藝公論(문예공론) 483
文藝思潮(문예사조)는 어디로 361
文藝時代(문예시대) 480, 541
文藝時評(문예시평) 518
文藝運動(문예운동) 361, 517, 519, 520, 535
文藝運動(문예운동)의 방향전환론 519

聞雁(문안) 771, 775
文藝月刊(문예월간) 552, 553, 572
文章(문장) 635, 637, 645
文學(문학)과 修養(수양) 450
문학과 행동의 관계 586
문학의 진화 76, 77
문학타임스지 546
물레방아 467, 592
未亡人(미망인) 481
미인의 가슴 420
美知樂(미지악) 149
未知(미지)의 像(상) 464
美川王(미천왕)의 說話(설화) 119
閔翁傳(민옹전) 742
민족문학론 534, 536, 538
密林(밀림) 617
밑며누리 521

〈건명〉
文憲公徒(문헌공도) 684
舞鼓(무고) 126, 127, 132, 642
모던이즘 575, 576
문학의 기원 78, 79, 82
민중시인 512, 513

ㅂ部

〈인명〉
바레리이 612
朴啓周(박계주) 618
朴南秀(박남수) 592, 643
朴乭(박돌)의 죽음 502
朴斗世(박두세) 290
朴斗鎭(박두진) 639, 641
朴魯春(박노춘) 592, 633
朴明源(박명원) 739
朴木月(박목월) 639, 640
薄凡(박범) 179, 677
朴祥(박상) 751
朴祥燁(박상엽) 502
朴聖源(박성원) 267
朴淳(박순) 751
朴燕岩(박연암) 265, 270, 715, 730, 739 740, 758
朴榮濬(박영준) 593, 601, 603
朴英熙(박영희) 457, 501, 518, 553
朴永鎭(박영진) 372, 379
朴龍徹(박용철) 552, 573, 622
朴誾(박은) 752, 756
朴淵(박연) 224, 226, 761
朴宜中(박의중) 705
朴寅亮(박인량) 673, 720
朴仁老(박인로) 220
朴仁範(박인범) 662, 720, 722
朴一潤(박일윤) 643
朴載崙(박재륜) 581
朴齊家(박제가) 740, 758, 759, 760
朴鍾化(박종화) 361, 457, 616
朴彭年(박팽년) 200, 212
朴鄕民(박향민) 631
朴浩(박호) 719, 720
朴花城(박화성) 478, 619
朴孝寬(박효관) 201, 255, 334
班固(반고) 716

百結先生(백결선생)　192
栢谷(백곡)　753, 793
白光勳(백광훈)　732, 752
白菊喜(백국희)　623
白樂天(백낙천)　301
白大鎭(백대진)　423
白文節(백문절)　721
白信愛(백신애)　620
白永叔(백영숙)　739
白雲居士(백운거사)　691
白頤正(백이정)　701
白鐵(백철)　25, 543, 799
버너어드·쇼우　552
베르레느　419
碧溪守(벽계수)　226
卞季良(변계랑)　184
卞榮魯(변영로)　472
普覺國師(보각국사)　183
보드레르　452, 465
보아로오　64
不憂軒(불우헌)　198, 263

〈작품·서명〉

바다　580
바닷가에서　599
바람　643
바보 용칠이　637
바위　625, 626
朴乭(박돌)의 죽음　502
朴龍喆詩集(박용철시집)　592
樸素村話(박소촌화)　713
朴氏夫人傳(박씨부인전)　275
박타령　296, 297, 299
半月城(반월성)　698
半月詩(반월시)　226
발가락이 닮았다　432
밤　630
밤길　643
밤불　511
밥　480
放璚閣外傳(방경각외전)　742
方等山(방등산)　125
放翁詩餘序(방옹시여서)　736
旁㐌說話(방이설화)　152, 270
放舟向峨眉山(방주향아미산)　703
彷徨(방황)　407
배따라기　431
裵裨將(배비장)타령　294
徘徊(배회)　324, 325
白假面(백가면)　618
白鷗歌(백구가)　197
百聯抄解(백련초해)　241
白馬靑峨(백마청아)　762
白髮靑山歌(백발청산가)　220
百死歌(백사가)　779, 792
白手(백수)의 탄식　495, 507
白實(백실)　149
白雲山行(백운산행)　599
白雲小說(백운소설)　201, 691, 717, 795
百濟古記(백제고기)　672
白潮(백조)　442, 457, 459, 466, 493
白痴(백치)아다다　605
翻方曲(번방곡)　230, 778

繁花曲(번화곡) 149
範疇(범주) 533, 630
法華經(법화경) 238
벙어리 삼룡이 467
베르레누 441, 442, 452
碧溪水(벽계수) 226, 227
碧毛(벽모)의 猫(묘) 442
闢四門(벽사문) 679, 680
碧花思(벽화사) 782
卞(변)강쇠 타령 294
辨誣疏(변무소) 736
별 631, 641, 663
별을 안거든 울지나 말걸 462
별의 아픔 444, 445
鱉主簿傳(별주부전) 270, 283, 291
病目(병목) 699
寶開(보개) 672, 673
菩薩蠻舟中夜泊(보살만주중야박) 704
補閑集(보한집) 116, 719
普賢院(보현원) 712
福德房(복덕방) 572
福靈寺詩(복령사시) 752
樸素村話(박소촌화) 713
本朝編年綱目(본조편년강목) 702
봄 423, 546, 637, 439
봄은 가더이다 461
鳳來儀(봉래의) 212
鳳山學者傳(봉산학자전) 742
鳳仙花(봉선화) 381, 638
封神傳(봉신전) 289
烽火(봉화) 549
鳳凰愁(봉황수) 642
浮談(부담) 292, 336
부르짖음 439
불 482
浮碧樓(부벽루) 706
夫婦道(부부도) 621
不遇先生(불우선생) 572
父子(부자) 620
北國私信(북국사신) 545
北山雜題(북산잡제) 692
北風歌(북풍가) 782
北平(북평)에서 온 영감 571
北學議(북학의) 760
北漢碑(북한비) 66
北軒集(북헌집) 287, 336
粉女(분녀) 545, 572
分題得種柳橋送友省親(분제득종류교송우생친) 711
불놀이 437, 441
不遇先生(불우선생) 572
붉은 산 432
비극의 철학 562
B녀의 素描(소묘) 571
批評(비평)과 科學(과학) 581
琵琶聲(비파성) 381
批判(비판) 602
批評(비평)의 形態(형태)와 機能(기능) 581
鬢上雪(빈상설) 381
貧妻(빈처) 482
빌띵과 黎明(여명) 545
빛나는 지역 62

빼앗긴 들에도 봄은 오는가 507
뽕 467
山雜題(산잡제) 692

〈건명〉

Ballad dance 76
발생학적 기원설 81
方向轉換論(방향전환론) 519
백제의 가요 112, 125
白話體(백화체) 715
飜案文學(번안문학) 365, 366
別曲(별곡)의 發展(발전) 191
歌曲(가곡)의 曲(곡)과 關係(관계) 189
曲(곡) 別曲(별곡) 別曲體(별곡체)의 의의 188
別曲(별곡) 別曲體(별곡체)의 關係(관계) 190
別曲體(별곡체) 171, 172, 188, 191, 201
本性本能說(본성본능설) 80
賦(부) 678, 679
부나로드 運動(운동) 414, 415
佛經(불경)의 飜案(번안) 237

人部

〈인명〉

謝湛軒(사담헌) 746
思悼世子(사도세자) 280, 739
思菴(사암) 751
尙虛(상허) 572
雙冀(쌍기) 679
徐理修(서이수) 759
徐市(서불 徐福) 656, 657
徐四佳亭(서사가정) 750
徐有聞(서유문) 265
徐廷柱(서정주) 592, 632
徐恒錫(서항석) 552
石洲(석주) 753, 756
先道解(선도해) 158
宣龍秀(선용수) 638
禪坦(선탄) 710, 713
薛聰(설총) 138, 140, 664, 671, 684
成三問(성삼문) 200, 220
成石璘(성석린) 184
成汝學(성여학) 335, 755
性眞(성진) 283
成俔(성현) 751, 795
成渾(성혼) 732
세스토프 562
世祖(세조, 首陽君) 206, 213, 240
世宗大王(세종대왕) 206, 208, 729
섹스피어 552
蘇武(소무) 660
小栢舟(소백주) 228
蘇齋(소재) 752
소크라테스 178
孫舜孝(손순효) 750
孫宇聲(손우성) 551
孫晉泰(손진태) 528
松江(송강) 219, 223, 230, 232
松桂烟月(송계연월) 255
宋桂月(송계월) 619

宋龜峯(송구봉) 757
宋俛仰亭(송면앙정) 225
宋錫夏(송석하) 182
宋純(송순) 222
宋影(송영) 596
松伊(송이) 228
宋翼弼(송익필) 732, 756
宋丁度(송정도) 655
水路夫人(수로부인) 107
純義(순의) 179, 677
스펜서어 80
始寧(시령) 710
시르레르 80
申光洙(신광수) 780
申光漢(신광한) 752
申光洽(신광흡) 295
辛島驍(신도효) 644
辛旽(신돈) 702
申得淸(신득청) 200
神亮(신량) 179
申象村(신상촌, 欽) 251,734, 735, 795
申石北(신석북, 光洙) 254
辛夕汀(신석정) 592, 600
申叔舟(신숙주) 213, 751
申五衛將(신오위장, 高敞) 291, 295
申緯(신위) 761
申唯仁(신유인) 543, 555
申自謹(신자근) 213
申紫霞(신자하) 780, 789
申從濩(신종호) 751
申辰淳(신진순) 643
信忠(신충) 146, 147
실르레르 454
雙冀(쌍기) 678, 679
沈光世(심광세) 780, 781
沈守慶(심수경) 795
沈熏(심훈) 600

〈작품·서명〉

史記(사기) 88, 656, 659
思內奇物樂(사내기물악) 149
사냥개 501
사라지는 그림자 597
사라지는 무지개와 오뉘 630
사랑 415
沙里花(사리화) 723
思美人曲(사미인곡) 219, 231, 753
謝氏南征記(사씨남정기) 287, 378
7祀中(사중) 149
辭源(사원) 142, 168
思齋摭言(사재척언) 795
莎堤曲(사제곡) 220
朔州龜城(삭주구성) 470, 471
산 545, 546, 572, 627
山居(산거) 69
산골 607, 608
산그늘 640
山水記(산수기) 267
山市晴嵐(산시청남) 698
山神靈(산신령) 631
山有花(산유화) 470, 471, 786, 789
산이 날 에워싸고 640, 641
山中(산중) 712

山中獨言(산중독언) 795
山中雪夜(산중설야) 703
山中續新曲(산중속신곡) 250
山中新曲(산중신곡) 250
珊瑚林(산호림) 592
山火(산화) 625
살구꽃처럼 639
殺人(살인) 504
三綱行實(삼강행실) 244
三國史記(삼국사기) 74, 77, 84, 90, 108, 116, 120, 123, 142, 160, 676, 688, 718
三國史節要(삼국사절요) 117, 133, 674
三國遺事(삼국유사) 55, 77, 90, 91, 108, 144, 172, 662, 672, 674, 715
三國志(삼국지) 100, 108, 300
三國志魏志東夷傳(삼국지위지동이전) 82, 100
三代(삼대) 481, 628
三代目(삼대목) 150, 151
三日浦詩(삼일포시) 757
三才圖會(삼재도회) 88, 656
三朝實錄(삼조실록) 702
三千里(삼천리) 619, 634
三韓古記(삼한고기) 672
三韓拾遺(삼한습유) 786
三韓詩龜鑑(삼한시구감) 687, 720
上角干金忠恭書(상각간금충공서) 665
霜臺別曲(상대별곡) 218
常綠樹(상록수) 601, 617
上陸(상륙) 545
相思曲(상사곡) 778
相思別曲(상사별곡) 197, 218
尙書(상서) 88, 139, 656
相杵歌(상저가) 192, 196
上眞平王書(상진평왕서) 663
象村集(상촌집) 736
賞春曲(상춘곡) 198, 218
새벽이면 531
새살림 521
새타령 262, 325
生命(생명)의 봄 435
西京別曲(서경별곡) 188, 189, 192, 193, 725
西郊(서교) 690
西道雜歌(서도잡가) 256
薯童童謠(서동동요) 182
西廂記(서상기) 300
書筵講義(서연강의) 736
西往歌(서왕가) 198, 218
書雲嵓寺(서운암사) 695
西遊記(서유기) 300
書天壽僧院壁(서천수승원벽) 697
西河先生集(서하선생집) 698
鼠火(서화) 547, 548
釋迦譜(석가보) 213, 214
石工組合代表(석공조합대표) 521
石南思內道(석남사내도) 149
石潭九曲(석담구곡) 221, 242
石竹花(석죽화) 599
惜花吟(석화음) 711
仙樓別曲(선루별곡) 218

船上嘆(선상탄) 220
禪雲山(선운산) 125
旋風時代(선풍시대) 617
說文解字(설문해자) 653, 655
說部叢書(설부총서) 381
薛氏女(설씨녀) 152, 162
雪岳賦(설악부) 641
雪中梅(설중매) 380, 383
雪中梅花(설중매화) 379
城壁(성벽)길 643
星山別曲(성산별곡) 218, 219, 231
惺所覆瓿藁(성소부부고) 127, 133
聖樹賦(성수부) 545
惺叟詩話(성수시화) 795
成造歌(성조가) 297, 299
星座(성좌) 619, 621
城隍堂(성황당) 627, 628
世界一周歌(세계일주가) 372
世說新話(세설신화) 102
世宗實錄(세종실록) 190, 264, 685
世宗實錄地理志(세종실록지리지) 90, 92, 108, 264, 718
소금 620
소나기 607, 608, 629
少年行(소년행) 564, 596
小毒婦(소독부) 620
少妄(소망) 598
素服(소복) 629
小樂府(소악부) 722, 762, 780
昭陽亭(소양정) 381
燒酒徒(소주도) 785
韶濩堂集(소호당집) 774
小華詩評(소화시평) 264, 794
續美人曲(속미인곡) 219, 231
續博物志(속박물지) 86, 108
續禦眠楯(속어면순) 264, 335, 755
續藏經(속장경) 170
率居(솔거) 625
松江歌辭(송강가사) 232
松江集(송강집) 232
松京雜絶(송경잡절) 759
松溪謾錄(송계만록) 795
送權生尙遠序(송권생상원서) 735
松都甘露寺(송도감로사) 688
松都記異(송도기이) 225
送李元帥赴鎭(송이원수부진) 711
送人(송인) 689, 690
宋人詞(송인사) 730
送智勝(송지승) 712
曬書作(쇄서작) 769
水洞道中(수동도중) 760
受明命(수명명) 215, 216
修眉淸史(수미청사) 730
首插石枏(수삽석남) 673
隋書(수서) 86
守歲曲(수세곡) 770
首陽山歌(수양산가) 197
水村謾錄(수촌만록) 795
水滸傳(수호전) 234
淑英娘子傳(숙영낭자전) 289, 294
純粹論(순수론) 635, 637
純粹是非(순수시비) 636
純粹異議(순수이의) 635
殉愛譜(순애보) 618

旬五志(순오지) 220, 242, 794
純情海峽(순정해협) 618
述懷(술회) 769, 775
崧陽耆舊傳(숭양기구전) 774
崧陽別曲(숭양별곡) 218
숲 641
僧舞(승무) 642
詩講話(시강화) 437
詩建設(시건설) 643
詩壇展望(시단전망) 580
詩文學(시문학) 572, 636
時用鄕樂譜(시용향악보) 144, 192
詩苑(시원) 573
詩人部落(시인부락) 632
時調類聚(시조유취) 254, 334
示重三(시중삼) 774
詩魂(시혼) 468, 469
詩話叢林(시화총림) 793, 794
新家庭(신가정) 620
身空詞腦歌(신공사뇌가) 149, 183
蜃氣樓(신기루) 605
新羅古記(신라고기) 672
新羅古事(신라고사) 672, 674
新羅古傳(신라고전) 672
新羅殊異傳(신라수이전) 233, 672
神來路(신래로) 763
新飜俛仰亭長歌(신번면앙정장가) 223
新生活(신생활) 479
新世代論(신세대론) 593, 94, 624
新詩運動概觀(신시운동개관) 511
辛熱樂(신열악) 149
新作路(신작로) 637
新訂國文(신정국문) 355
新製農夫歌(신제농부가) 260
新製靑春歌(신제청춘가) 260
新撰古今雜歌(신찬고금잡가) 260, 335
新編普勸文(신편보권문) 198
實事求是(실사구시) 765
失樂園(실낙원) 637
失人記(실인기) 638
失職(실직)과 강아지 571
失眞(실진) 520
十洲佳處(십주가처) 757, 768
十抄詩(십초시) 662, 721, 722
拾七圓五拾錢(십칠원오십전) 467
雙溪方丈(쌍계방장) 771
雙明齋集(쌍명재집) 697
雙玉筋(쌍옥근) 767
雙花店(쌍화점) 192
日東壯遊歌(일동장유가) 220
日暮謠(일모요) 250
沈淸歌(심청가) 296, 297
沈淸傳(심청전) 247, 270, 283, 291, 294
薰菜崔山人寄書請賦(훈채최산인기서청부) 695

〈건명〉

詞(사) 118, 182, 188, 704, 725
四家詩(사가시) 758
四檢書(사검서) 759
詞曲(사곡) 780
詞曲體(사곡체) 789
四六體(사륙체) 672

士禍(사화) 206, 293, 729, 732
三國俗樂(삼국속악) 125, 131, 271
三唐詩人(삼당시인) 229, 752
三眞勺(삼진작) 129, 726
象形(상형) 654
書契(서결) 653
庶民小說(서민소설) 283
釋譜詳節(석보상절)의 關係(관계) 214
聖書飜譯委員會(성서번역위원회) 366
世紀末(세기말) 451, 456
世態小說(세태소설) 609, 612, 617
소설의 기원 232, 665
소설의 어원 269
小篆(소전) 655
松都三絶(송도삼절) 224
詩餘(시여) 704
時節歌(시절가) 254
시조에 관하여 528
시조와 시조에 표현된 조선사람 528
時體文(시체문) 405
新幹會(신간회) 554, 560
新羅十賢(신라십현) 141
신문가 372, 373
新小說(신소설) 365, 378
新體詩(신체시) 403
쓰러진 꽃줄기 439
씨 뿌리는 사람들 495
씨름 548

ㅇ部

〈인명〉

아랑 584
아리스토텔레스 80
亞扁薛羅(아편설라) 369
安國善(안국선) 379, 382
안나·카울리 365
안드레이·마루로오 585
安玟英(안민영) 201, 255, 335
安淳之(안순지) 719, 720
安止(안지) 212
安昌浩(안창호) 414
安含光(안함광) 598
安珦(안향) 685
梁慶遇(양경우) 795
梁應鼎(양응정) 732
梁柱東(양주동) 361, 374, 499, 525, 530, 536
梁柱三(양주삼) 368
楊雲閑(양운한) 563
어빙 552
魚叔權(어숙권) 795
麗水(여수) 479, 509
廉啓達(염계달) 294
廉想涉(염상섭) 441, 450, 475, 479, 481, 528
靈爽(영상) 179, 677
永昌大君(영창대군) 235, 276
永豊府院君(영풍부원군) 280
吳卿(오경) 720
吳慶錫(오경석) 657

吳麟(오린) 720
吳相淳(오상순) 450, 451, 455
吳世文(오세문) 716
吳世才(오세재) 696, 699
吳一島(오일도) 573
오자끼 고-요 366
올러스 헉스레 581
와일드 433, 434, 465
王居仁(왕거인) 676
王建(왕건) 136, 169
王邦衍(왕방연) 221
王性淳(왕성순) 737
王弇州(왕엄주, 世貞) 733, 757
寥一(요일) 710, 712
容齋(용재) 752
于仲文(우중문) 660
禹倬(우탁) 184, 186
圓鑑(원감) 710, 711, 713
元傑(원걸) 662
원두우 369
元天錫(원천석) 184
元昊(원호) 220
元曉(원효) 173, 179, 671, 677
月明師(월명사) 146, 182
月沙(월사) 734, 736, 753
月窓(월창) 710, 712
衛滿(위만) 74, 717
유고오 467
柳琴(유금) 758, 759
兪吉濬(유길준) 355
柳得恭(유득공) 740, 758, 759
柳夢寅(유몽인) 264, 795
柳方善(유방선) 241
柳崇祖(유숭조) 240
俞升旦(유승단) 720
柳衍(유연) 685
柳完熙(유완희) 523
柳雲卿(유운경) 638
柳允謙(유윤겸) 244
兪迪(유적) 685
劉廷芝(유정지) 301
柳宗元(유종원) 267, 737
兪鎭午(유진오) 545, 561, 593, 614
柳振漢(유진한) 790
柳致眞(유치진) 552
兪恒林(유항림) 583
柳瑩基(유형기) 356
六觀大師(육관대사) 283, 284
尹崑崗(윤곤강) 563, 592
尹光浩(윤광호) 411
尹根壽(윤근수) 795
尹達善(윤달선) 780
尹白南(윤백남) 549
尹善道(윤선도) 249
尹卓然(윤탁연) 732, 733
融天師(융천사) 140, 146, 183
殷成式(은성식) 159
乙支文德(을지문덕) 660
乙巴素(을파소) 184
挹翠軒(읍취헌) 752, 756
義湘(의상) 173
意幽堂(의유당) 266
義砧(의침) 241
李侃(이간) 251

李建昌(이건창) 770~774
李繼福(이계복) 181
李高城(이고성) 432
李公佐(이공좌) 155
李光來(이광래) 631
李光秀(이광수) 404, 412, 439, 450, 524, 549
李奎報(이규보) 108, 184, 186, 198, 201, 660, 691, 717, 718, 720, 795
李揆元(이규원) 581, 630
李陵(이능) 660
李能和(이능화) 790
李達(이달) 752
李湛之(이담지) 696
李德懋(이덕무) 740, 758, 759, 795
李德泂(이덕형) 225
李東碩(이동석) 551
李東漢(이동한) 790
李晩用(이만용) 769
李晩雨(이만우) 761
李牧隱(이목은) 703, 705
李無影(이무영) 552, 571, 601
李敏求(이민구) 754
李秉岐(이병기, 가람) 23, 25, 28, 479, 528, 530
李白(이백) 104, 226, 303, 680
李伯常(이백상) 722
李丙燾(이병도) 26
李秉斗(이병두) 423
李炳虎(이병호) 551
李福休(이복휴) 780, 782
李鳳運(이봉운) 355
李鳳漢(이봉한) 268
李斯(이사) 655
李山重(이산중) 268
李山海(이산해) 732, 733
李三秀(이삼수) 222
李箱(이상) 492, 572, 582, 583, 598, 610
李相協(이상협) 379, 391
李相和(이상화) 457, 463, 507
李穡(이색) 184, 187, 705, 706, 713
李書九(이서구) 758, 760
李石薰(이석훈) 571
李瑄根(이선근) 551
李善宥(이선유) 292, 336
李世春(이세춘) 254, 784
李純仁(이순인) 732, 733
李崇仁(이숭인) 705, 706, 708
李承休(이승휴) 108, 198, 716, 721
李植(이식) 243, 755
李寧齋(이영재) 737
李五峯(이오봉) 754
이용우 369
李容儀(이용의) 97
李雲谷(이운곡) 631
李月沙(이월사, 廷龜) 734, 736
李裕元(이유원) 268, 780, 783
理猶軒(이유헌) 200
李殷相(이은상, 鷺山) 479, 493, 531
李珥(이이, 栗谷) 221, 732
李益相(이익상) 504
李仁老(이인로) 696, 697, 698, 699, 706, 718, 720, 721

李仁榮(이인영) 182
李人稙(이인직) 378, 394, 399
李一(이일, 東國) 423, 479
李資謙(이자겸) 169
李藏用(이장용) 721
李瑱(이진) 685
李廷龜(이정구) 753
李庭綽(이정작) 286
李濟臣(이제신) 234, 795
李齊賢(이제현) 201, 700, 706, 795
李兆年(이조년) 184, 187
李存吾(이존오) 184, 187
李鍾泰(이종태) 300
李重元(이중원) 369
李之氐(이지저) 720
李瑱(이진) 685
異次頓(이차돈) 138
李太宗(이태종) 184
李澤堂(이택당, 植) 734, 735
異河潤(이하윤) 551, 573, 592
李學逵(이학규) 780, 785
李漢稷(이한직) 639
李恒福(이항복) 736
李海朝(이해조) 365, 379
李荇(이행) 729, 730, 752
李軒求(이헌구) 551, 585, 586
李賢輔(이현보, 聾巖) 221
李混(이혼) 721
李洪鍾(이홍종) 551
李滉(이황) 221
李孝石(이효석) 545, 572
李羲贊(이희찬) 266
益莊(익장) 710
翼宗(익종) 255, 267
仁敬王后(인경왕후) 278
仁穆大妃(인목대비) 245, 276
印毅(인의) 720
仁顯王后(인현왕후) 276, 287
一然(일연) 171, 180, 715
任璟(임경) 795
任奎(임규) 720
任堕(임방) 795
容齋(용재) 263, 752
林白湖(임백호) 223
林玉仁(임옥인) 638
林悌(임제) 270
林宗庇(임종비) 719, 720
林椿(임춘) 696, 698, 720, 721
입센 552

〈작품·서명〉

아내 604, 621
峨嵋山(아미산)의 傳說(전설) 98
아버지의 꿈 603
아이스크림 521
아! 지금은 새벽 네 시 513
아침 窓(창) 580
惡(악)의 꽃 452
樂章歌詞(악장가사) 143, 145, 188, 190, 192, 217, 725
樂學軌範(악학궤범) 126, 129, 132, 133, 143, 192, 726, 751
安瑺琴譜(안상금보) 144
雁(안)의 聲(성) 382

闇夜(암야) 453
暗黑時代(암흑시대) 563
盎葉記(앙엽기) 759
애국독립가 370, 371
鸚鵡歌(앵무가) 183
앵무새 592, 633
野步(야보) 695
冶父頌(야부송) 240, 243
夜小路(야소로) 643
夜深謠(야심요) 250
夜櫻(야앵) 608
夜坐(야좌) 774
夜之半(야지반) 768
冶春(야춘) 766
藥泉集(약천집) 778
約翰傳(약한전) 355
約婚(약혼) 163, 621
弱(약)한 者(자)의 슬픔 428, 441
約婚(약혼) 621
羊(양) 592
양돼지 603, 604
兩班傳(양반전) 742
陽山歌(양산가) 781
梁書(양서) 86
襄陽歌(양양가) 197
楊花(양화) 703
楊花江(양화강) 773
漁磯曉釣(어기효조) 703
어둠 620
어떤 여자 이야기 621
어머니 603, 620
어머니와 딸 619, 621
禦眠楯(어면순) 264, 335
漁父詞(어부사) 172, 197, 221, 256, 297, 301
魚山琴(어산금) 638
어서 너는 오너라 641
禦睡錄(어수록) 264, 335
漁樂(어악) 765
於于野談(어우야담) 29, 264, 778
어져 내일 226
憶先兄(억선형) 745, 747
女流詩壇(여류시단) 總評(총평) 623
黎明(여명) 467, 509
與民樂(여민락) 212
女性(여성) 521
與蘇陽谷(여소양곡) 226
旅愁(여수) 643
旅寓(여우) 708
女理髮師(여이발사) 467
女人(여인) 432
女子(여자)의 마음 621
女子之界(여자지계) 423
旅程(여정) 609
驪州神勒寺詩(여주신륵사시) 751
女職工(여직공) 510, 545, 614
女唱類聚(여창유취) 255, 334
女唱春香歌(여창춘향가) 296
麗韓九家(여한구가) 737
麗韓十家文鈔(여한십가문초) 737, 774
譯歌現德分(역가현덕분) 173, 677
歷代歌(역대가) 198, 716
歷代轉理歌(역대전리가) 200
歷代總目(역대총목) 794

櫟翁稗說(역옹패설) 183, 201, 702, 710, 727, 794, 795
力(역)의 藝術(예술) 496
易學大盜傳(역학대도전) 742
研經齋全集(연경재전집) 779
年輪(연륜) 640, 641
燕谷寺(연곡사) 773
連權女(연권녀) 152, 156, 270, 273
宴金使(연금사) 697
年輪(연륜) 640
連峰霽雪(연봉제설) 639
演說方法(연설방법) 382
燕岩集(연암집) 740, 741
延陽歌(연양가) 118
延烏郎(연오랑) 細烏女(세오녀) 152, 161
聯珠詩格(연주시격) 241, 244
燕行歌(연행가) 220
烈女春香守節歌(열녀춘향수절가) 29
烈女咸陽朴氏傳(열녀함양박씨전) 742
閱樂詩(열악시) 127
熱河日記(열하일기) 55, 270, 739, 740, 742
念佛普勸文(염불보권문) 198, 200
永嘉集(영가집) 238, 239
嶺南歌(영남가) 220
嶺南樂府(영남악부) 780, 785
映帶亭雜詠(영대정잡영) 742
永郎詩集(영랑시집) 592
迎神歌(영신가) 103, 106, 107, 326
永遠(영원)의 僧房夢(승방몽) 464
寧越令監(영월영감) 572
靈通寺西樓次古人韻(영통사서누차고인운) 712
影波(영파) 764
隸(예) 655
穢德先生傳(예덕선생전) 742
禮成江曲(예성강곡) 192
예수나 믿었더면 597
藝術運動(예술운동) 517, 541, 542
藝術運動(예술운동) 昨今(작금) 554, 555
藝術通論(예술통론) 76
옛날의 꿈은 蒼白(창백)하더이다 462
五歌全集(오가전집) 292, 336
五更(오경) 695
五冠山(오관산) 724
懊惱(오뇌)의 舞蹈(무도) 452
吳道令(오도령) 602
五倫歌(오륜가) 224
五山說林(오산설림) 795
五山說林草藁(오산설림초고) 228, 242
五山通信(오산통신) 444
烏蟾歌(오섬가) 297, 300
五友歌(오우가) 250
五洲衍文(오주연문) 286, 336
嗚呼島(오호도) 709
玉樓夢(옥루몽) 276, 286
玉樓宴歌(옥루연가) 197, 201
玉漏遲蜀中中秋値雨(옥루지촉중중추치우) 703
玉麟夢(옥린몽) 286
溫達(온달) 說話(설화) 119

溫室(온실) 639, 640
壅固執(옹고집)타령 294
瓦斯燈(와사등) 592
王道(왕도) 585
往五天竺國傳(왕오천축국전) 668, 670
外人村(외인촌) 578
要路院夜話記(요로원야화기) 283, 290
饒舌錄(요설록) 637
聊城驛壁上韻(요성역벽상운) 693
遼野曉行(요야효행) 744, 747
瑤池鏡(요지경) 564
龍宮赴宴錄(용궁부연록) 269
用南人(용남인) 781
龍飛御天歌(용비어천가) 207, 210, 211, 256
慵齋叢話(용재총화) 243, 751, 795
龍猿說話(용원설화) 158
龍泉談寂記(용천담적기) 795
雨念齋手書(우념재수서) 335
虞裳傳(우상전) 742
憂息曲(우식곡) 149, 781
雨中行人(우중행인) 381
耘歌(운가) 248
運命(운명) 434, 435
운수 좋은 날 482
雲峴宮(운현궁)의 봄 434, 549, 615
圓覺經(원각경) 238, 239
圓覺社(원각사) 380
月光(월광)으로 짠 病室(병실) 465
月給(월급)날 571
月夜(월야) 772
月印釋譜(월인석보) 210, 211, 213
月印千江之曲(월인천강지곡) 130, 208, 213
月汀謾錄(월정만록) 795
月下佳人(월하가인) 381
月下吹笛圖(월하취적도) 631
有感(유감) 707, 759
柳寬順傳(유관순전) 437
維鳩曲(유구곡) 192, 196
幽靈(유령) 535
琉璃太子(유리태자) 說話(설화) 125
儒林歌(유림가) 190
謏聞瑣錄(유문쇄록) 795
遺書(유서) 432
酉陽雜俎(유양잡조) 158, 159
流鶯記(유앵기) 606
유취요람 301
輪轉機(윤전기) 480
으스름 달밤 530
銀臺集(은대집) 697
銀世界(은세계) 380, 394
隱花植物誌(은화식물지) 633
乙亥名詩選集(을해명시선집) 592
應擧文(응거문) 679
擬唐堯羣臣賀老人擊壤而歌曰帝力何有於我哉(의당요군신하노인격양이가왈제력하유어아재) 681
疑問(의문)의 少女(소녀) 423
義烈女傳(의열녀전) 786
意幽堂關北遊覽日記(의유당관북유람일기) 266
意幽堂日記(의유당일기) 266
利見臺歌(이견대가) 149

耳溪集(이계집) 776
二倫行實(이륜행실) 244
李邦翼(이방익) 漂流記(표류기) 740
이 雰圍氣(분위기) 628
李鼈(이별) 六歌(육가) 221, 242
履霜曲(이상곡) 192
李相國集(이상국집) 108, 718
李生窺墻傳(이생규장전) 269
李舜臣(이순신) 549, 550
二心(이심) 481
爾我歌(이아가) 778
益齋亂藁(익재난고) 703, 722
益齋集(익재집) 704, 722
人間問題(인간문제) 620
人間頌歌(인간송가) 539
人力車(인력거)군 504, 505, 506
人文評論(인문평론) 628, 635, 637, 645
人生(인생)의 悲哀(비애) 462
人生行樂耳(인생행락이) 767
人月圖(인월도) 762
인테리와 빈대떡 570, 597
인테리의 悲哀(비애) 567
仁顯王后傳(인현왕후전) 276
一年(일년) 603
日東壯遊歌(일동장유가) 220
日暮謠(일모요) 250
日本文學(일본문학)과 行動主義(행동주의) 586
一善邑誌(일선읍지) 786
一善義烈圖(일선의열도) 786
一切面會謝絶(일절면회사절) 596
臨高臺(임고대) 301
林檎(임금) 546, 564
林下筆記(임하필기) 268
立義定宗分(입의정종분) 173

〈건명〉

아나키즘 491, 513, 516, 532, 533
樂府(악부)의 語源(어원) 780
樂章文學(악장문학)의 特性(특성) 217
안이리 84, 292
女兩班小說(양반소설) 283
言文一致(언문일치)의 運動(운동) 405
女流文學(여류문학) 618
閭巷小說(여항소설) 287
演劇新小說(연극신소설) 380
燕巖(연암)의 약력 738
燕巖(연암)의 사상과 영향 742
燕巖(연암)의 저작 742
燕巖(연암)의 筆禍(필화) 739
열두마당 판소리 277
藝術(예술)의 起源(기원) 73
藝術(예술)의 分化(분화) 76
藝術派(예술파) 559, 571, 606
五言(오언) 659, 660, 668, 717, 718
完山板(완산판) 285
龍飛御天歌(용비어천가)의 내용 212
龍飛御天歌(용비어천가)의 제작과정 212
圓光法師(원광법사)의 五戒(오계) 683
原始文學(원시문학)의 사상적 배경 326
原始藝術(원시예술)의 기능 83

原始藝術(원시예술)의 연구에 관한 저서 108
元始綜合藝術(원시종합예술) 76
月印(월인), 釋迦譜(석가보), 月印釋譜(월인석보)의 制作過程(제작과정) 213
衛滿朝鮮(위만조선) 656
儒經(유경)의 飜譯(번역) 240
維鳩曲(유구곡)의 內容(내용) 192
流動文學(유동문학) 77
遊戱本能說(유희본능설) 80
六義(육의) 654
尹孤山(윤고산)의 문학사적 의의 251
尹孤山(윤고산)의 작품 250
尹孤山(윤고산)의 전기 249
乙巳士禍(을사사화) 729
吏讀文(이두문)의 元始形(원시형) 139
吏讀(이두)와 薛聰(설총) 138
吏讀(이두)의 사용 138
吏讀(이두)의 사용례 140
二十代(이십대) 文學(문학) 624
一然(일연)의 碑文(비문) 181
一然(일연)의 傳記(전기) 180
林巨正(임꺽정) 故事(고사) 236

ㅈ部

〈인명〉

紫霞(자하) 690, 750, 761, 780, 789
張谿谷(장계곡) 734, 737
張起悌(장기제) 551, 552
張德祚(장덕조) 619, 621
張萬榮(장만영) 580, 592
張福紹(장복소) 252
張瑞彦(장서언) 580
張說(장설) 301
張鎰(장일) 721
張希載(장희재) 278
田榮澤(전영택) 425, 434
佔畢齋(점필재) 751, 780
鄭建朝(정건조) 771
鄭瓜亭(정과정) 725
鄭君平(정군평) 793
丁奎昶(정규창) 551
丁克仁(정극인) 198, 218
鄭蘆風(정노풍) 534
鄭道傳(정도전) 184, 216
鄭斗卿(정두경) 756
丁來東(정래동) 632
程邈(정막) 655
鄭夢周(정몽주, 圃隱) 705, 706, 708
定法師(정법사) 660, 661
鄭飛石(정비석) 593, 594, 627
鄭士龍(정사룡) 753
鄭敍(정서) 192
鄭襲明(정습명) 720
定猷(정유) 179
鄭麟趾(정인지) 141, 210, 212
鄭知常(정지상) 688, 706, 720
鄭澈(정철) 218, 219, 732, 753
鄭湖陰(정호음) 757
趙光祖(조광조) 240
趙龜祥(조구상) 786
趙東潤(조동윤) 264

趙靈出(조영출) 581
調信(조신) 155, 183, 285
曺伸(조신) 244, 795
祖英(조영) 710
趙容萬(조용만) 572, 608
趙云仡(조운흘) 687, 706
祖異(조리) 710
趙一齋(조일재) 366
趙靜菴(조정암) 222
趙浚(조준) 184
趙準(조준) 720
趙重滾(조중곤) 523, 532
趙重應(조중응) 380
趙重桓(조중환) 379, 382
趙芝薰(조지훈) 639, 642
趙通(조통) 696, 700
趙榥(조황) 255
曺喜淳(조희순) 552
죠이스 609
朱權(주권) 88, 656
朱尙衷(주상충) 705
周世鵬(주세붕) 331
周時經(주시경) 355
朱耀燮(주요섭) 484, 504, 506
朱耀翰(주요한) 499
朱子(주자) 222
池錫永(지석영) 355
지이드 584, 623, 638
智異山女(지리산녀) 156, 271
池亭根(지정근) 467
芝川(지천) 752
眞聖女王(진성여왕) 661, 676
秦始皇(진시황) 655
津田剛(진전강) 644
眞靜(진정) 710, 713
陳澕(진화) 720, 721

〈작품·서명〉

子規啼前腔(자규제전강) 763
子規啼後腔(자규제후강) 764
刺戟(자극)의 顚末(전말) 583
姉妹(자매)齊賢分(제현분) 173
自白雲溪(자백운계) 復至西岡口(복지서강구) 760
自上特賜黃菊玉堂歌(자상특사황국옥당가) 223, 224
自然學園(자연학원) 446
子猷訪載達(자유방재달) 692
자장가 621, 622
自由種(자유종) 381, 383, 386
紫霞詩集(자하시집) 750, 774
自畵像(자화상) 632
作家와 모랄의 問題(문제) 581
芍藥(작약) 700
雜魚(잡어) 628, 629
雜草(잡초) 432
장끼타령 294
薔微(장미) 병들다 565
薔薇村(장미촌) 449
將別里(장별리) 471
長安春日有感(장안춘일유감) 663
長源亭(장원정) 690
張人傑傳(장인걸전) 283, 287
掌中盃(장중배) 764

長恨歌(장한가) 301
長恨夢(장한몽) 367
薔花紅蓮傳(장화홍련전) 397
再逢春(재봉춘) 391
低氣壓(저기압) 520, 628
저녁놀빛 472
赤壁歌(적벽가) 294, 296, 297
赤貧(적빈) 620
翟成義傳(적성의전) 276
適意(적의) 693
寂庭(적정) 621
田家(전가) 744, 747
展開(전개) 523
剪燈新話(전등신화) 270
傳習錄(전습록) 178
餞迓辭(전아사) 520
前夜(전야) 616
電車掌(전차장)의 日記(일기) 467
前妻記(전처기) 638
電話(전화) 480
絶命詩(절명시) 773
젊은 그들 432, 615
젊은 꿈 404, 409
鄭瓜亭曲(정과정곡) 192
貞觀吟(정관음) 707
正當(정당)한 스파이 619, 621
正德本(정덕본) 181
征服(정복) 89, 537, 585
鄭石歌(정석가) 192
貞順(정순) 423
貞蕤稿(정유고) 760
井邑詞(정읍사) 129
井邑(정읍) 智異山(지리산) 125
靜寂記(정적기) 621
貞操(정조) 608, 620
貞操怨(정조원) 620

〈건명〉

J醫師(의사)의 告白(고백) 467
自然模倣說(자연모방설) 80
自然主義(자연주의) 446, 450, 475, 477
自由戀愛論長(자유연애론) 409
雜歌(잡가)의 문학사적 의의 263
雜歌(잡가)의 의의 258
長短句(장단구) 704
篆(전) 655, 657
前四家(전사가) 758, 761
전설과 설화의 발전 99
轉注(전주) 654, 655
絶句(절구) 720
折衷派(절충파) 515, 534
井邑詞(정읍사)의 意譯(의역) 131
井邑詞(정읍사)의 作曲(작곡) 年代(연대) 127
鼎足山城修築記(정족산성수축기) 97
程朱學(정주학) 701
鄭仲夫亂(정중부난) 697, 698
定着文學(정착문학) 77
丁香傳(정향전) 234
정희 432
帝高陽之苗裔兮(제고양지묘예혜) 604
祭金而好文(제금이호문) 734

帝星坮(제성대) 615
諸神祭(제신제) 628
除夜(제야) 451, 453, 480
帝王韻記(제왕운기) 91, 108, 140, 188, 198, 716
濟危寶(제위보) 723
第二期(제2기)의 文學(문학) 424
第一線(제일선) 620
第一章(제일장) 第一課(제일과) 601
諸子百家書(제자백가서) 678
濟州風土記(제주풍토기) 233
祭致饌(제치찬) 564
霽湖詩話(제호시화) 795
조갯살 638
朝光(조광) 478, 634
조그만 일 480
朝渡臨津(조도임진) 775
朝霧謠(조무요) 250
朝鮮(조선) 國民文學(국민문학)으로서의 時調(시조) 528
朝鮮(조선)의 脈搏(맥박) 538
朝鮮(조선)의 文壇(문단) 464
朝鮮監理敎會五十年史(조선감리교회오십년사) 368
朝鮮圖書解題(조선도서해제) 285
朝鮮文壇(조선문단) 477, 478, 479, 502, 526, 529, 568
조선의 시인아 539
朝鮮日報(조선일보) 502, 529, 535, 537, 581, 582, 585, 613
朝鮮主義(조선주의) 530
朝鮮之光(조선지광) 513, 530, 577
朝鮮唱劇史(조선창극사) 270, 336
調信說話(조신설화) 152
朝野輯要(조야집요) 243
趙雄戰(조웅전) 234
朝入彩霞洞(조입채하동) 775
趙天錫(조천석) 傳說(전설) 96
拙藁千百(졸고천백) 720
卒哭祭(졸곡제) 627
좁은 門(문) 623
終南叢志(종남총지) 795
終生記(종생기) 611
主(주)의 勝利(승리) 622
酒幕(주막) 643
酒朋(주붕) 614
朱性理之學(주성이지학) 706
周易(주역) 142, 240, 653, 699
周翁漫錄(주옹만록) 255
朱子學(주자학)의 輸入(수입) 170
主知派(주지파) 492, 559, 575, 581
竹溪別曲(죽계별곡) 218
竹林七賢(죽림칠현) 235, 696
竹謎(죽미) 763
죽엄과 그림자 480
죽음의 나라 460, 464
竹醉日移竹(죽취일이죽) 698
竹筒美女(죽통미녀) 673
中國文章(중국문장)의 名著購入(명저구입) 731
贈酒友李湛之(증이담지) 698
贈伴琴(증반금) 250
曾王考伏岩(증왕고복암) 話東記(화동기) 200

贈左蘇山人(증좌소산인) 744, 747
贈酒友李湛之(증주우리담지) 698
贈湖寺僧詩(증호사승시) 753
地脈(지맥) 619, 621
芝峯類說(지봉유설) 713, 795
指事(지사) 654
지새는 안개 482, 483
枝兒樂(지아악) 149
地獄巡禮(지옥순례) 520
智異山曲(지리산곡) 272
智異山女(지리산녀) 156, 271
池亭(지정) 467, 760
地下村(지하촌) 620
진달래꽃 670
進士(진사) 678
眞聖女大王(진성여대왕) 675
眞實(진실)의 探究(탐구)와 詩集(시집)의 境地(경지) 545
晉陽別曲(진양별곡) 218
眞勺(진작) 783
秦篆(진전) 655
集韻(집운) 655
集賢殿(집현전) 廢止(폐지) 729
集賢殿(집현전) 206, 691, 729
찔레꽃 617

ㅊ部

〈인명〉

車雲輅(차운로) 754
車天輅(차천로) 242, 795
滄江(창강) 737, 757, 761, 774
滄洲(창주) 754
蒼頡(창힐) 87, 654
蔡萬植(채만식) 478, 547, 567, 570, 590, 594, 598
蔡樊岩(채번암) 784
處容(처용) 724
處容郞(처용랑) 143, 147, 183, 674
千錦(천금) 228
天因(천인) 710, 713
體元(체원) 175, 176, 179, 677
체홉 453, 552
崔簡易(최간이) 757
崔孤竹(최고죽) 229
崔光玉(최광옥) 355
崔匡裕(최광유) 662, 663, 720, 722
崔光裕(최광유) 720
崔南善(최남선) 254, 370, 401, 407
崔讜(최당) 720
崔岦(최립) 221, 732, 733, 752, 756
崔明翊(최명익) 594
崔承老(최승로) 720
崔承萬(최승만) 441
崔承祐(최승우) 662, 663, 722
崔彦撝(최언휘) 662
최영구 370
崔永濡(최영유) 720
崔永鐸(최영택) 423
崔惟淸(최유청) 720
崔仁旭(최인욱) 593, 631
崔仁俊(최인준) 593, 603
崔滋(최자) 133, 719, 721
崔載瑞(최재서) 492, 575, 581, 612

崔挺宇(최정우) 552
崔貞熙(최정희) 619, 621
崔瓚植(최찬식) 379, 381
崔冲(최충) 186, 684
崔忠獻(최충헌) 691
崔致遠(최치원) 114, 115, 164, 167, 660, 670, 673, 683 720, 722, 772
崔泰應(최태응) 637
崔豹(최표) 103, 109
崔鶴松(최학송, 曙海) 500
崔恒(최항) 212
崔瀣(최해) 720
崔鴻賓(최홍빈) 720
秋琴子(추금자) 770
忠談師(충담사) 146
忠穆王(충목왕) 702
忠宣王(충선왕) 701

〈작품·서명〉

鵄述嶺曲(치술령곡) 149
次韻金無迹贈(차운금무적증) 700
次韻晥上人山中作(차운환상인산중작) 710
讚佛十一歌(찬불십일가) 715
찬송가 365, 368, 369, 374
蒼空(창공) 546
蒼穹(창궁) 474
昌寧碑(창녕비) 667
滄浪亭記(창랑정기) 546
蒼白(창백)한 안개 621
蒼白(창백)한 얼굴 571
創作詩評(창작시평) 562
創造(창조) 423, 427, 433
採覆盆子(채복분자) 774
菜田(채전) 620
處士歌(처사가) 197
處容歌(처용가) 182, 192, 328
處容慢機(처용만기) 129
處容舞(처용무) 132
擲柶(척사) 770
躑躅花應教(척촉화응교) 712
天路遍歷(천로편력) 366
川邊風景(천변풍경) 572, 612
天下太平春(천하태평춘) 598
鐵道交叉點(철도교차점) 564
鐵嶺雲歌(철령운가) 779
鐵文魚(철문어) 785
鐵世界(철세계) 365, 380
清江詩話(청강시화) 795
青丘短曲(청구단곡) 776
青丘永言(청구영언) 184, 251, 254, 713
青丘風雅(청구풍아) 107, 109
青鹿集(청록집) 640, 641
清脾錄(청비록) 759, 795
青山裏(청산리) 226
青山別曲(청산별곡) 191, 218
青色馬(청색마) 592
青柿(청시) 592
青蒻笠(청약립) 776
青莊館叢書(청장관총서) 759
晴窓軟談(청창연담) 795
青春(청춘) 408
青春圖(청춘도) 605, 607

青春(청춘)의 倫理(윤리) 629
青春誌(청춘지) 372, 398, 422, 407
青鶴集(청학집) 96
清壺淵(청호연) 769
초롱불 643
草書體(초서체) 655
初筵曲(초연곡) 250
楚亭集序(초정집서) 743, 747
初終期(초종기) 608
矗石樓(촉석루) 775
村談解頤(촌담해이) 263, 335
촛불 592
최근의 문예이론의 新展開(신전개)와 그 경향 555
최근의 文藝時感(문예시감) 541
최근의 작품경향 589
崔孤雲傳(최고운전) 233
崔致遠傳(최치원전) 164, 289
秋江冷話(추강냉화) 243, 795
追悼文(추도문, 崔曙海) 502
追悼鄭學士叙(추도정학사서) 699
醜物(추물) 506
秋山堂(추산당)과 곁사람들 596
秋山清曉(추산청효) 764
秋聲賦(추성부) 301
秋夜長(추야장) 301
秋夜操(추야조) 250
추운 밤 484
秋月色(추월색) 382
秋風感別曲(추풍감별곡) 297
築城別曲(축성별곡) 218
祝聖壽(축성수) 766
祝祭(축제) 592
春晩(춘만) 695
春眠曲(춘면곡) 197, 201, 256
春夢緣(춘몽연) 790
春外春(춘외춘) 381
春日(춘일) 662, 663, 690, 695
春日和金秀才(춘일화금수재) 695
春秋(춘추) 631
春香歌(춘향가) 294, 296
春香傳(춘향전) 270, 283, 291, 393
春曉吟(춘효음) 250
春曉醉眠尹學錄韻(춘효취면윤학녹운) 692
出家清益分(출가청익분) 173
趣味論(취미론) 581
醉翁亭記(취옹정기) 301
驟雨(취우) 481
醉遊浮碧亭記(취유부벽정기) 269
醉吟(취음) 692
醉豊享(취풍향) 212
醉後(취후) 690
致仕歌(치사가) 224
治産歌(치산가) 297
治水碑(치수비) 657
痴叔(치숙) 597
鵄述嶺(치술령) 781
鵄述嶺曲(치술령곡) 149
雉岳山(치악산) 380, 385
致和平(치화평) 212
七面鳥(칠면조) 484
七夕(칠석) 769
七賢(칠현) 235, 696, 697

〈건명〉
唱歌(창가)와 新詩(신시) 352
處容舞(처용무) 116
草書體(초서체) 637
出身(출신) 661
七賢(칠현) 678

ㅋ·ㅌ·ㅍ部

〈인명〉
카이자 552
칸트 80
타고르 446
坦然(탄연) 710
泰遠(태원) 572
澤堂(택당) 234, 731, 734, 735, 737, 755
테느 536
톨스토이 414, 416, 453
투르게네프 419, 453
T·S·엘리옫 581
T·F·흄 579, 581
페르낭데스 584
펠리오 669
片石村(편석촌) 492, 575
平岡公主(평강공주) 233
平波生(평파생) 398
포우프 64
푸르스트 609

〈작품·서명〉
큰물 진 뒤 502, 503
墮落者(타락자) 482
濁流(탁류) 612
彈琴臺(탄금대) 381
脫出記(탈출기) 497, 502
湯餠(탕병) 770
泰西文藝新報(태서문예신보) 418, 550
太陽(태양)의 沈沒(침몰) 456
太平歌(태평가) 149, 183
太平詞(태평사) 220
太平簫(태평소) 783
太平頌(태평송) 661
太平閑話(태평한화) 242, 263
澤堂先生別集(택당선생별집) 234
토끼전 137
토끼타령 158, 296
兎鱉歌(토별가) 294, 297
痛哭(통곡)하는 大地(대지) 604
罷睡錄(파수록) 264, 335
罷宴曲(파연곡) 250
芭蕉(파초) 592, 599, 643
破閑錄(파한록) 116
破閑集(파한집) 133, 183, 697
八文章(팔문장) 732
八法界品抄記(팔법계품초기) 173
八仙女(팔선녀) 284
稗官雜記(패관잡기) 285, 795
廢墟(폐허) 442, 451, 462, 509
鋪道(포도)의 憂鬱(우울) 571
抱朴子(포박자) 87, 653
暴風前夜(폭풍전야) 630
標本室(표본실)의 靑(청)개고리 453, 475, 479

漂母歌(표모가) 373
푸른 숲에서 641
푸른 地平線(지평선)의 雙曲線(쌍곡선) 621
諷王書(풍왕서) 664
諷刺文學論(풍자문학론) 582
風車(풍차) 571

〈건명〉

캐지랑칭칭나아네 100, 101
陀羅尼隱語(다라니은어) 677
吐釋(토석) 240
판소리 文學(문학) 294
판소리와 原始藝術(원시예술) 84
八文章(팔문장) 732
八仙女(팔선녀) 283
頹廢主義(퇴폐주의) 454
表(표) 681
諷刺文學(풍자문학) 582, 595
프로 文學(문학) 515
筆巖書院(필암서원) 241

ㅎ部

〈인명〉

하드슨 80, 84
河殷潭(하은담) 294
河應臨(하응림) 732, 733
學祖(학조) 238, 239
鶴泉(학천) 755
韓史綮(한사계) 774
漢山居士(한산거사) 220, 255
韓植(한식) 596
韓龍雲(한용운) 493
寒雨(한우) 228
韓仁澤(한인택) 571, 617
咸大勳(함대훈) 551, 585, 618
咸淳(함순) 696
咸逸敦(함일돈) 551
咸允洙(함윤수) 592, 633
涵虛子(함허자) 88, 656
許筠(허균) 133, 234, 294, 795
許蘭雪軒(허난설헌) 754
虛白堂(허백당) 751
허버드 리드 581
許保(허보) 573
許山如(허산여) 741, 742, 743
許小痴(허소치) 659
許愼(허신) 653, 655
許氏(허씨) 638
許允碩(허윤석) 630
許俊(허준) 594
許洪材(허홍재) 720
憲康王(헌강왕) 676, 724
赫連挺(혁련정) 173
玄卿駿(현경준) 596
玄東炎(현동염) 567, 596
玄默子(현묵자) 242
玄鎭健(현진건) 441, 457, 482, 616
惠慶宮洪氏(혜경궁홍씨) 279
惠文(혜문) 710, 712
慧超(혜초) 668, 669
湖陰(호음) 753, 756, 757
洪侃(홍간) 706, 721

〈작품·서명〉

解雇(해고) 620
海東歌謠(해동가요) 184, 255, 334
海東古記(해동고기) 672
海東高僧傳(해동고승전) 114, 133
海東俚謠(해동이요) 258, 776, 777
海東樂府(해동악부) 780, 781, 782, 783
海東異蹟(해동이적) 794
海面(해면) 630, 664
海霧(해무) 633
해바라기 619, 621, 622
海西奇聞(해서기문) 283, 292, 336
解釋諸章分(해석제장분) 173
海王星(해왕성) 367
海外文學(해외문학) 551
海印寺贈鏡潭和尙(해인사증경담화상) 773
해지는 地平線(지평선) 549
海津頌歌(해진송가) 599
行動主義文學(행동주의문학)의 檢討(검토) 586
杏花鸛鴿圖(행화구욕도) 698
鄕歌(향가) 143, 150, 343, 374, 683, 714, 715
鄕歌集(향가집) 147
香娘(향랑) 786, 790
響屧疑(향섭의) 767
饗宴(향연) 592, 634
虛頭歌(허두가) 297
虛無魂(허무혼)의 宣言(선언) 455
許生(허생) 270, 742
許生傳(허생전) 742
玄琴抱曲(현금포곡) 149, 183
現代抒情詩選(현대서정시선) 592
現代評論(현대평론) 530
현대적 단편소설의 相貌(상모) 545
현대적 지성에 관하여 581
玄湖瑣談(현호쇄담) 795
血書(혈서) 407
兄弟(형제) 621
彗星歌(혜성가) 183
壺谷謾筆(호곡만필) 795
壺谷詩話(호곡시화) 757, 794
湖南歌(호남가) 297
湖南樂府(호남악부) 780
好童(호동) 說話(설화) 125
호롱불 592
湖畔(호반) 618
湖陰後臺夜坐詩(호음후대야좌시) 753
蝴蝶靑山去(호접청산거) 765
虎叱文(호질문) 742
洪吉童傳(홍길동전) 234, 247, 291, 294
紅焰(홍염) 520
紅流洞戱題(홍류동희제) 772
弘齋全書(홍재전서) 743
紅燭淚(홍촉루) 763
話東記(화동기) 200
花郞(화랑)의 後裔(후예) 625
花粉(화분) 546
花史(화사) 270, 665
花蛇集(화사집) 592
華山別曲(화산별곡) 218
華想譜(화상보) 546

花石亭述懷因贈亭主李景會兄弟(화석정술회인증정주리경회형제) 775
花世界(화세계) 381
화수분 435
華陽別曲(화양별곡) 218
花王戒(화왕계) 152
和友人春日遊野亭(화우인춘일유야정) 662
花(화)의 血(혈) 381
花田別曲(화전별곡) 218
還山別曲(환산별곡) 218
幻影(환영)의 黃金塔(황금탑) 464
黃鷄歌(황계가) 197
皇城新聞(황성신문) 353, 357, 381
황소 604
黃順元短篇集(황순원단편집) 631
黃鳥歌(황조가) 103, 105, 118
黃昌郞(황창랑) 781
黃草碑(황초비) 667
黃土記(황토기) 625
黃昏(황혼) 599
黃昏(황혼)의 노래 571
許山如墓地(허산여묘지) 741
懷金海舊遊(회금해구유) 709
懷月詩抄(회월시초) 592
回想記(회상기) 457
會蘇歌(회소가, 曲) 781
橫負歌(횡부가) 297, 298
孝不孝(효불효) 785
曉行(효행) 744, 747
孝行錄(효행록) 702
後妻記(후처기) 638
後漢書(후한서) 100, 109
후회 423
訓蒙字會(훈몽자회) 128
訓民正音(훈민정음) 205, 209
凶家(흉가) 621
黑頭巾(흑두건) 549
黑房(흑방) 464, 465
黑房秘曲(흑방비곡) 464
흙 414, 600
흙을 그리는 마음 602
興甫傳(흥보전) 137, 159, 247, 270, 283, 291, 294
犧牲花(희생화) 482
戱贈密州(희증밀주) 699

〈건명〉

한국 근대적 문학의 특수성 358
한국문학과 근대성 358
한글날 525
翰林別曲(한림별곡)의 全文(전문) 195
漢文(한문)의 通用性(통용성) 658
漢文學(한문학)과 국문학의 관계 793
漢四郡(한사군) 656
漢字(한자)의 유입과 보급 656
한자의 發明(발명) 87
한자의 輸入(수입) 84
한자의 전래 84
恨中錄(한중록)의 내용 280
楷書(해서) 655
諧聲(해성) 654
行動主義(행동주의) 584, 586
行書(행서) 195, 655

향가의 기능 148
향가의 내용 147, 148
향가의 작가와 그 내용 146
향가의 형태 143, 144
향가의 주요한 작가 146
향가체의 母體(모체) 144
許筠(허균)의 行蹟(행적) 235
玄琴(현금)의 構造(구조) 75
玄琴(현금)의 創造(창조) 74
協律都尉(협률도위) 780
形式波(형식파) 64
花郎徒(화랑도)의 교양과 문학 117
花郎制度(화랑제도) 113, 143, 678
花郎制度(화랑제도)의 創設(창설) 117
活字(활자)의 發明(발명) 170
黃眞伊(황진이)의 時調(시조) 224
滙東書舘(회동서관) 365
會意(회의) 654
後四家(후사가) 758, 761
訓民正音(훈민정음)과 國文學(국문학) 209
휴먼이즘 584

가람 이병기 전집

⑫

국문학 저서 Ⅱ

국문학개론
시조의 개설과 창작

가람이병기전집간행위원회

목차

국문학개론

서序 • 23

Ⅰ. 서언緖言

1. 우리 민족民族과 언어言語 • 24
2. 산천山川·기후氣候·풍토風土와의 관계 • 24
3. 우리의 문화文化 • 25
4. 국어國語와 국문國文 • 26
5. 국문학國文學의 의의意義 • 27
6. 그 한계限界와 분류分類 • 27
7. 문학사文學史와 개론槪論과의 구분區分 • 28
8. 이 개론槪論의 범위範圍 • 28

Ⅱ. 시가 문학詩歌文學

총론總論 • 31

각론各論 • 38

一. 잡가雜歌 • 38

1. 성질性質로는 • 38

(1) 축원祝願(고사 축원告祀祝願) • 38

(2) 노동勞動 • 43

(3) 유희遊戲 • 53

(4) 기타其他 • 77
2. 창조唱調로는 • 106
(1) 경기잡가京畿雜歌 • 108
(2) 서도잡가西道雜歌 • 119
(3) 남도잡가南道雜歌 • 125
3. 형태形態로는 • 126
(1) 사귀四句 이절형二節形 • 127
(2) 육귀六句 삼절형三節形 • 127
(3) 별별형別別形 • 128
二. 향가鄕歌 • 129
1. 향가鄕歌와 민요民謠 • 129
2. 향가鄕歌의 유존遺存 • 131
3. 향가鄕歌의 예例 • 132
4. 그 수사修辭 • 135
三. 시조時調 • 142
1. 명칭名稱 • 142
2. 그 발생發生 • 142
3. 그 형태形態 • 144
4. 가곡歌曲·가사歌詞·잡가雜歌와의 관련關連 • 147
5. 그 작풍作風 • 148
四. 별곡체別曲體 • 152
1. 별곡別曲과 한림별곡翰林別曲 • 152
2. 별곡체別曲體와 그 기인起因 • 154

3. 그 내용內容과 형식形式 • 158
五. 가사歌詞 • 160
1. 가사歌詞와 가사歌辭 • 160
2. 십이가사十二歌詞며 그 유래由來 • 161
3. 그 명작名作 • 163
4. 가곡 창사歌曲唱詞의 장가長歌와의 비교比較 • 170
5. 가사歌詞의 창唱 • 171
六. 악장樂章 • 172
1. 그 의의意義와 형태形態 • 172
2. 그 창사唱詞며 소용所用 • 180
七. 극가劇歌 • 181
1. 그 이름과 뜻 • 181
2. 그 귓법句法 • 182
3. 광대와 극가劇歌의 편차編次 • 183
4. 신 오위장申五衛將의 개작본改作本 • 186
5. 가사歌詞나 소설小說과도 다른 점 • 207

Ⅲ. **산문문학**散文文學

총론總論 • 210
각론各論 • 214
一. 설화說話 • 214
1. 어의語意 • 214
2. 설화 문학說話文學으로서 • 215

3. 설화說話의 특성特性 • 219
4. 설화說話의 종류種類 • 225
5. 또 그 사실寫實과 상상想像에 의하여 실담實談과 우언寓言이 있다. • 229
二. 소설小說 • 231
1. 그 어원語源과 의의意義 • 231
2. 그 질質과 양量에 의한 분류分類 • 232
3. 그 전기傳奇와 사실寫實 • 239
4. 설화說話와 소설小說의 제재題材와 사상思想 • 258
三. 내간內簡 • 263
四. 일기日記 • 272
1. 혜빈궁일기惠嬪宮日記 • 273
2. 남정일기南征日記 • 277
五. 기행紀行 • 284
1. 연행일기燕行日記 • 284
2. 무오연행록戊午燕行錄 • 299
3. 자경지 함흥일기慈慶志咸興日記 • 306
4. 의유당 관북유람일기意幽堂關北遊覽日記 • 310
六. 잡문雜文 • 320
Ⅳ. 결론結論

시조의 개설과 창작-역대 명시조의 해설과 창작

一. 시조時調의 개설

1. 시조時調의 명칭名稱 • 345
2. 시조형時調形의 발생發生 • 346
3. 그 본질本質과 형태形態 • 349
ㄱ. 평시조平時調 • 350
ㄴ. 엇시조旕時調 • 351
ㄷ. 사설시조辭說時調 • 351
4. 가곡歌曲과의 구분區分 • 353
5. 잡가雜歌와의 관련關連 • 355
6. 역대작가歷代作家의 작풍作風 • 358
송순宋純의 작풍作風 • 364
황진이黃眞伊의 작풍作風 • 365
이수광李睟光과 신흠申欽 • 367
김광욱金光煜과 이정보李鼎輔 • 369
윤선도尹善道의 작풍作風 • 372
효종대왕孝宗大王과 낭원군朗原君 • 375
7. 신구조新舊調의 비교比較 • 379
二. 창작의 그 기술
1. 착상着想 • 386
2. 취재取材 • 391
3. 조어措語 • 396
4. 구법句法 • 399
5. 편법篇法 • 404
6. 연작連作 • 410

7. 퇴고推敲 • 415
8. 도시圖示 • 420
三. 명작의 해석과 감상
옛 시조 편 • 424
닷 드쟈 빈떠나니 미상未詳 • 424
압록강鴨綠江 히진 날에 장현張炫 • 426
내 언제 신信이 없어 황진이黃眞伊 • 427
이화우梨花雨 흣날릴제 이매창李梅窓 • 428
천만리千萬里 머나먼 길의 왕방연王邦衍 • 429
간밤의 우든 여흘 원호元昊 • 430
동창이 밝었느냐 남구만南九萬 • 431
압못에 든 고기들아 어느 궁녀宮女 • 432
당천자唐天子 일북문一北門으로 미상未詳 • 433
대천大川바다 흔가온딕 미상未詳 • 435
일신一身이 사ᄌᆞᄒᆞ여드니 이정보李鼎輔 • 436
츈산春山의 눈녹인 ᄇᆞ름 우탁禹倬 • 437
이화梨花에 월백月白ᄒᆞ고 백화헌百花軒 • 438
록이綠耳 상데霜蹄 ᄉᆞᆯ지게 먹여 최영崔瑩 • 440
백설白雪이 ᄌᆞ자진 골의 이색李穡 • 442
이 몸이 죽어 죽어 정몽주鄭夢周 • 443
구름이 무심無心탄 말이 이존오李存吾 • 445
오빅년五百年 도읍지都邑地를 길재吉再 • 447
흥망興亡이 유수有數ᄒᆞ니 원천석元天錫 • 449

한송정寒松亭 ᄃᆞᆯ ᄇᆞᆰ은 밤에	홍장紅粧	• 452
대쵸 볼 불근 골에	황희黃喜	• 453
삭풍朔風은 나모 긋희 불고	김종서金宗瑞	• 455
이 몸이 주거 가서	성삼문成三問	• 456
간밤의 부던 ᄇᆞ람	유응부兪應孚	• 458
가마귀 눈비 마자	박팽년朴彭年	• 459
창窓안에 혓는 촉불	이개李塏	• 459
객산문호하고 풍미월락할제	하위지河緯地	• 459
초당草堂에 일이 없어	유성원柳誠源	• 460
장검長劍을 쌔혀 들고	남이南怡	• 461
마음이 어린 후後 ㅣ니	서경덕徐敬德	• 463
십년을 경영經營ᄒᆞ여	송순宋純	• 465
묏버들 갈ᄒᆡ 것거	홍낭洪浪	• 467
삼남긔 그ᄂᆡᄆᆡ아	미상未詳	• 472
ᄉᆞ랑이 엇더터니	미상未詳	• 472
현대 시조 편		• 473
숲	고두동高斗東	• 473
달밤	이호우李鎬雨	• 476
맥령麥嶺	이영도李永道	• 480
사생도死生圖	최소안崔素眼	• 483
서울 한 밤	정훈丁薰	• 487
떠나서	최남선崔南善	• 492
시름	한용운韓龍雲	• 496

석류石榴	이희승李熙昇	• 500
곤충 삼제昆蟲三題	변영노卞榮魯	• 504
남산음南山吟	이은상李殷相	• 508

색인 [가람 12권(국문학 저서 Ⅱ)]

ㄱ

가간사家間事 269
가곡歌曲 142, 147, 152, 353
가곡보歌曲譜 147
가곡보감歌曲寶鑑 121, 123, 124
가곡원류歌曲源流 148, 346, 354
가는비 383
가도賈島 389, 393, 415
가등청정加藤清正 262
가루지기타령 181
가루지기타령의 사당노래 80
가망노래가락—무연巫硏 41
가면희假面戲 183
가사歌詞 148, 160
가사체歌詞體 284
가승언빗假承言色 274
가장행렬假裝行列 72
가정 소설 239
각본脚本 208
각설이타령 66
각운선사覺雲禪師 214
갑오경장 213
「강강수월래」 35
강능매화전江陵梅花傳 181
강원도江原道 56, 76
강월江月 162
강호사시가江湖四時歌 410, 411
강호연군가江湖戀君歌 363
개고리타령 85, 108, 109
개성開城 60, 447
개소문 434
개언로장開言路章 173
거뮈타령 356
거북 놀이 75
거창居昌 44, 46
건주위建州衛의 난 461
검동도黔同島 120
경기가耕起歌 106
경기도京畿道 64, 71, 75, 89, 91
경기잡가京畿雜歌 108
경기체景幾體 158
경남慶南 44, 46, 51, 55, 57, 78, 79, 80, 82, 83
경덕왕景德王 134
경민편警民篇 32
경복궁타령慶福宮打令 108
경북慶北 44, 60, 63, 68, 77, 83, 84, 87, 92
경성鏡城 467
경주慶州 93
경판 고본 춘향전京板古本春香傳 260
경향 소설 239
경흥慶興 83
계랑桂娘 428

계면界面청 184
계면조界面調 120
계생桂生 428
계축일기癸丑日記 245, 272
계화 타령桂花打令 95
고곰瘧疾 418
고금가곡古今歌曲 424
고금명시조정해 496, 501
고금명시조해석 477
고금보古琴譜 147
고금소총古今笑叢 260
고금창가 143
고금창가제씨古今唱歌諸氏 143
고두동 421, 473
고려사高麗史 183
고려사악지高麗史樂志 79, 93, 120
고려속악高麗俗樂 79, 93
고백告白의 소설 245
고본 청구영언古本 靑丘永言 354, 472
고사리 뜯기 74
고사축원告祀祝願 38
고산가사孤山歌辭 160
고산곡 410
고상사별곡古相思別曲 162
고상안高尙顔 167
고양高陽 64, 89, 91
고추敲推 415
곡성谷城 86, 102
곤충九제 505
골계 소설 239
공민왕恭愍王 57
공손수公孫樹 409
공주公州 65, 85
과학 소설 240
곽여 359
관극시觀劇詩 185
관동별곡關東別曲 159, 167
관서악부關西樂府 143
광대廣大 148, 183
광대노래 184
광무 육년光武六年 98
광재물보廣才物譜 126
광종光宗 136
광한루 186, 453
광한루 악부廣寒樓樂府 186
괴뢰傀儡 183
구가舊歌 161
구경역해九經譯解 25
구룡폭포 357
구법句法 399
구운몽 259
구진천仇珍川 25
구호口號 35
군사 놀이 74
군웅노래가락 41
굴원屈原 166
궁성 382
궁정 생활 276
궁정 소설宮廷小說 212, 239
궁정문학宮廷文學 176
권근權近 159
권절 461
권제權踶 149, 180
권주가勸酒歌—현행가現行歌 161

권호문權好文 159
귀수율句數律도 34
귀위율句位律 34
균여대사均如大師 138
균여전均如傳 129, 137
그네 60
극가劇歌 205
극가劇歌의 예술적藝術的 운명 205
극가체劇歌體 182
극적劇的 요소 208
근경가巹慶歌 167
금강산유기 390
금보琴譜 353
금옥총부金玉叢部 378
금태자전金太子傳 233, 259
금택金澤 132
기년속편紀年續編 267
기악 합주器樂合奏 106
기와밟기(기와놀이, 瓦踏歌) 59
기음노래(一名耘歌) 169
기조형基調形 176
기줄쌈(줄다르기, 索戰, 挽索戱, 挈河戱, 蒙古語 曳落河) 76
기행紀行 211
길재 381, 447
길주吉州 87
김광욱金光煜 369
김구주金龜柱 255, 257
김면주 299
김명순金明淳 306
김반金盤 310
김상묵金相默 255
김상숙金相肅 86
김상옥 379
김상헌金尙憲 172
김석주金錫胄 270
김성탄金聖嘆 389
김수장金壽長 151, 170, 376
김인겸金仁謙 167, 284
김제남金悌男 327
김종서 455
김죽계金竹溪 126
김창강金滄江 419
김창업金昌業 284
김천金泉 80, 92, 94, 95
김춘수 500
김현근金賢根 322
김황원 390
꼬부랑 늙은이 93
꽃달임(花煎, 꽃놀이) 62
꽃신 93
꾀꼬리 90

ㄴ

나경언羅景彦 252
나비 91
나옹화상懶翁和尙 172
나인內人 273
나희儺戱 183
낙빈가樂貧歌 162
낙화암 382
난봉가 108
난음難音 66

날개타령 185
남구만 431
남산음 509
남이 461
남정록南征錄 277
남정일기 277
남창춘향가男唱春香歌 183, 188, 191, 200, 203, 204
남해南海 51, 82
남효온 461
낭만주의 240
내간內簡 211
내간집內簡集 263
내간체內簡體 212
내시內侍 273
내원성來遠城 120
내재율內在律 34
냥인 문답긔 332
널 뛰기 56
년간시집 509
「노나무궤」 이야기 219
노돌강변창가(노돌江邊唱歌) 121, 123, 124
노래 421
노산시조집 509
노인헌화가老人獻花歌 130
노진盧禛 371, 380
노천명 454, 470
놀령 108, 109
놋다리踏橋歌 57
농가월령가農家月令歌 167
농민 문학農民文學 170
농민 소설 239
농부가農夫歌 43
농편弄編 356
눈 92
눈죽조嫩竹調 147
능준대사能俊大師 133
닐늬리야 108
님의 침묵 496

ㄷ

단가短歌 106, 126, 148, 374
단가초집短歌抄集 472
단양丹陽 68
단종 429, 430
단풍 421
달(月謠, 月明謠) 92
달거리 108
달밤 477
담양潭陽 82
담화체談話體 211
당시기사唐詩記事 415
당태종 434
대감청배 41
대념大念 35
대동강곡大同江曲 120
대동풍아大東風雅 358
대면大面 183
도덕가道德歌 32
도동곡道東曲 159
도라지타령 108
도산곡陶山曲 410

도산陶山 십이곡十二曲 362
도솔가兜率歌 129
도연명陶淵明 372, 405
도학 문장道學文章 212
도화타령桃花打令 108
도화타령桃花打令·갑신년간甲申年間 96
독락칠곡獨樂七曲 159
동동動動 108, 118
동東편소리 184
동래東萊 55, 62, 72, 78, 79, 83
동명일기東溟日記 172, 310
동백 488
동야휘집東野彙輯 225
동양음악사東洋音樂史 106
동요童謠 38
동이전東夷傳 53
동창童唱 187
동창춘향가童唱 春香歌 195
동학란東學亂 105
동화童話 228
두보 409, 416, 494
둥기당 타령 94
뒷간축원—무연巫硏 42
뒷산타령 109
떠나서 493

ㄹ

로요곡路謠曲 161
리경화 타령 96

ㅁ

마래도馬來島 53
만년수萬年壽 178
만월대 382, 401, 449
만전춘별사滿殿春別詞 77, 360
매밀 놀이 76
매창梅窓뜸 417
매화타령梅花打令 96, 161
맥령麥嶺 481
맹동포孟東浦 410
맹자해해孟子該解 212
머들렁 488
머리카락 483
메나리 125
면앙정 잡가俛仰亭雜歌 466
면앙집俛仰集 366
명마기(蝦蟆) 91
명엽지해 216, 219, 260
명온공주明溫公主 322
명주溟洲 120
모를 찌며 44
모부인수연가 380
모시毛詩 31
모험 소설 239
목판본木版本 186
뭇가弄歌 171
무공곡武功曲 173, 174
무당노래 109
무숙武叔이타령 181
무쌍신구잡가無雙新舊雜歌 100
무안務安 55

무오연행록戊午燕行錄 272, 284, 299
문경聞慶 68, 84, 96
문답問答(꼬리따기, 꽁지따기) 67
문덕곡文德曲 173
문예부흥운동 392
문제 소설 239
미타찰彌陀刹 133
민요民謠 38, 346, 391
민족 문학 207
민치성閔致成 265

ㅂ

바레리 501
박꽃 501
박만순朴萬順 184
박미朴瀰 321
박병순 421
박봉흥朴鳳興 274, 276
박성원朴盛源 277
박인노 361, 379
박창수朴昌壽 277
박타령 181
박팽년 459
박한영朴漢永 390
박효관 378, 380
半刻시조 144
반딧불 504, 506
반상 적서班常嫡庶 262
반섭조般涉調 147
반음정半音程 109
방아타령 108
방옹시여서放翁詩餘序 369
배따라기 50, 120
백구가白鷗歌 161
백구사白鷗詞 148
백낙천白樂天 33
백사가百死歌 361, 443
백운소설白雲小說 231
백조요白鳥謠 105
백철 499
백팔번뇌百八煩惱 493
백화등白花藤 393
번역소학 212
범패梵唄 148, 172
베 짜는 노래 49
베짱이 504
베틀가 126
벽계수 463
벽동碧潼 67
벽오동 488
변계량卞季良 159
변卞광쇠타령 181
변영노 504
변조형變調形 176
별 92
별곡別曲 38, 152
별곡체歌曲體 154
별곡체別曲體 152
별주부전鱉主簿傳 259, 260
병신丙申 정유丁酉 97
병인년간丙寅年間 96
병자호란기丙子胡亂記 272
보공신장保功臣章 173

보리 423
봉래의鳳來儀 180
봉림대군 375
봉서封書 212, 264, 265
봉신연의封神演義 262
봉황대鳳凰臺 395
봉황조鳳凰調 147
부담浮談 231
부벽루 390
부산釜山 57, 66, 72, 103
부수 409
부여扶餘 43, 90
북전北殿 353
불갑사 383
불나비 504
불우헌집不憂軒集 162
「비」 414
비유법比喩法 135
비파궁조琵琶宮調 147

ㅅ

사건事件 232
사구이절형 346
사귀四句 이절형二節形 127
사내 악思內樂 135
사뇌가詞腦歌 134
사뇌격詞腦格 135
사뇌사詞腦詞 135
사대부四大夫 73
사도세자 251, 273
사모곡思母曲 128, 133
사미인곡思美人曲 165, 172
사詞 152
사생도死生圖 484
사선무四仙舞 180
사설 난봉가 98
사설시조辭說時調 145, 146, 351, 497
사실 소설寫實小說 240
산념불山念佛 120
산대도감山臺都監 183
산문散文 210
산사山歌 126
산성 일기山城日記 272
산염불山念佛 106
산예狻猊 183
산유해 44
산유화가山有花歌 43
산유화山有花 125
산주(山[山]主) 183
산타령山歌 126
삼국속악三國俗樂 147
삼국유사三國遺事 103, 129, 160
三귀句六명名 137
삼남三南 64
삼당시인 468
삼수三水 93
삼인칭 소설 239
삼장三藏 79
삼죽사류三竹詞流 377
삼죽적三竹笛 147
삼한습유三韓拾遺 126
삿치기 62
상대별곡霜臺別曲 159

상사내上思內　135
상사별곡相思別曲　161
상서 순전尙書舜典　31
상주尙州　84
상촌집象村集　367
상춘곡賞春曲　162
새타령　126
생육신　461
서간문　263
서경덕　463
서경별곡西京別曲　121, 154
서경西京　120
서권기書卷氣　414
서도잡가西道雜歌　119
서동동요薯童童謠　103, 130
서민문학　143, 260, 332
서西편소리　184
서왕가西往歌　162, 172
서울　56, 61, 66, 77, 89, 101, 127, 128
서울 한밤　487
서유문徐有聞　284, 299
석가보釋迦譜　211
석가씨보釋迦氏譜　211
석굴암石窟庵　404
석류　381
석보상절釋譜詳節　211
선문점송禪門拈頌　214
선부가船夫歌(뱃사공노래)　49
선소리엔　109
선유가船遊歌　108,
선조 대왕宣祖大王　264
선조 어필宣祖御筆　320
설인귀　434
설총　358
설화說話　214
성녀학成汝學　225
성당수　461
성산별곡星山別曲　167
성삼문　361, 456
성충　358
성현成俔　218
세계현대시감상　500
세시풍요歲時風謠　144
세종世宗　180
세종실록世宗實錄　147, 160, 227
소꿉놀이　60
소년少年의 심리心理　204
소당풍속시嘯堂風俗詩　52, 126
소동파　384
소리개　88
소설小說　211, 231
소수 서원紹修書院　158
소양곡蘇陽谷　464
소창박사小倉博士　130, 132, 137
소춘향가小春香歌　108,
속독束毒　183
속미인곡續美人曲　166
속악가사俗樂歌詞　160
속어면순續禦眠楯　225
속요俗謠　38
손　483
송강가사松江歌辭　160
송도　447

송명흠宋明欽 271
송순 364, 466
송순宋純 149
수레춤 75
수로부인水路夫人 160
수부狩夫 73
수사修辭 396
수심가愁心歌 107, 120
수양산가首陽山歌 161, 170
숙영낭자전淑英娘子傳 181, 259
순라 잡기 56
순원왕대비純元王大妃 323
순원왕후純元王后 42, 310
순조조純祖朝 96
술악부사述樂府辭·김수온金守溫 77
승언색承言色 274, 275, 276
시경詩經 180, 391
시마詩魔 389
시벽당時辟黨 255
『시언지가영언詩言志歌永言』 31
시전詩傳 173
시절가時節歌 142, 345
시절가조時節歌調 142, 345
시조時調 106, 142
시조詩調 142
시조연구時調研究 473
시조연구회 473
시학詩學 386
신고산 타령新高山打令 98
신광수申光洙 143
신돈 445
신문 소설 240
신문학新文學 운동運動 213
신방 초일新房初日 233, 245
신오위장申五衛將 183, 207
신오위장본집申五衛將本集 39, 188, 195, 200, 203
신위申緯 185
신익성申翊聖 321
신제농부가新製農夫歌 100
신천信川 90
신편보권문新編普勸文 162
신화神話 224, 226
심승택沈承澤 323
심우가尋牛歌 162
심청가沈淸歌 181
심청전沈淸傳 259
십이가사十二歌詞 161, 171
12마당 186
쌍화점雙花店 79, 183

ㅇ

아니리 187, 189, 191, 192, 196, 197, 198, 202
아라랑 타령·갑신甲申 이후以後 97
아송雅訟 391
아송체雅頌體 173
아숭이타령 356
아악가집雅樂歌集 185
아악雅樂 172
아차산峨嵯山 418
악시조樂時調 142
악장가사樂章歌詞 132, 121, 160

악장樂章 172
악포 실화 사건鰐浦失火事件 267
악학궤범樂學軌範 132, 345
안동安東 48, 57, 58, 59
안릉 일기安陵日記 272
안민가安民歌 134
안민영 378
안상금보安瑺琴譜 353
안악安岳 56
안지安止 180
안축安軸 159
안확씨安廓氏 158
압록강 426
압운押韻 34
앞산타령 109
애원성 99, 120
앵도 421
야국野菊 422
양금신서梁琴新書 353
양덕陽德 88
양산도 98
양양가襄陽歌 161
양종(兩種[中]) 183
양주 조씨楊洲趙氏 324
양지사석良志使錫 130
어깨동무 74
어랑가 99, 120
어머니 회갑回甲에 380
어면순禦眠楯 260
어부가漁父歌 410, 412
어부사시사 374
어부사漁父詞 161, 170
어수록御睡錄 260
어우야담於于野談 217, 221, 224, 230
억양抑揚 34
언문 간독諺文簡牘 263
언문 전교 212
언어言語 64
언해諺解 211
얼시조 144
엄연곡儼然曲 159
엇모리 193, 202
엇시조旕時調 145, 351
H·D·쓰오로우 474
여민락與民樂 180
여산礪山 43, 89, 92, 128
여음餘音 35
여창女唱 춘향春香 187
여창유취女唱類聚 143
역노가驛奴歌 83
역사 소설 240
역어법逆語法 400
역어체譯語體 212
엮음수심가·노돌강변창가(노돌江邊唱歌) 124
연백지방延白地方 55
연애 소설 239
연양延陽[영변寧邊] 120
연행 일기燕行日記 284
연행가燕行歌 167
연행록 284
연형제곡宴兄第哭 159
열녀춘향전烈女春香傳 186
열하일기熱河日記 50, 272

영광靈光 52, 75
영덕盈德 77
영변가寧邊歌 97, 120
영월 429, 430
영재永才 135
영재우적永才遇賊 160
영주별곡 167
영창대군 272
오가본집五歌本集 190, 193
오가전집五歌全集 182, 186
오륜가五倫歌 32, 159
오우가五友歌 410, 413
오위장申五衛將 184
오인분대병팡편가五人分隊並唱編歌 177
옥천沃川 90, 101
옹고집타령 181
와답가瓦踏歌 60
왕방연 429
요동 434
요로원야화기要路院夜話記 233, 260
요합姚合 393
용강龍岡 127
용비어천가龍飛御天歌 176, 352
용재총화傭齋叢話 172, 218
우념재雨念齋 266
우레 357
우언寓言 230
우왕禑王 440
우조羽調 126
우조羽調청 184
우탁禹倬 149, 358, 437
운율韻律 33
울산蔚山 78
워즈워—스 475
원무圓舞—강강 수월래, 캐지랑 칭칭의 춤 53
원천석 359, 449
원호 430, 461
월명도솔가月明兜率歌 160
월명사 348
월명사도솔가月明師兜率歌 130
월명사月明師 133
월인천강지곡月印千江之曲 176
월조越調 147
월출산月出山 408
월터·패터 240
위망매영재가爲亡妹營齋歌 133
유겸암柳謙庵 262
유기有璣 162
유리니사금儒理尼師今 47
유몽인柳夢寅 217
유미암 일기柳眉岩日記 272
유산가遊山歌 106, 108
유성원 460
유응부 458
유자광 462
유정 505
「유차사사뇌격有嗟辭詞腦格」 129
유희경 428
육구삼절형 346
육귀六句 삼절형三節形 127
육당 383
육당과 시조 495
육자六字바기 106

육자六字배기 125
육현가六賢歌 159
육화대六花隊 179
윤계현 501
윤고산 410
윤달선尹達善 185
윤두서尹斗緖 381
윤선도 372, 374
윤선도尹善道 150
율리유곡栗里遺曲 369
은어銀魚 484
을사사화가 364
을파소 358
음성陰城 46
음운문자 26
읍지가邑誌歌 32
의망봉 전설衣望峰 傳說 259
의병義兵 95
의성義城 44, 60, 63
의유당 관북유람일기意幽堂關北遊覽日記
  272, 284, 310
의유당意幽堂 172
의주義州 92
이진용李晋用 167
이간李侃 375
이감산李甘山 419
이개 459
이계집耳溪集(홍양호洪良浩) 84
이광수 382, 384, 495
이만용李晩用 272
이매창 320, 366, 428
이맹전 461
이못암李讋岩 410
이방원 443, 448
이백 395, 406, 419, 438, 489
이봉래 505
이봉환李鳳煥 266, 268
이산중李山重 324
이색 442, 446
이색李穡 175
이선李選 270
이선유李善有 186
이성계 441
이세민 434
이세춘李世春 143
이소경離騷經 166
이승휴李承休 153
이시애李施愛의 난亂 461
이아조二雅調 147
이앙가移秧歌 44
이여송李如松 262
이영도 421, 480
이영재李寧齋 416
이원명李源命 225
이율곡 410
이은상 384, 421, 509
이재李縡 161
이정보李鼎輔 371, 436
이조년 359, 438
이조원李祖源 299
이존오 445
이집李潗 268
이천利川 75
이충무공 일기李忠武公日記 272

이태극 473
이태백 446
이퇴계 410
이팔청춘가二八靑春歌 100, 101
이하조李賀朝 376
이호우 477, 501
이호우시조집 477
이황 362
이회당집二晦當集 92
이흥록李興祿 275
이희국李羲國 270
이희승 500
이희찬李羲贊 310
익산益山 102
익종翼宗 322
인물人物 232
인상률印象律 34
인현왕후전仁顯王后傳 104, 245
일기문학 272
일기日記 211
일동장유가 284
일동장유가日東壯遊歌 167
일본 통신사日本通信使 266
「일선의열도一善義烈圖」 125
일인칭 소설 239
임번任翻 416
임실任實 52
임제林悌 366
임진록壬辰錄 262
입창立唱 109
입타령 35

ㅈ

자경지 함흥일기慈慶志咸興日記 272, 284, 306
자상특사옥당가 364
자서전 245
자유 결혼自由結婚 204
자진모리 189, 196, 198
자진중모리 192, 201
잡가雜歌 38, 148, 170, 355
잡문雜文 211
잡잡가雜雜歌 108
잡희雜戱 183
장가長歌 170
장경세張經世 363
장날 454
장미薔薇 470
장사타령 356
장생포長生浦 108
장성長城 102
장아蜻蜓 87
장인걸전張人傑傳 233, 259
장자莊子 231
장타령打令 66, 172
장한가長恨歌 33
장현張炫 426
장화홍련전 220, 233, 242, 259
재인才人 183
쟁끼타령 181
적마가績麻歌 79
적마가績麻歌(사승노래) 47
적벽가赤壁歌 108, 113, 181

적성의전 259
전교傳敎 323
전기 소설傳奇小說 240
전남全南 52, 55, 75, 82, 86, 102
전변상웅田邊尙雄 106
전봉준萬戶 全奉準 105
전북全北 52, 86, 88, 89, 92
전설傳說 224, 227
전영보全英甫 183
전음정全音程 109
전주全州 86, 88, 102, 129
정감록鄭鑑錄 259
정경계장正經界章 174
정과정 360
정노식鄭魯湜 185
정도전鄭道傳 173, 451
정동방곡靖東方曲 175
정례악장定禮樂章 174
정몽주 360, 443, 446
정숙옹주貞淑翁主 264
정순왕후 257
정위당鄭爲堂 402
정읍사井邑詞 133
정인지鄭麟趾 180
정조어제正祖御製 92
정조正祖 265
정철 361, 372
정철鄭澈 150
정충신 370
정형시定型詩 352
정형적整形的 자유시自由詩 352
정후겸鄭厚謙 255
정훈 488
제공濟恭 143
제비가 108, 111
제왕운기帝王韻紀 153, 160
제주濟州 72, 80, 81, 82
조구상趙龜祥 125
조러 461
조병갑趙秉甲 105
「조선 무속巫俗의 연구研究」 38, 109
조선의 마음 505
조선창극사朝鮮唱劇史 185
조수삼趙秀三 105
조어대화효묘어제釣魚台和孝廟御製 376
조어措語 396
조옥봉 320
조천사朝天詞 367
조침문弔針文 328
조황趙榥 377
종교 개혁 392
종교 소설 239
좌창坐唱 109
주세붕周世鵬 159
죽계별곡竹溪別曲 159
죽마竹馬 64
죽지사竹枝詞(一名 乾坤歌) 161
죽지사竹枝詞 170
준조俊調 147
줄넘기 77
중념中念 35
中어리時調 144
중점식 404
중중모리 188

즁모리 196, 197
지름時調 144
지명地名 71
지봉유설芝峰類說 160
지신地神 밟기 73
지족 선사 464
직어법直語法 399
진달래 421
진수삼국지陳壽三國志 53
진양조 187, 195, 197
진언眞言 135
진주晋州 78
진천鎭川 91
진평왕眞平王 136
집장가執杖家 108

ㅊ

찬기파랑가讚耆婆郞歌 134
창부가倡夫歌 108
창부倡夫 183
창窓 414
창파滄波 383
채번암蔡樊岩 143
채상국蔡相國 제공濟恭 264
채선彩仙 186
처사가處士歌 161
처용가處容歌 132
처용處容 183
척사가擲柶歌 62
천안天安 76, 89, 93
천자千字 풀이 71
철원鐵原 63, 47, 48
청개굴 88
청구단곡靑丘短曲 84
청구야담 223, 233, 259
청구영언 346
청년靑年의 심리心理 204
청매靑梅 471
청산별곡靑山別曲 85, 154
청송靑松 87
청실 홍실 93
청저집靑苧集 480
청파사계靑坡四契 109
최경창 367, 468
최고운전崔孤雲傳 259
최남선 382, 492
최성연 484
최셕담 274
최영 440
최초最初의 산문 211
최충 359
최충崔冲 148
최호崔顥 395
추재기이秋齋紀異 105
추조박조秋趙朴調 109
축원祝願 38
춘망 494
춘면곡春眠曲 161
춘원 390
춘일春日 488
춘천春川 56, 76
춘향가春香歌 186, 193, 181
춘향春香 187

충남忠南 65, 76, 85, 89, 90, 91, 93
충담사忠談師 134
충북忠北 46, 68, 90
취풍형醉豊亨 180
치사가 364
치화평致和平 180
칠현조七賢調 147
칭칭 나-내 35
편법篇法 404
평남平南 88
평북平北 67, 92, 127
평시조平時調 144, 350
평양가平壤歌 108, 116
평측平仄 34
평포식平布式 404, 407
풍자諷刺 103, 332
풍천豊川 78

ㅌ

타령打令 38, 152, 355
타맥가打麥歌 46
타항가打夯歌(달고질노래) 52
탐정 소설 239
태종 448, 450
태평곡太平曲 159
태평한담太平閑談 260
테니슨Tennyson 419
통문관지通文館志 267
통속 소설 240
통영統營 47
퇴고推敲 415
파납씨破納氏 175
파적破笛 488
파주坡州 71
판소리(광대소리) 148
팔관회八關會 180
팔대부八大夫 73
팔인병창농가八人并唱弄歌 180
팔잡가八雜歌 208

ㅎ

하림조河臨調 147
하사내下思內 135
하위지 460
학무鶴舞 183
한강수타령漢江水打令 108
한국시인전집 505
한글 산문 211
한림별곡翰林別曲 61, 152, 362
한북행정록漢北行程錄 50
한사계韓史綮 104
한산 유찰韓山遺札 268
한산거사漢山居士 167
한산세고韓山世稿 126
한서 예문지漢書藝文志 231
한송정 452
한양가漢陽歌 167
한용운 496
한우가寒雨歌 366
한우寒雨 366
한유韓愈 257

한중록恨中錄 233, 245
한퇴지韓退之 415
할미꽃 91
할미성 95
함경도 99
함남咸南 93
함북咸北 82, 83, 87, 98
함흥일긔 215, 228
해동가요海東歌謠 143, 147, 151, 354, 371, 436
해동가요海東樂譜 171
해동가요서海東歌謠序 170
해동이요海東俚謠 86, 87
해서기문海西奇聞 260
해신제海神祭 266
해운대 382
행군악行軍樂 161, 170
향가鄕歌 129
향도가香徒歌(상두군노래) 51
향랑香娘 125
향산도[香山道] 120
향어鄕語 129
향요鄕謠 129
향토시가회鄕土詩歌會 488
허난설헌 320
허두가虛頭歌 207
헌종憲宗 42, 323
현대 소설 240
현행가現行歌 161
혈망봉 전설穴望峰傳說 228
형장가刑場歌 116
혜경궁 273
혜경궁 홍씨惠慶宮洪氏 245, 253, 264, 321
혜빈궁일기惠嬪宮日記 273
혜성가彗星歌 130
호남악부湖南樂府 185
호남湖南 49
호랑이 87
호서대학 488
호서문학회湖西文學會 488
「호오머」 33
홍건적紅巾賊 57
홍경래난洪景來亂의 토평기討平記 272
홍경래란洪景來亂 96
홍국영洪國榮 161
홍길동전洪吉童傳 233, 259
홍낭洪浪 467
홍랑洪娘 367
홍만종洪萬宗 216, 219
홍봉한洪鳳漢 253
홍순학洪淳學 167, 284
홍장紅粧 451
화랑花郎 183
화산별곡華山別曲 159
화용도華容道 185
화전花煎 62
화청고무和請鼓舞 172
화청和請 40, 172
환경環境 232
황계사黃鷄詞 161, 170
황종조黃鐘調 147
황주黃州 47, 61
황진이黃眞伊 149, 364, 427, 463

황학루시 395
황해도黃海道 47, 55, 61, 78, 90
황희 453
회심곡回心曲 172
횡부가橫負歌 207
효종대왕 375
효종조孝宗朝 150
후렴後斂 35
훈몽자회訓蒙字會 31, 183, 214
흑산도 282
흡재고翕齋稿 126
흥보전興甫傳 260
흥타령 108
희곡적戲曲的 체계體系 208
희곡戲曲 208
희증시戲贈詩 419

가람 이병기 전집

⑬

국문학
논문·평론 I

가람이병기전집간행위원회

목차

국문학 논문·평론 I

- 시조詩調에 대하여 • 17
  1. 우리 놀애 시조 • 17
  2. 시조時調의 자ㅅ수字數와 구조句調 • 19
     1) 자ㅅ수字數 • 19
     2) 구조句調 • 20
- 시조時調란 무엇인고 • 25
  서언序言 • 25
  1. 명칭名稱 • 26
  2. 종류種類 • 27
  3. 자수字數 • 30
  4. 구조句調 • 33
  5. 운율韻律 • 38
  6. 체제體制 • 42
  7. 유래由來 • 43
  8. 낭음법朗吟法 • 47
  9. 수사법修辭法 • 49
     1) 직유법直喩法 • 50
     2) 은유법隱喩法 • 51
     3) 풍유법諷諭法 • 52

4) 활유법活喩法 • 53
5) 돈호법頓呼法 • 55
6) 과장법 誇張法 • 55
7) 점층법漸層法 • 56
8) 문답법問答法 • 56
9) 열서법列敍法 • 57
10) 연서법連敍法 • 57
11) 도장법倒裝法 • 58
12) 연쇄법連鎖法 • 59
13) 반복법反覆法 • 60
14) 전절법轉折法 • 60
15) 대우법對偶法 • 61
10. 신운동新運動 • 62
1) 내용을 참신嶄新케 충실케 함 • 63
2) 구조句調의 변화變化 • 65
3) 조구법造句法의 선택選擇 • 68
• 시조調와 한시漢詩 • 75
• 시조는 부흥復興할 것이냐 • 89
무엇이든지 정성精誠스럽게 하자 • 89
그러케 문제問題 삼을 것은 업다 • 95
의문疑問이 웨 있습니까 • 96
침체沈滯의 운명運命을 가진 부흥이 안일가? • 100
시조부흥時調復興은 신시운동新詩運動에까지 영향影響 • 101

반다시 고형古型을 고집固執함은 퇴보退步 • 102
신시형新詩形 발견發見의 경로經路 • 106
한취적漢臭的 내용內容을 파타破打하라 • 107
시조부흥時調復興에 대對하여 • 108
세계사조世界思潮는 세계사조世界思潮, 국민문학國民文學은 국민문학國民文學 • 109
시조時調 촌감寸感 • 110
부흥당연復興當然, 당연부흥當然復興 • 111
• 時調は復興すべきか • 115
• 놀애의 소리와 뜻 • 123
• 율격律格과 시조時調 • 141
1. 음성률音性律 • 141
2. 음위율音位律 • 143
• 시조時調 원류론源流論 • 159
1. 놀애의 기원起源과 어원語源 • 159
2. 놀애와 시조時調의 형식形式 • 162
3. 시조발달時調發達의 과정過程 • 167
1) 작체作體 • 167
2) 작풍作風 • 172
• 시조時調의 현재現在와 장래將來 • 183
• 시조時調와 그 연구硏究 • 205
1. 시조時調에 대하여 오해誤解를 마시오 • 205
2. 명칭名稱과 유래由來 • 209
3. 의미意味와 운율韻律 • 213

1) 의미意味 • 213
2) 운율韻律 • 220
4. 가곡歌曲의 명칭名稱과 시조時調의 종류種類 • 229
5. 창법唱法 • 233
6. 용어用語에 대하여 • 238
7. 수사학적修辭學的으로 보는 것 • 255
8. 다른 가요歌謠와의 비교 • 271
• 시조時調는 혁신革新하자 • 281
1. 실감실정實感實情을 표현表現하자 • 288
2. 취재取材의 범위範圍를 확장하자 • 304
3. 용어用語의 수삼數三 • 306
4. 격조格調의 변화變化 • 308
5. 연작連作을 쓰자 • 311
6. 쓰는 법 읽는 법 • 314
• 시조時調의 발생發生과 가곡歌曲과의 구분區分 • 325
• 시조時調의 기원起源과 그 형태形態 • 365
• 조선朝鮮 고전문학古典文學의 정수精髓 • 383
• 시조감상時調鑑賞과 작법作法 • 395
1. 감상鑑賞 • 395
1) 정취情趣 • 397
2) 용어用語 • 398
3) 조격調格 • 399
2. 작법 • 414

가람 이병기 전집

⑭

국문학
논문 · 평론 Ⅱ

가람이병기전집간행위원회

목차

국문학 논문·평론 II

- 정취情趣의 문학文學 • 15
- 송강가사松江歌辭의 연구硏究 • 27
  - 1. 판본板本의 고정考訂 • 27
    - 1) 관북본關北本 • 27
    - 2) 관서본關西本 • 28
    - 3) 의성본義城本 • 28
    - 4) 황주본黃州本 • 29
    - 5) 성주본星州本 • 29
  - 2. 송강松江의 생활生活과 그 가도歌道의 전통傳統 • 48
  - 3. 그 가사歌辭의 해석解釋 비평批評 • 48
    - (1) 사미인곡思美人曲 김배와金坏窩 역譯 성연경재成硏經齋 역譯 • 64
    - (2) 속미인곡續美人曲 김배와金坏窩 역譯 • 85
    - (3) 관동별곡關東別曲 이택당李澤堂 역譯 • 106
    - (4) 장진주사將進酒辭 김북헌金北軒 역譯 • 154
    - (5) 단가短歌 • 158
  - 4. 결론結論 • 169
- 고대가사古代歌詞의 총림叢林은 조선문학朝鮮文學의 발상지發祥地 • 173
- 서구정신西歐精神과 동방정취東方情趣 • 179

- 야담가野談家의 유어우柳於于 • 189
- 약간若干 어제御製에 대하여 • 197
- 종래從來 정악正樂에 대對하여 • 203
  – 특特히 삼대악성三大樂聖의 업적業績
- 역사문학歷史文學과 정사正史 • 215
  – 역사소설歷史小說에 나타난 사실事實과 역사歷史에 나타난 사실事實과의 차이差異
- 한시절구漢詩絶句와 시조時調와의 관계關係 • 223
- 향가鄕歌와 현대시現代詩 • 229
  – 시어詩語의 원천源泉을 밝힘
- 전고진안론典故真贋論 • 243
  – 한중록恨中錄에 대하여
- 시조과時調科 • 251
  1. 운율韻律 • 251
  2. 형식形式 내용內容 • 255
- 시가詩歌와 설화說話 • 267
- 시조詩調의 형태形態 • 281
- 이태백李太白의 생애生涯와 문장文章 • 299
- 시화詩話 • 305
- 제가諸家의 서문초序文抄
  이병기李秉岐 저著 「가람시조집嘉藍時調集」에 쓴 정지용鄭芝溶의 발跋 • 311
- 황진이黃眞伊의 예술藝術 • 319
- 독서여록讀書餘錄 명주곡溟州曲·천휴당가사天休堂歌詞, 기타其他 • 337
  1. 명주곡溟州曲 • 337

2. 천휴당가사天休堂歌詞 • 343

3. 해동이적海東異蹟 • 344

4. 예종어제단가睿宗御製短歌 • 345

• 시조時調의 신조調 • 351

• 시조론時調論 • 363
–그 명칭名稱과 형태形態에 대하여

• 의유당意幽堂 연구研究 • 373

• 임진왜란壬辰倭亂을 취재取才한 국문학國文學 • 389

• 고전古典의 삼폐三幣 • 411

• 국문학國文學 연구研究의 방법方法 • 417

1. 재료材料 수집 • 418

1) 구전口傳하는 것을 찾아 적을 일 • 418

2) 기록된 것을 수집한 일 • 420

3) 사본寫本과 간본刊本과의 고증考證 • 422

2. 내용 검토檢討 • 423

1) 작가作家의 전기傳記 • 423

2) 작품作品의 해석解釋 • 424

3) 작품作品의 비평 • 429

3. 시설施設과 선전宣傳 • 432

1) 연구기관研究機關 설치設置와 그 자료資料 발간發刊 • 432

2) 해외문학海外文學의 비교연구比較研究 • 434

3) 연구研究의 발표發表 • 434

• 고시조古時調의 감상鑑賞과 비판批判 • 439

[부록] 제14권 국문학 논문·평론II 상세목록 • 449

가람 이병기 전집

⑮

국문학
논문·평론 Ⅲ

가람이병기전집간행위원회

목차

국문학 논문·평론 Ⅲ

- 민요民謠와 시조詩調 • 19
- 고전古典의 위작僞作 • 33
- 『조선朝鮮역대歷代여류문집流』 해설 • 43

  조선朝鮮역대歷代여류문학女流文學 서론序論 • 43

  난설헌집蘭雪軒集 • 50

  매창집梅窓集 • 52

  계축일기癸丑日記 • 54

  한중록恨中錄 • 57

  의유당집意幽堂集 • 60
- 고전문학론古典文學論 • 65
- 국학國學의 세 거인巨人 • 83
- 충무공忠武公의 문학文學 • 95
- 정읍사井邑詞의 고찰考察 • 117
- 역대시조歷代時調의 작풍作風 • 127
- 삼관여록三官餘錄 골계문학滑稽文學 • 137
- 삼관여록三官餘錄 속단速斷 • 143
- 시가문학詩歌文學의 본질本質과 종류種類 • 149
  – 어원語源과 형태의 규정規定
- 서동동요薯童童謠와 설화說話 • 157

- 정석가鄭石歌 • 163
- 세종대왕世宗大王과 국문학國文學 • 171
- 전원의 노래 • 179
- 시용향악보時用鄕樂譜의 한 고찰考察 • 185

1. 지질紙質 • 186
2. 묵색墨色 • 186
3. 판식板式 • 186
4. 자체字體 • 187
5. 개제改題 및 개작改作한 노래 • 187
6. 다른 가보歌譜들과의 비준比準 • 188
7. 그 간행刊行한 연대年代 • 192
8. 그 악보樂譜의 표법表法 • 193
9. 노래의 해석解釋 • 194

1) 한문체로 된 노래들 • 195

(1) 납씨가納氏歌 • 195

(2) 유림가儒林歌 • 196

(3) 횡살문橫殺門 • 197

(4) 쌍화곡雙花曲 • 198

(5) 생가요량歌寥亮 • 201

(6) 풍입송風入松, 야심사夜深詞 • 201

2) 국어國語로 된 노래들 • 203

(7) 사모곡思母曲 • 203

(8) 서경별곡西京別曲 • 205

(9) 정석가鄭石歌 • 208
(10) 청산별곡靑山別曲 • 209
(11) 유구곡維鳩曲 • 212
(12) 귀호곡歸乎曲 • 213
(13) 상저가相杵歌 • 215
(14) 나례가儺禮歌 • 216
(15) 성황반城隍飯 • 216
(16) 내당內堂 • 219
(17) 대왕반大王飯 • 221
(18) 잡처용雜處容 • 222
(19) 삼성대왕三城大王 • 223
(20) 군마대왕軍馬大王 • 224
(21) 대국1 大國一 • 225
(22) 대국2 大國二 • 226
(23) 대국3 大國三 • 227
(24) 구천九天 • 227
(25) 별대왕別大王 • 228
10. 어문학語文學의 가치價値 • 229
11. 결미結尾의 말 • 235
• 가악사초歌樂史草 • 239
Ⅰ. 근조초엽近朝初葉 • 239
1. 구악舊樂과 신조新調 • 239
1) 문덕곡文德曲 • 240

(1) 개언로開言路 • 240
(2) 보공신장保功臣章 • 240
(3) 정경계장正經界章 • 240
(4) 정례악장定禮樂章 • 241
2) 무공곡武功曲 • 242
(1) 파납씨破納氏 • 242
(2) 정동방곡靖東方曲 • 243
3) 원회악장元會樂章 • 243
(1) 몽금척夢金尺 • 243
(2) 수보록受寶籙 • 244
(3) 근천정覲天庭 • 245
(4) 수명명受明命 • 245
4) 화산華山 • 247
(1) 화산별곡華山別曲 • 248
(2) 신도가新都歌 • 248
5) 후전진작後殿眞勺 • 249
6) 역군은亦君恩 • 250
7) 악기樂器와 악장樂章 • 252
2. 세종대왕世宗大王과 박난계朴蘭溪의 큰 업적業績 • 253
1) 구악舊樂의 혁신革新 • 257
(1) 문무악장文武樂章 • 257
① 문무文舞·무무武舞 • 257
② 그 악장樂章 • 258

(2) 십이율관十二律管과 편경編磬의 신제新制 • 259
(3) 아악雅樂과 향악鄕樂(속악俗樂) • 262
(4) 용비어천가龍飛御天歌와 월인천강지곡月印千江之曲 • 267
① 용비어천가龍飛御天歌 • 268
② 월인천강지곡印千江之曲 • 276
3. 세조世祖의 음률音律의 조예造詣와 그 사업事業 • 278
4. 세종世宗·세조世祖의 악보樂譜 • 281
5. 악학궤범樂學軌範의 명찬命撰 • 283
6. 별곡체別曲體와 가사歌詞 • 286
7. 처용處容 연화대蓮花臺 전경轉經 • 287
8. 기악器樂의 선수善手 • 289
9. 가곡歌曲과 그 창사唱詞 • 292
10. 연산주燕山主와 여악女樂 • 295
Ⅱ. 근조중엽近朝中葉 • 297
1. 현금삼수玄琴三手와 금보琴譜 • 298
2. 여악女樂 존폐存廢와 각종各種 연락宴樂 • 304
3. 악기樂器 이정釐正과 악서樂書 간행刊行 • 309
4. 주악奏樂과 악공樂工 • 310
5. 가곡歌曲의 창영唱詠 • 312
6. 가사歌詞의 성행盛行 • 317
• 고시조古時調와 현대시조現代時調 • 331
• 시조時調의 연작문제連作問題 • 339
• 북전北殿의 변개變改 • 347

- 창작創作과 착상著想 ∙ 355
  – 시조時調를 중심中心으로
- 별사미인곡別思美人曲과 속사미인곡續思美人曲에 대하여 ∙ 363
  별사미인곡別思美人曲 ∙ 363
  속사미인곡續思美人曲 ∙ 364
  別별思ᄉᆞ美미人인曲곡 ∙ 365
  쇽ᄉᆞ미인곡 반송 ∙ 369
- 시조창작론時調創作論 ∙ 379
  一. 작가作家로서의 교양敎養 ∙ 379
  1. 시가詩歌의 본의本意 ∙ 379
  2. 언어言語 문자文字 ∙ 381
  3. 미美와 현실現實 ∙ 384
  4. 사상思想 ∙ 389
  5. 감정感情(감동感動·감흥感興·감격感激) ∙ 393
  6. 감각感覺(실감實感·상상想像) ∙ 396
  7. 소질素質 ∙ 398
  二. 창작創作의 그 기술技術 ∙ 401
  1. 착상著想 ∙ 401
  2. 취재取材 ∙ 406
  3. 조어措語 ∙ 409
  4. 구법句法 ∙ 411
  5. 편법篇法 ∙ 416
  6. 연작連作 ∙ 421
  7. 퇴고推敲 ∙ 427

• 시詩의 진리眞理 • 435

• 한양가漢陽歌에 나타난 서울의 모습 • 441

一. 한경漢의 개창開創 • 441

二. 판본板本과 사본寫本 • 454

三. 한양가漢陽歌의 본지本旨 • 461

四. 그 중요重要한 마디마디 • 462

1. 한양漢陽의 산세山勢와 도국都局 • 463

2. 궁전宮殿 정각亭閣 보탑寶榻 • 465

3. 내시內侍 무예武藝 나인內人 • 466

4. 정원육향政院六鄉 • 468

5. 성문城門 팔로八路 백각전百各廛 • 469

6. 각색各色노름 명승지名勝地 • 470

7. 의복衣服 음악音樂 • 470

8. 기생妓生과 가무歌舞 • 473

9. 왕실송王室頌 및 능행陵行 용호방龍虎膀 • 477

10. 한양찬漢陽讚 • 479

五. 여언餘言 • 480

[부록] 제15권 국문학 논문·평론 Ⅲ 상세목록 • 482

가람 이병기 전집

⑯

국문학 논문·평론 Ⅳ

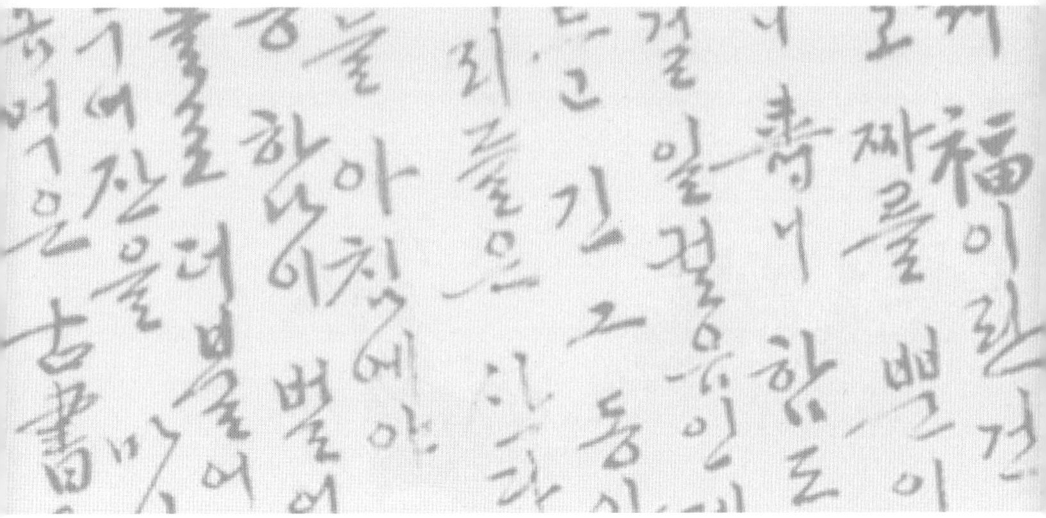

전북대학교출판문화원

목차

구비문학·민속학·논문·평론 • 17

토별가兎鱉歌와 신오위장申五衛將 • 21

극가본劇歌本 토별가兎鼈歌 • 27

정초正初의 행사行事와 관습慣習 • 57

조선朝鮮 고풍속古風俗과 습관習慣
— 정초正初의 행사行事와 관습慣習의 속續 • 71

향토문학鄕土文學에 대하야 • 81

문헌文獻에 나타난 사공蛇公의 설화說話 • 95

구전민요口傳民謠의 묘미妙味 • 104

고전문학古典文學에 나타난 향토성鄕土性 • 106

신화문학神話文學으로서 본 단군檀君 • 110

고전문학古典文學의 사상적思想的 고찰考察 • 115

민요잡고民謠雜攷 상上·하下 • 118

삼관여록三官餘錄
— 극가劇歌와 소설小說 • 131

향토鄕土와 문학文學 • 137

서평 • 147

박종화朴鍾和 저著 『금삼錦衫의 피』 • 149

박태원朴泰遠 기記『지나소설집支那小說集』 • 151
『청구영언靑丘永言』 • 153
시조時調의 본령本領『가람시조집嘉藍時調集』 독후감讀後感 • 159
이병기李秉岐 저著『가람시조집嘉藍時調集』 • 162
신구현申龜鉉 역주譯註『역대조선여류시가선歷代朝鮮女流詩歌選』 • 165
서정주徐廷柱 저著『귀촉도歸蜀途』를 읽고 • 167
고문학古文學의 해왕성海王星「의유당일기意幽堂日記」 • 169
윤영춘尹永春 시집詩集『무화과無花果』 • 171
『국문학國文學 참고도감參考圖鑑』 서序 • 172
이병기李秉岐 교주校註『역대시조선歷代時調選』 • 175
이병기李秉岐 백철白鐵 공저共著『국문학전사國文學全史』 • 177
이병기李秉岐 이태극李泰極 공편共編『현대시조선총現代時調選叢』 • 179
이병기李秉岐 이태극李泰極 편編『현대시조선총現代時調選叢』 • 181
『가람 송수頌壽 논문집論文集
— 기념사업회紀念事業會서 15년年만에』 • 183

심사평 • 185

선후選後의 말 • 187
시조時調를 뽑고 • 190
시조時調를 뽑고 • 193
시조時調를 뽑고 • 195
제1회第一回 시조모집고선발표時調募集考選發表 (一) • 198
제1회第一回 시조모집고선발표時調募集考選發表 (二) • 203

제1회第一回 시조모집고선발표時調募集考選發表 (三) • 207
제1회第一回 시조모집고선발표時調募集考選發表 (四) • 212
제2회第二回 모집募集 시조모집고선후時調募集考選後 상上 • 216
제2회第二回 모집募集 시조모집고선후時調募集考選後 하下 • 219
응모시조應募時調 「새벽」 고선개평考選槪評 상上 • 222
응모시조應募時調 「새벽」 고선개평考選槪評 하下 • 225
시조선후時調選後 • 228
시조선후時調選後 • 231
시조선후時調選後 • 233
「진달내」 고선考選 후後 상上 • 235
「진달내」 고선考選 후後 중中 • 238
「진달내」 고선考選 후後 하下 • 241
「시조時調」 고선考選 후後 (1) • 244
「시조時調」 고선考選 후後 (2) • 247
「시조時調」 고선考選 후後 (3) • 250
산문정신散文情神의 빈곤貧困
— 인간사회人間社會에의 통찰력洞察力을 가지라 • 253

기타 • 259

각계各界 권위權威에게 진단診斷을 청請함
— 시조계時調界 중흥운동中興運動의 기초基礎는 이미 섯다 • 261
'조선문학朝鮮文學'의 정의定義 이러케 규정規定하려 한다! • 267
고시가문학古詩歌文學이 끼친 공적功績
— 이병기李秉岐 씨氏와의 우문현답기愚問賢答記 • 295

우리 정서情緒에 들어맞는 조선朝鮮의 고전음악古典音樂 • 305
문학文學의 제문제諸問題 • 313
문학文學의 제문제諸問題 • 334
문학방담회文學放談會 • 349

[부록] 16권 국문학 논문·평론 Ⅳ 상세목록 • 366

가람 이병기 전집

17

고전주해 I

한중록·인현왕후전·계축일기·의유당일기

전북대학교출판문화원

목차

한중록恨中錄 • 11

해설解說 • 16

기1其一 그 서문序文과 그 자랄 때 • 19

기2其二 간택揀擇에 뽑히다 • 28

기3其三 별궁생활別宮生活과 그 가례嘉禮 • 37

기4其四 각전各殿의 자애慈愛, 국중宮中의 예절禮節, 본가本家와의 관련關連 • 43

기5其五 정조正祖의 탄생誕生, 홍역紅疫, 기애奇愛하는 계매季妹 • 53

기6其六 그 선비先妣와 경모궁景慕宮 • 60

기7其七 그 선형先兄과 백질伯姪과 선비상사先妣喪事 • 62

기8其八 부모父母의 정경情景, 성모聖母의 예척禮陟, 숙질睿質의 효우孝友 • 66

기9其九 정조正祖의 가례嘉禮와 경모궁景慕宮의 가열嘉悅 • 71

기10其十 가효당佳孝堂의 설음 • 75

기11其十一 또 그 서문序文 • 79

기12其十二 숙질睿質의 변화變化 • 82

기13其十三 경모궁景慕宮의 병환病患 1一 • 93

기14其十四 경모궁景慕宮의 병환病患 2二 • 107

기15其十五 경모궁景慕宮의 병환病患 3三 • 119

기16其十六 경모궁景慕宮의 병환病患 4四 • 136

기17其十七 경모궁景慕宮의 병환病患 5五 • 150
기18其十八 그날의 대변大變 • 163
기19其十九 대변大變 후 세손과의 애통 • 179

인현왕후전仁顯王后傳 • 193
인현왕후전仁顯王后傳 해설解說 • 197
인현왕후전仁顯王后傳 • 199

계축일기癸丑日記 • 255
계축일긔 셔궁녹 권지일 • 259
계축일기癸丑日記 일명一名 서궁록西宮錄 • 297

의유당일기意幽堂日記 • 301
서序 • 305
낙민루 • 309
븍산루 • 312
동명일긔 • 319
춘일소흥春日消興 • 339
一. 김득신 • 339
二. 남호곡 • 340

三. 뎡유악 • 341
四. 뎡탁 • 342
五. 뎡인홍 • 344
六. 김승평 • 345
七. 됴안념 • 347
八. 뉴부인 • 348
九. 니번 • 350
十. 니탁 • 351
영명사득월루상량문永明寺得月樓上樑文 • 352

[부록] 17권 고전주해 Ⅰ 상세목록 • 364

가람 이병기 전집

18

고전주해 II

근조내간선·
요로원야화기·어우야담

전북대학교출판문화원

목차

근조내간선近朝內簡選 • 11
서序 • 15
봉서封書 • 19
선조어필宣祖御筆 • 21
혜경궁홍씨惠慶宮洪氏 • 26
정종어필正宗御筆 • 27
익종어필翼宗御筆 • 29
하상궁河尙宮 • 31
전교傳敎 • 33
순원황후純元皇后의 전교 • 35
소지所志 • 39
우념재수서雨念齋手書 • 45
한산유찰韓山遺札 • 70
기타基他 • 86

요로원야화기要路院夜話記 • 93
서序 • 97
해설解說 • 99
요로원야화기要路院夜話記 • 101

규중칠우閨中七友 • 128
상번군사上番軍士 • 137
포쇄별감曝曬別監 • 140
신방초일新房初日 • 147
불효부전不孝婦傳 • 155
해서긔문海西奇聞 • 158
귀매鬼魅 • 171
그 안해 • 182
배정승拜政丞 • 197
한 무변武弁 • 209
축관장逐官長 • 226

어우야담於于野談 • 233
1. 김장군의 육기특六奇特 • 239
2. 지번의 비선飛仙 노릇 • 243
3. 토정수민기업土亭授民其業 • 245
4. 산맹식대망山氓食大蟒 • 245
5. 무부武夫의 뱀회 • 246
6. 임서인臨庶人과 순화군順和君 • 247
7. 시습時習이 최연崔演을 버림 • 249
8. 노령蘆嶺에 사오나온 개 • 250
9. 초식草食 • 251

10. 동해東海의 거인국巨人國 • 252
11. 인술仁術의 패도覇道와 왕도王道 • 253
12. 삼년 묵은 토련 • 254
13. 강絳의 현몽現夢 • 255
14. 오인순의五人殉義 • 256
15. 방우득미녀放牛得美女 • 258
16. 윤현尹鉉의 이재理財 • 259
17. 장원壯元 다툼 • 260
18. 두문斗文의 도주逃走 • 261
19. 이지李智의 도주逃走 • 262
20. 천단擅斷의 화禍 • 263
21. 환혼석還魂石 • 264
22. 수진방壽盡坊 • 265
23. 장자고비長者高蜚 • 266
24. 한상국韓相國의 농사 • 267
25. 왜인숭살벌倭人崇殺伐 • 269
26. 제나립濟羅笠과 평정건平頂巾 • 270
27. 양기소식일자지일인삼兩器所食一紫芝一人蔘 • 271
28. 과천소果川牛 • 272
29. 준민처俊民妻의 단식斷食 • 273
30. 송생노宋生奴의 한말밥 • 274
31. 오세김시습五歲金時習 • 275
32. 팔지권절八指權節 • 277

33. 명회파경골明澮破脛骨 • 278
34. 제비의 독경讀經 • 280
35. 정응두丁應斗의 식량食糧 • 281
36. 북창선생北窓先生의 휘파람 • 283
37. 임제林悌의 호협豪俠 • 285
38. 니항복李恒福의 애마愛馬 • 287
39. 논개論介의 장절壯節 • 288
40. 수염잡고 손 맞는 주인 • 289
41. 부녀婦女의 식자우환識字憂患 • 290
42. 박엽朴燁의 호피아마虎皮兒馬 • 291
43. 양응정梁應鼎과 해송자海松子 • 292
44. 상번군사上番軍士와 사노私奴의 장긔 • 293
45. 축언패가설築堰敗家說 • 297
46. 김항金行의 구변口辯 • 298
47. 고가귀신古家鬼神 • 300
48. 통윤通允의 비희贔屭 • 302
49. 니명준李明俊의 방수防水 • 304
50. 어진 도적 • 305
51. 모진 황소 • 308
해설解說 • 310

[부록] 18권 고전주해 Ⅱ 상세목록 • 314

가람 이병기 전집

19

고전주해 Ⅲ

가루지기타령·기타

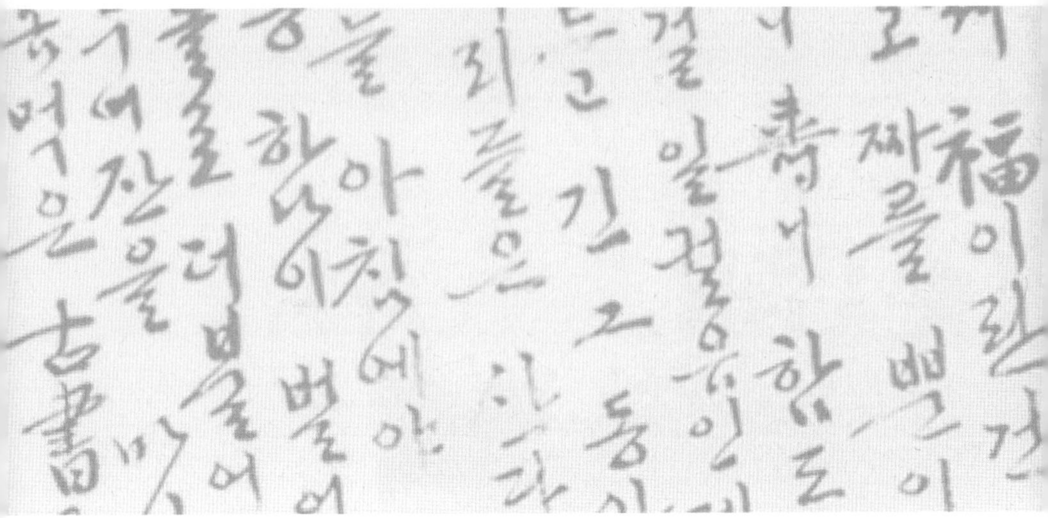

전북대학교출판문화원

목차

주해서 • 9

가루지기타령打令 • 11

서序 • 13

여섯마당의 기일其一 • 18

해설解說 • 62

잡지 주해 • 69

습수록拾穗錄 • 73

농가월령가農家月令歌 ① • 76

농가월령가農家月令歌 ③ • 85

농가월령가農家月令歌 ④ • 99

농가월령가農家月令歌 ⑤ • 116

농가월령가農家月令歌 ⑥ • 132

농부가農夫歌 (1) • 150

시조時調 • 171

산유화가山有花歌 외 • 182

전원사시가田園四時歌 • 196

상저가相杵歌(춘가春歌) 외 • 224

탄우가歎牛歌 • 235

가람 이병기 전집

⑳

시조선집 I

역대시조선·명시조감상·잡지 시조선

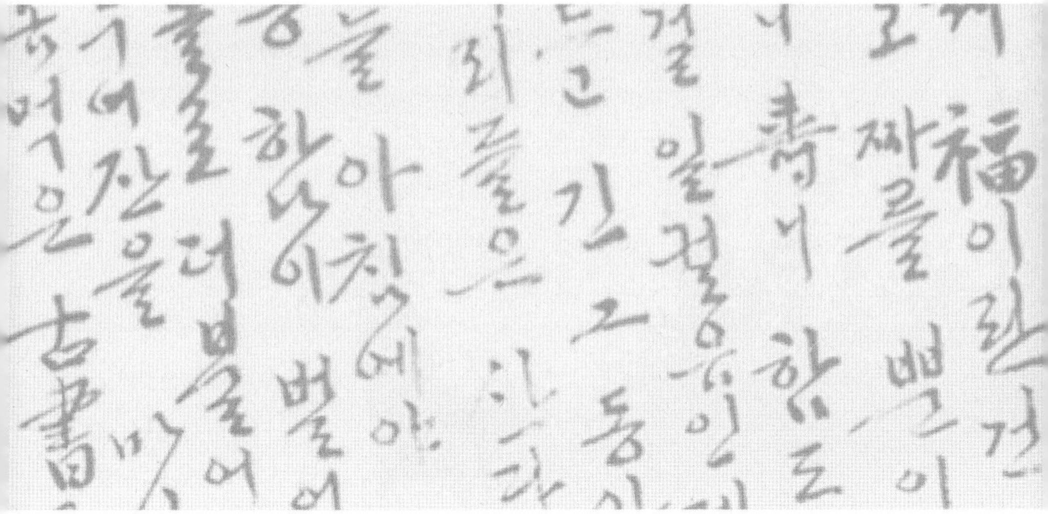

전북대학교출판문화원

목차

역대시조선歷代時調選 • 27

서序 • 31

우탁禹倬 호號 이동易東 고려高麗 충숙왕忠肅王 시時 제주祭酒 • 35

이조년李兆年, 고려高麗 충혜왕忠惠王 시時 정승政丞 • 35

이존오李存吾 호號 고사孤山,
고려高麗 공민왕恭愍王 시時 우정언右正言 • 36

최영崔瑩 호號 기봉奇峯,
고려高麗 공민왕恭愍王 시時 도통사都統使 • 36

정몽주鄭夢周 호號 포은圃隱,
고려高麗 공민왕恭讓王 시時 시중侍中 • 36

길재吉再 호號 야은冶隱, 고려高麗 우왕禑王 시時 주서注書 • 37

원천석元天錫 호號 운곡耘谷, 고려말高麗末 진사進士 • 37

이색李穡 호號 목은牧隱, 고려말高麗末 문하門下 시侍 중中 • 38

이조태종어제李朝太宗御製 • 38

정도전鄭道傳 호號 삼봉三峯, 이조개국공신李朝開國功臣 • 39

황희黃喜 자字 구부懼夫 호號 방촌厖村, 세종世宗 시時 영상領相 • 39

김종서金宗瑞 호號 절재節齋, 문종文宗 시時 좌상左相 • 40

성삼문成三問 호號 매죽헌梅竹軒,
단종端宗 시時 참판叅判, 사육신死六臣의 한 분 • 41

이개李塏 호號 백옥白玉, 사육신死六臣의 한 분 • 42

유응부兪應孚 단종端宗 시時 총관摠管, 사육신死六臣의 한 분 • 42

원호元昊 호號 무암霧菴, 생육신生六臣의 한 분 • 42
왕방연王邦衍, 세조世祖 시時 금부도사禁府都事 • 43
성종어제成宗御製 • 44
남이南怡, 태종太宗의 외손外孫,
권람여서權擥女壻, 세조世祖 시時 병조판서兵曹判書 • 44
김정구金鼎九 자字 덕보德甫 본안동本安東, 연산군시인燕山君時人 • 45
이정李婷 자자미字子美, 월산대군月山大君,
덕종德宗 제일남第一男, 성종의 형 • 46
무풍부정총茂豐副正摠 자字 백원百源
호號 서호주인西湖主人, 연산시인燕山時人 • 46
송인宋寅 호號 이암頤菴, 중종시인中宗時人 • 47
농암가聾岩歌 • 48
어부가漁父歌 • 48
서경덕徐敬德 호號 화암花潭, 중종中宗 시時 참봉參奉 • 49
자상특사황국옥당가自上特賜黃菊玉堂歌 • 49
치사가致仕歌 • 50
면앙정잡가俛仰亭雜歌 제이第二 • 50
면앙정단가俛仰亭短歌 제칠第七 • 51
송순宋純 • 51
조식曹植 호號 남명南冥, 명종明宗 시時 처사處士 • 52
도임사수원사작단가悼林士遂寃死作短歌 • 53
자연가自然歌 • 53
황진이黃眞伊, 명종明宗 시時 명기名妓 • 54
김현성金玄成 자字 여경餘慶 호號 남창南窓,
명종明宗 시時 관官 좌의정左議政 • 56

임진林晉, 명종明宗 시時, 임백호林白湖의 부父 • 56

양사언楊士彦 자字 응빙應聘 호號 봉래蓬萊,
명종明宗 시時 부사府使 • 57

선조대왕어제宣祖大王御製 • 57

진풍연헌만수산가進豐宴獻萬壽山歌 • 58

모부인수연가母夫人壽宴歌 • 58

헌근가獻芹歌 • 59

도산곡陶山曲 • 59

청량산清凉山 • 60

고산구곡담高山九曲潭 일곡一曲 • 61

고산구곡담高山九曲潭 이곡二曲 • 61

고산구곡담高山九曲潭 칠곡七曲 • 62

고산구곡담高山九曲潭 구곡九曲 • 62

양응정梁應鼎 자字 공섭公燮 호號 송천松川,
선조宣祖 시時 대사성大司成 • 62

이양원李陽元 자字 백춘伯春 호號 노저鷺渚,
선조宣祖 시時 유도대장留都大將 • 63

고경명高敬命 자字 이순而順 호號 제봉霽峰,
선조宣祖 시時 공조참의工曹叅議 • 63

이순신李舜臣 자字 여해汝諧, 선조宣祖 시時
통제사統制使 시諡 충무忠武 • 64

춘산곡春山曲 • 64

정철鄭澈 자字 계함季涵 호號 송강松江, 선조宣祖 시時 영상領相 • 65

장진주사將進酒辭 • 70

성혼成渾 자字 홍운洪源 호號 우계牛溪, 선조宣祖 시時 찬성贊成 • 71

이덕형李德馨 자字 명보明甫 호號 한음漢陰,
선조宣祖 시時 영의정領議政 • 71

이항복李恒福 자字 자상子常 호號 백사白沙,
선조宣祖 시時 영의정領議政 • 71

호아곡呼兒曲 사장四章 • 72

서익徐益 자字 군수君受 호號 만죽정萬竹亭,
선조宣祖 시時 목사牧使 • 74

한우가寒雨歌 • 75

임제林悌 • 75

한우寒雨, 선조宣祖 시時 기妓 • 75

조홍시가早紅枾歌 • 76

토월봉吐月峯 • 77

이매창李梅窓, 부안기扶安妓, 계생癸生 또는
계생桂生, 자字는 향금香今, 선조宣祖 시時 인人 • 77

홍랑洪娘, 선조宣祖 시時 인人 • 78

성천기成川妓 문향文香, 선조宣祖 시時 • 79

구지求之, 기妓 • 80

송이松伊, 기妓 • 80

매화梅花, 기妓 • 80

천금千錦, 기妓 • 81

명옥明玉, 화성기華城妓 • 81

이원익李元翼 자字 공려公礪 호號 오리梧里,
광해光海 시時 영상領相 • 82

율리유곡栗里遺曲 • 83

소백주小栢舟, 광해光海 시時 평양기平壤妓 • 85

구용具容 자字 대수大叟 호號 죽창竹窓,
광해光海 시時 현감懸監, 선시善詩 • 85

김상용金尙容 자字 경택景澤 호號 선원仙源,
인조仁祖 시時 우상右相, 정축순절강도丁丑殉節江都 • 87

채유후蔡裕後 자字 백장伯長 호號 호주湖洲,
인조仁祖 시時 판서判書 • 87

신흠申欽 자字 경숙景叔 호號 상촌象村, 인조조仁祖朝 영상領相 • 88

이정구李廷龜 자字 성휘聖徽 호號 월사月沙,
인조仁祖 시時 우의정右議政 • 89

조한영曺漢英 자字 수이守而 호號 회곡晦谷,
인조仁祖 시時 참판參判 • 90

장만張晩 자字 호고好古 호號 낙서洛西,
인조仁祖 시時 옥산부원군玉山府院君 • 90

정충신鄭忠信 자字 가행可行,
인조仁祖 시時 부원수副元帥, 금남군錦南君 • 90

이명한李明漢 자字 천장天章 호號 백주白洲,
인조仁祖 시時 이판吏判 • 91

효종어제孝宗御製 • 92

송시열宋時烈 자字 영보英甫 호號 우암尤庵,
효종孝宗 시時 좌상左相 • 93

산중신곡山中新曲 • 94

산중속신곡山中續新曲 • 95

견회요遣懷謠 • 97

김육金堉 자字 백후伯厚 호號 잠곡潛谷, 효종孝宗 시時 영상領相 • 98

이간李侃 자字 화숙和叔 호號 최락당最樂堂,
낭원군郎原君, 효종孝宗의 당숙堂叔 • 98

적성군積城君 • 99

허정許珽 자字 중옥仲玉 호號 송호松湖,
효종孝宗 시時 승지承旨, 선가곡善歌曲 • 99

정두경鄭斗卿 자字 군평君平 호號 동명東溟,
현종顯宗 시時 참판參判 • 100

강백년姜柏年 자字 숙구叔久 호號 설봉雪峰,
현종顯宗 시時 판중추判中樞 • 101

남구만南九萬 자字 운로雲路 호號 약천藥泉,
숙종조肅宗朝 영상領相 • 101

구지정具志禎, 현종肅宗 시時 목사牧使 • 101

신정하申靖夏 자字 정보正甫 호號 서암恕庵,
숙종肅宗 시時 교리校理 • 102

김창업金昌業 자字 대유大有 호號 노가재老稼齋,
숙종肅宗 시時 진사進士 불사不仕 • 103

유천군儒川君 명名 정㴻, 선조宣祖의 증손曾孫,
숙종肅宗 시時 인人 • 103

이택李澤 자字 운몽雲夢, 숙종肅宗 시時 병사兵使 • 104

유혁연柳赫然 자字 회이晦爾 호號 야당野堂,
숙종肅宗 시時 훈련대장訓鍊大將 • 104

윤두서尹斗緖 자字 효언孝彦 호號 공재恭齋,
숙종肅宗 시時 진사進士 • 104

유숭兪崇 자字 원지元之, 숙종肅宗 시時 참판參判 • 105

이정섭李廷燮 자字 계화季和 호號 저촌樗村,
숙종肅宗 시時 부솔좌랑副率佐郎 명가名歌 • 106

장현張炫, 숙종肅宗 시時 역관譯官 명가名歌 • 106

주의식朱義植 자字 도원道源 호號 남곡南谷,
숙종肅宗 시時 칠원현감漆原縣監 • 107

김유기金裕器 자字 대재大哉, 숙종肅宗 시時 명가名歌 • 108

김성기金聖器[기基] 자字 자호子湖 호號 조은釣隱
또는 어은漁隱, 숙종肅宗 시時 인人 • 109

조현명趙顯命 자字 치회稚晦 호號 귀록歸鹿,
영조英祖 시時 영상領相 • 110

이유李渘 호號 소악루小岳樓, 숙종肅宗 시時 현감縣監 • 110

이재李在, 영조英祖 시時 서윤庶尹 • 110

조명리趙明履 자字 중례仲禮 호號 도천道川,
영조英祖 시時 예판禮判 • 111

이정보李鼎輔 자字 사수士受 호號 삼주三洲,
영조英祖 시時 이판吏判, 월사오세손月沙五世孫 • 112

김천택金天澤 자字 백함伯涵 호號 남파南坡,
숙종肅宗 시時 포교捕校 명가名歌 영조英祖 사년四年[1728一七二八]
청구영언靑丘永言 수백여결數百餘闋 수집蒐輯 • 117

김천택金天澤 1 • 118

김수장金壽長 자字 자평子平 호號 노가재老歌齋,
숙종肅宗 시時 기성서리騎省書吏,
명가名歌 영조英祖 삼십구년卅九年[1763一七六三]
해동가요海東歌謠 백사십구장百四十九章 수집蒐輯 • 119

이정신李廷藎 자字 집중集仲 호號 백회옹百悔翁,
영조英祖 시時 인人 • 124

이정진李廷鎭, 영조英祖 시時 현감縣監 조태억서趙泰億壻 • 125

송계연월松桂烟月, 영조英祖 시時 인人 • 125

김우규金友奎 자字 성백聖伯, 명가名歌 • 126

임의직任義直 자字 백형伯亨, 명금名琴 • 127

김시경金時慶 • 127

춘앵무사春鶯舞詞 • 128
익종예제翼宗睿製 • 128
김민순金敏淳 자字 신여愼汝 호號 매월송풍梅月松風,
순조純祖 시時 현감縣監, 名歌명가 • 129
박효관朴孝寬 자字 경화景華 호號 운애雲崖,
근세인近世人 명가名歌 고종高宗 십삼년十三年[1876一八七六]
가곡원류歌曲源流[일명一名 해동악장海東樂章] 편집編輯 • 130
매화사梅花詞 제육第六 • 131
매화사梅花詞 제칠第七 • 131
안민영安玟英 • 132
궁녀宮女 • 141

명시조감상名時調鑑賞 • 157
서문序文 • 161
현대시조편現代時調篇
사비성泗沘城에서 • 163
달 • 164
진달래 • 167
앉은뱅이 • 167
할미꽃 • 168
개나리 • 168
시름 • 170
석굴암石窟庵 • 173

해방전解放前 • 175
부르심 • 176
푸른 하늘 • 179
매화사삼첩梅花詞三疊 • 182
근음삼수近吟三首 • 185
「곤충구제昆虫九題」 중中에서 • 187
시름 • 190
단풍丹楓 • 192
바람 • 194
석류石榴 • 197
아는 이는 알리라 • 201
노래 • 203
오목대梧木臺 • 204
너를 보내고 • 207
춘일春日 • 209
애화哀話 • 210
정은 어찌 남어 • 213
밤거리를 • 214
달밤에 • 214
병실病室 이二 • 217
영어囹圄 이二 • 219
이단異端의 노래 삼三 • 221
해바라기처럼 사四 • 225

비 • 226
머언 생각 • 228
맥령麥嶺 • 230
구름 • 232
물소리 • 234
다보탑多寶塔 • 236
십일면관음十一面觀音 • 238
옥적玉笛 • 241
청자부靑磁賦 • 243
궁거워 • 245
다도해多島海 • 247
서해상西海上의 낙조落照 • 249
춘일장금春日長吟 • 252
고시조편古時調篇
춘산春山에 눈 녹인 바람 • 256
한 손에 • 257
이호梨花에 월백月白하고 • 259
구름이 무심無心탄 말이 • 262
이 몸이 죽어 죽어 • 265
백설白雪이 자자진 골에 • 268
대추 볼 붉은 골 • 272
삭풍朔風은 나모 끝에 불고 • 275
수양산首陽山 바라보며 • 278

창窓안에 혓는 촉불 • 282
가마귀 • 284
간밤에 • 285
이시렴 부듸 갈다 • 286
장검長劍을 빠혀들고 • 288
추강秋江에 밤이 드니 • 291
어부가漁父歌 • 294
마음이 어린 후니 • 298
황국가黃菊歌 • 301
치사가致仕歌 • 304
꽂이 진다 하고 • 307
두류산頭流山 • 310
자연가自然歌 • 313
어져 내일이여 • 316
내 언제 신信이 없어 • 319
동짓달 기나 긴 밤 • 321
도산곡陶山曲 • 324
재 넘어 성권농成勸農 집의 • 328
내 양자 남만 못한 줄 • 330
한 잔 먹새그녀 • 333
한우寒雨에게 • 336
조홍시가早紅柿歌 • 339
이화우梨花雨 흩날릴 제 • 342

뒷버들 갈해 겪어 • 345
노래 삼긴 사람 • 348
님이 혜오시매 • 351
잔 들고 혼자 앉아 • 353
압록강鴨綠江 해진 날에 • 356
강호江湖에 노는 고기 • 359
화개동花開洞 북록하北麓下에 • 363
일신一身이 사자하니 • 365

잡지 시조선 • 369
고시조선古時調選 • 371
평시조平時調
여조麗朝 우탁禹倬 • 373
이조년李兆年 • 373
이존오李存吾 • 373
정몽주鄭夢周 • 374
길재吉再 • 374
원천석元天錫 • 374
이색李穡 • 374
이조태종어제李朝太宗御製 • 375
정도전鄭道傳 • 375
황희黃喜 • 375

김종서金宗瑞 • 375
성삼문成三問 • 376
이개李塏 • 376
유응부兪應孚 • 376
원호元昊 • 377
왕방연王邦衍 • 377
성종어제成宗御製 • 377
황국가黃菊歌 • 377
치사가致仕歌 • 378
면앙정잡가俛仰亭雜歌 제이第二 • 378
면앙정단가俛仰亭短歌 제칠第七 • 379
김정구金鼎九 • 379
조식曺植 • 380
송인宋寅 • 380
서경덕徐敬德 • 380
농암가聾岩歌 • 381
어부가漁父歌 • 381
도산곡陶山曲 • 381
도임사수원사작단가悼林士遂寃死作短歌 • 382
임진林晉 • 382
황진이黃眞伊 • 383
김현성金玄成 • 384
헌근가獻芹歌 • 384

고산구곡표가高山九曲漂歌 제이第二 • 384
고산구곡표가高山九曲漂歌 제삼第三 • 385
선조어제宣祖御製 • 385
진풍연헌만수산가進豊宴獻萬壽山歌 • 385
모부인수연가母夫人壽宴歌 • 386
양응정梁應鼎 • 389
이양원李陽元 • 389
춘산곡春山曲 • 389
서익徐益 • 389
이덕형李德馨 • 390
이항복李恒福 • 390
한우가寒雨歌 • 390
임제林悌 • 391
박인로朴仁老 • 391
한호韓濩 • 391
이순신李舜臣 • 391
이정구李廷龜 • 392
이원익李元翼 • 392
홍적洪迪 • 392
홍랑洪娘 • 392
한우寒雨 • 393
송이松伊 • 393
매화梅花 • 393

매창梅窓 • 393
명옥明玉 • 394
성천기成川妓 • 394
구지求之 • 394
유천군儒川君 • 394
율리유곡栗里遺曲 • 395
김상헌金尙憲 • 396
장만張晩 • 396
신흠申欽 • 396
강백년姜栢年 • 397
조한영曺漢英 • 398
김육金堉 • 398
적성군積成君 • 398
효종어제孝宗御製 • 398
산중신곡山中新曲 • 399
산중속신곡山中續新曲 • 400
유회요遺懷謠 • 400
윤선도尹善道 • 401
낭원군朗原君 • 401
송시열宋時烈 • 402
남구만南九萬 • 402
윤두서尹斗緖 • 402
장현張炫 • 402

신정하申靖夏 • 403
김창업金昌業 • 403
김유기金裕器 • 404
김성기金聖器 • 404
조현명趙顯命 • 404
이재李在 • 404
이유李渘 • 405
조명이趙明履 • 405
윤선도尹善道 • 405
이언적李彥迪 • 406
이정보李鼎輔 • 406
김천택金天澤 • 408
김수장金壽長 • 409
박효관朴孝寬 • 411
운애산방매화사雲崖山房梅花詞 제육第六 • 411
이하以下 작자미상作者未詳 • 411
엇시조旕時調
자연가自然歌 • 417
채유후蔡裕後 • 417
운애산방매화사雲崖山房梅花詞 제7第七 • 417
궁녀宮女 • 418
이하以下 작자미상作者未詳 • 418

색인 [가람 20권(시조선집 I)]

작자별(作者別) 색인(索引) [ㄱㄴㄷ순(順)]

ㄱ

강백년(姜栢年)[설봉(雪峯)] 101, 397
고경명(高敬命)[제봉(霽峯)] 63
구용(具容)[죽창(竹窓)] 85
구지(求之) 80, 394
구지정(具志禎) 101
길재(吉 再)[야은(冶隱)] 37, 269, 270, 271, 374
김광욱(金光煜)[죽소(竹所)] 83, 395
김덕령(金德齡) 64, 65, 389
김민순(金敏淳)[매월송풍(梅月松風)] 129
김상용(金尙容)[선원(仙源)] 87
김성기(金聖器)[조은(釣隱), 어은(漁隱)] 109, 404
김수장(金壽長)[노가재(老歌齋)] 103, 119, 363, 365, 409
김시경(金時慶) 127
김우규(金友奎) 126, 363
김유기(金裕器) 108, 404
김육(金堉)[잠곡(潛谷)] 98, 398
김인후(金麟厚)[하서(河西)] 53, 313, 314, 382, 417
김정구(金鼎九) 45, 379
김종서(金宗瑞)[절재(節齋)] 40, 275, 276, 277, 375
김창업(金昌業)[노가재(老稼齋)] 103, 403
김천택(金天澤)[남파(南坡)] 117, 118, 290, 291, 363, 408
김현성(金玄成)[남창(南窓)] 56, 384

ㄴ

남구만(南九萬)[(약천藥泉)] 101, 402
남이(南怡) 44, 45, 288, 289, 291
노진(盧禛)[옥계(玉溪)] 57, 58, 385

ㅁ

매화(梅花) 80, 393
명옥(明玉) 81, 394
무풍부정총(茂豐副正揔)[서호주인(西湖主人)] 46, 47

ㅂ

박인로(朴仁老)[노계(蘆溪)] 76, 77, 340, 341, 342, 391
박효관(朴孝寬)[운애(雲崖)] 130, 131, 411

ㅅ

서경덕(徐敬德)[화담(花潭)] 49, 298, 299, 300, 317, 380
서익(徐益)[만죽정(萬竹亭)] 74, 389
선조대왕(宣祖大王) 57
성삼문(成三問)[매죽헌(梅竹軒)] 41, 278, 279, 281, 285, 376
성종(成宗) 44, 46, 286, 287, 288, 292, 299, 302, 377
성천기(成川妓)[문향(文香)] 79, 394
성혼(成渾)[우계(牛溪)] 40, 71
소백주(小栢舟) 85
송계연월(松桂烟月) 125
송순(宋純)[면앙정(俛仰亭)] 49, 50, 51, 301, 302, 305, 306, 307, 308, 317, 318, 328, 377, 378, 379
송시열(宋時烈)[우암(尤庵)] 93, 314, 351, 402
송이(松伊) 80, 393
송인(宋寅)[이암(頤菴)[1]] 47, 380
신정하(申靖夏)[서암(恕庵)] 102, 403
신흠(申欽)[상촌(象村)] 88, 348, 349, 396

ㅇ

안민영(安玟英)[주재(周齋)] 131, 132, 184, 411, 417
양사언(楊士彦)[봉래(蓬萊)] 57
양응정(梁應鼎)[송천(松川)] 62, 389
왕방연(王邦衍) 43, 377
우탁(禹倬)[역동(易東)] 35, 256, 373
원천석(元天錫)[운곡(耘谷)] 37, 38, 374
원호(元昊)[무암(霧菴)] 42, 43, 284, 285, 377
월산대군(月山大君) 46
유숭(兪崇) 105
유응부(兪應孚) 42, 277, 278, 376
유천군(儒川君) 103, 394
유혁연(柳赫然)[야당(野堂)] 104
유희춘(柳希春)[미암(眉岩)] 59, 384
윤두서(尹斗緖)[공재(恭齋)] 104, 105, 402
윤선도(尹善道)[고산(孤山)] 94, 95, 97, 298, 353, 354, 356, 399, 400, 401, 405
이간(李侃)[최락당(最樂堂)] 98
이개(李塏)[백옥(白玉)] 42, 279, 282, 283, 285, 376
이덕형(李德馨)[한음(漢陰)] 71, 77, 341, 390
이매창(李梅窓) 342, 343
이명한(李明漢)[백주(白洲)] 91
이색(李穡)[목은(牧隱)] 38, 268, 269, 270, 282, 374
이순신(李舜臣) 64, 164, 391
이양원(李陽元)[노저(鷺渚)] 63, 389
이원익(李元翼)[오리(梧里)] 82, 392
이유(李渘)[소악루(小岳樓)] 110, 405

1 원문(174쪽)에는 '熙菴'으로 오기되어 있다.

이이(李珥)[율곡(栗谷)] 61, 62, 384, 385
이재(李在) 110, 404
이정구(李廷龜)[월사(月沙)] 89, 392
이정보(李鼎輔)[삼주(三洲)] 40, 112, 274, 359, 360, 362, 366, 406, 420
이정섭(李廷燮)[저촌(樗村)] 106
이정신(李廷藎)[백회옹(百悔翁)] 124
이정진(李廷鎭) 125
이조년(李兆年) 35, 259, 260, 269, 373
이존오(李存吾)[고산(孤山)] 36, 262, 263, 265, 269, 373
이택(李澤) 104
이항복(李恒福)[백사(白沙)] 71, 82, 390
李賢輔(이현보)[聾巖(농암)] 48, 294, 296, 298, 381
이황(李滉)[퇴계(退溪)] 59, 60, 296, 324, 325, 327
익종(翼宗) 128, 129
임의직(任義直)[2] 127
임제(林悌)[백호(白湖)] 75, 336, 337, 338, 339, 390, 391
임진(林晋) 56, 382

2 원문(174쪽)에는 '任義道'로 오기되어 있다.

ㅈ

장만(張晩)[낙서(洛西)] 90, 396
장현(張炫) 106, 356, 357, 402
적성군(積成君) 99, 398
정도전(鄭道傳)[삼봉(三峯)] 39, 375
정두경(鄭斗卿)[동명(東溟)] 100
정몽주(鄭夢周)[포은(圃隱)] 36, 37, 39, 45, 265, 266, 267, 269, 270, 271, 285, 374
정철(鄭澈)[송강(松江)] 65, 70, 328, 329, 330, 331, 333, 334, 335, 351, 356, 386, 420
정충신(鄭忠信) 90
조명리(趙明履)[도천(道川)] 111
조식(曹植)[남명(南冥)] 52, 310, 311, 312, 313, 380
조존성(趙存性)[용호(龍湖)] 72
조한영(曺漢英)[회곡(晦谷)] 90, 398
조현명(趙顯命)[귀록(歸鹿)] 110, 404
주의식(朱義植)[남곡(南谷)] 107

ㅊ

채유후(蔡裕後)[호주(湖洲)] 87, 417
천금(千錦) 81
최영(崔瑩)[기봉(奇峯)] 36, 123, 276, 277

ㅌ

太宗(태종) 38, 44, 146, 267, 271,

279, 375

ㅎ

한우(寒雨) 75, 336, 337, 338, 393
허정(許珽)[송호(松湖)] 99
홍랑(洪娘) 78, 79, 345, 346, 347, 392
황진이(黃眞伊) 54, 55, 75, 299, 300, 302, 316, 317, 321, 322, 323, 324, 337, 338, 339, 344, 383
황희(黃喜)[방촌(厖村)] 39, 272, 375
효종(孝宗) 92, 93, 94, 98, 99, 351, 354, 398

초장별(初章別) 색인표(索引表) [ㄱㄴㄷ순(順)]

ㄱ

가더니 잊은양 하여 144, 412
가마괴 싸호는 골에 45, 379
가마괴 칠하여 140, 412
가을타작(打作) 다한 후에 406
가을해 횟듯 134
간밤 비오더니 89
간밤 오든 비에 105
간밤에 부던 바람 42, 136, 277, 376
간밤에 우던 여흘 285, 377
간밤에 지게 여던 151
간밤의 부던 바람에 42, 136, 277, 376
감장새 작다 하고 104
강호(江湖)에 노는 고기 112, 359, 406
강호(江湖)에 봄이 드니 40, 273
호(江湖)에 비갠 후니 126
거믄고 술 꽂아놓고 103, 403
거울에 비췬 얼굴 145
검으면 희다 하고 410
겨을날 다시한 볕을 412
경회루(慶會樓) 만주송(萬株松)이 120, 409
古人(고인)도 날 못보고 59, 325, 381
고을사 저꽂이여 132
고을사 월하보(月下步)의 128
곶도 픠려 하고 121
곶이 진다 하고 51, 379
곶지고 속닢 나니 88
공산(空山)이 적막(寂寞)한듸 91
광풍(狂風)이 떨린 이화(梨花) 112, 405
꽃은 밤ㅅ비에 피고 142
구곡(九曲)은 어드메고 62
구름이 걷은 후에 97
구름이 무심(無心)탄 말이 36, 262, 373
국화(菊花)는 무슨 일로 408
굴레벗은 천리마(千里馬)를 109
굽어는 천심녹수千尋綠水) 48, 294, 381
꿈에 님을 보려 115
꿈에 뵈는 님이 81, 394

꿈에 왓든 님이 130
귀또리 저 귀또리 423
글도 병된일 많고 121
금준(金樽)에 가득한 술을 100, 129
금파(金波)에 배를 타고 127
금화(金化) 금성(金城) 수수ㅅ대 151

ㄴ

나니 저 아희를 107
나를 뭇지마라 89
나모도 병이 드니 67, 386
나무도 바히 136
나무아미타불(南無阿彌陀佛) 153
나보기 좋다하고 148
나뷔야 청산(青山)가자 143
나혼자 오날이야 56
남하여 편지 전치 말고 136, 416
내게 칼이 있어 114, 407
내마음 버혀내여 65
내말 고처들어 69
내본시(本是) 남만 못하여 140
내양자 남만 못한줄 70
내언제 신(信)이 없어 54
내집이 길츼양 하여 140
냇가의 해오라비 88, 350, 396
네아들 효경(孝經) 읽더니 69
네집이 어듸메오 141
녜라 이리하면 81
노래 삼긴 사람 348
논밭 갈아 기음 매고 147, 424
높으나 높은 남게 63, 389
누리소서 누리소서 154
누운둘 잠이 오며 139
눠라서 날 늙다턴고 45, 379
늙고 병든 몸이 93, 108, 352
늙어지니 벗이 없고 125
늙엇다 믈러가자 50, 378
니영이 다 거두치니 100
님그린 상사몽(相思夢)이 130
님을 믿을것가 89, 392
님이 헤오시매 93, 402

ㄷ

달바자는 쨍쨍 울고 152
달이 두렷하여 71
닭아 우지 마라 149
닷는말 서서 늙고 104
닷드자 배떠나니 137, 415
당천자(唐天子) 일북문(一北門)으로 145, 419
대막대 너를 보니 84
대우헤 심근 느틔 65, 388
대천(大川)바다 한가운대 135, 136, 422
대조(大棗) 볼붉은 골에 39, 272, 375
동지(冬至)ㅅ달 기나긴 54, 383
동창(東窓)에 돋앗던 148
동창(東窓)이 밝앗느냐 101, 402
두류산(頭流山) 양단수(兩端水)를 310
두터비 전파리 물고 146
뒷집의 술쌀을 꾸니 83, 395
들은말 즉시(卽時) 잊고 47

ㄹ

녹양(綠楊[3])이 천만사(千萬絲) ㅣ 든들 82, 392
녹이상제(綠耳想蹄) 살지게 36, 277
녹초(綠草) 청강상(晴江上)에 74, 389
농암(聾岩)애 올라보니 381
용산(龍山) 삼개 동작지간(銅雀之間)에 142
이화(梨花)에 월백(月白)하고 35, 259, 373
이화우(梨花雨) 흩날릴제 77, 393

ㅁ

마음이 어린ㅣ후(後)니 49, 298, 380
만수산(萬壽山) 만수동(萬壽洞)의 58, 385
말없은 청산(靑山)이오 71
말음닢이 바람나니 96
말이 놀라거늘 132
말타고 꽃밭에 드니 142, 329, 414
말하면 잡류(雜類)ㅣ라 하고 87
매암이 맵다 울고124
매화(梅花) 녯등걸에 80, 393
매화(梅花) 픠다커늘 150
멋딋개 자로 짖어 140
모첨(茅簷) 기나긴 해예 84, 395
모시를 이리저리 138, 421

3 원문(176쪽)에는 '絲楊'로 오기되어 있다.

목붉은 산상치(山上雉)와 149
뫼ㅅ버들 갈해 78, 392
무극옹(無極翁)이 긔 뉘런고 119
묵은해 보내올제 124, 421
문(門)닫고 글일런지 124
물아래 그림자 지니 135
물아래 세(細)가락모래 135
뭇노라 부나븨야 115, 405
미나리 한떨기를 384

ㅂ

바람도 쉬여 넘고 138
바람 불어 쓰러진 139
바람이 눈을 몰아 131, 411
바렷던 가얏고를 95, 400
반(半)남아 늙엇이니 92
반중(盤中) 조홍(早紅)감이 76, 339, 391
방초(芳草) 욱어진 골에 141
백설(白雪)이 자자진 골에 38, 268, 374
백운(白雲)이 일어나고 96, 401
백초(百草)를 다 심어도 414
벼뷔여 쇠게 싯고 126
벼슬이 좋다한들 102, 403
벽도화(碧桃花)를 손에 들고 128
벽해(碧海) 갈류후(竭流後)에 85
병자(丙子) 정축(丁丑) 난리시(亂離時)에 123
보거들 슬뮙거나 415
봉두(峯頭)에 솟은 달이 77

북두성(北斗星) 돌아지고 125, 416
북소리 들리는 절이 133
북천(北天)이 맑다커늘 75, 390
비는 오신다마는 150
비오는데 들헤 가랴 94
비파(琵琶)야 너는 어이 152

ㅅ

사랑이 긔 어떠터냐 143
삭풍(朔風)은 나모 끝에 40, 275, 375
산(山)은 옛산(山)이로되 300, 383
산촌(山村)에 밤이 드니 81
삼각산(三角山) 푸른빛이 154
三軍(삼군)을 연융(鍊戎[4])하여 122
삼동(三冬)에 뵈옷 입고 52, 312, 380
상공(相公)을 뵈온 후에 85
새벽 비 일갠 날에 398
새벽 서리 지샌 달에 143, 415
새소래 지저괴니 130
새원 원주(院主)되여 66, 386
샛별지자 종다리 110
서검(書劒)을 못이루고 118
서산(西山)에 일모(日暮)하니 92
서호(西湖) 눈진 밤에 99
선인교(仙人橋) 나린물이 39, 375
설악산(雪岳山) 가는길에 111
설월(雪月)이 만정(滿庭)한듸 133
성음(聲音)이 각각(各各)이여니 122, 410

4 원문(177쪽)에는 '鍊戒'로 오기되어 있다.

성진(城津)에 밤이 깊고 111, 405
소경이 야밤ㅅ중에 113, 406
소년(少年) 십오(十五) 이십시(二十時)에 129
소원(小園) 백화총(百花叢)에 150
솔이 솔이라 하니 80, 393
송림(松林)에 눈이 오니 67, 387
수양산(首陽山) 보라보며 41, 278, 376
슬프나 즐거오나 97, 400
승당(升堂)을 못한 전에 123, 410
쓴나믈 데온 물이 66
시비(柴扉)에 개 짖어도 154, 413
시절(時節)도 저러하니 71, 390
신라(新羅) 팔백년(八百年)의 67, 387
십년(十年)을 경영(經營)하여 50, 378

ㅇ

아마도 모를 일은 112
아자 아자 나쓰든 144
아츰 양지(陽地) 볕에 114, 407
아희야 구럭망태 72
아희야 그믈 내여 105, 153
아희야 되롱삿갓 73
아희야 소먹여 내여 74
아희야 죽조반(粥早飯) 다오 73
알앗노라 알앗노라 106
압록강(鴨綠江) 해진날에 106, 402
앞논에 오려를 133
앞못에 든 고기들아 141
藥山東臺(약산동대) 여즈러진 418

어리거든 채 어리거나 153
어와 우읍괴야 150
어이 얼어자리 75, 337, 393
어제도 난취(爛醉)하고 103, 394
어져 내일이여 54, 316, 383
어화 저 백구(白鷗)야 83, 395
엄동(嚴冬)이 지나거냐 95, 400
엇그제 버힌 솔이 53, 315, 382
오날은 천렵(川獵)하고 108
오냐 말아니따나 79, 394
오늘도 다 새거다 69
오늘은 비개거니 126
오동(梧桐)에 듯는 빗발 87
오려논 물실러 115
오면 가랴 하고 57, 385
오백년(五百年) 도읍지(都邑地)를 270
옥란(玉蘭)에 곳이 픠니 90, 398
옥(玉)에 흙이 묻어 104, 402
옷벗어 아희 주어 117
우는것이 벅국이냐 96, 401
우리 둘이 후생(後生)하여 133, 415
우부(愚夫)도 알며 하거니 60, 382
울며 잡은 소매 91
월출산(月出山)이 높더니 94, 399
이곡(二曲)은 어드메오 61, 385
이런들 어떠하며 38
이리하여 날 속이고 148
이리 헤고 저리 헤니 148
이몸이 쓸듸없어 46
이몸이 죽어가서 41
이몸이 죽어죽어 36
이시렴 부듸갈다 44, 286, 377
이제는 다 늙어다 122
인간(人間) 어느 일이 117
인생(人生)을 헤여보니 107
일곡(一曲)은 어드메고 61, 384
일신(一身)이 사자하니 116, 420
일정 백년(百年) 산들 66, 388
일중(日中) 금(金)가마괴 58, 386
있노라 즐겨 말고 115

ㅈ

자규(子規)야 우지마라 110, 405
자남은 보라매를 103, 403
자네집의 술익거든 98
잔들고 혼자 앉아 94
잘가노라 닷지말며 117
잘새는 날아들고 51, 307
장검(長劒)을 빠혀들고 288
장공(長空) 구만리(九萬里)에 132
장부(丈夫)로 생겨나서 108
장송(長松)으로 배를 무어 80, 394
재넘어 성권농(成勸農)집이 67
저건너 검어무투룩 141
저건너 나부산(羅浮山) 131
저긔섯는 저소나모 387
전산(前山) 작야우(昨夜雨)에102, 403
주문(朱門)에 벗님네야 118
쥐찬 소리기들아 101
질가마 조히 싯고 83, 395

ㅊ

窓(창)밖에 草綠風磬(초록풍경) 146, 418
窓(창)안에 혓는 촉불 282
窓(창)밖이 어룬어룬커늘 134
천만리(千萬里) 머나먼 길헤 43
천보산(天寶山) 나린 물을 98, 401
철령(鐵嶺) 높은 재예 71, 390
철총마(鐵驄馬) 타고 127
청강(淸江)에 비듯는 소래 93
청개고리 이질(痢疾) 복질(腹疾) 147, 423
청계변(淸溪邊) 백사상(白沙上)에 105
청량산(淸凉山) 육육봉(六六峯)을 60
청려장(靑藜杖) 힘을 삼고 118, 409
청사검(靑蛇劍) 두러메고 63, 413
청석령(靑石嶺) 지나거냐 92, 398
청산(靑山)도 절로절로 313
청산리(靑山裏) 벽계수(碧溪水)야 55, 384
청산(靑山)은 내뜻이오 301
청산(靑山)은 어찌하야 60
청산(靑山) 자부송(自仆松)아 138
청초(靑草) 욱어진 골에 75, 391, 413
청춘(靑春)에 곱든 양자(樣姿) 101, 397
청천(靑天)에 떳는 매가 154
초당(草堂) 뒤에 와앉어 138
초암(草菴)이 적료(寂寥)한듸 119, 409
초야(草野)에 무친 어론 113, 407
추강(秋江)에 밤이 드니 46
춘산(春山)에 눈녹인 35
춘산(春山)의 불이 나니 389
칠곡(七曲)은 어드메고 62
칠십(七十)에 冊(책)을 써서 125

ㅌ

태산(泰山)이 높다하되 57
태평(太平) 천지간(天地間)에 62, 389

ㅍ

평생(平生)에 원하기를 112, 406
풍상(風霜)이 섯거친 날에 49, 377
풍파(風波)에 놀란 사공(沙工)[5] 396
풍파(風波) 말리든 그 배 387

ㅎ

하늘이 높다 하고 107
한산(閑山)섬 달밝은 밤에 64
한손에 막대 잡고 373
한잔(盞) 먹새그녀 333
해져 어둡거늘 98, 401
헌삿갓 자른 되롱 404
헛글고 싯근 문서(文書) 84, 395
헛가래 기나 저르나 88, 397
호화(豪華)도 거짓것이오 120

5 원문(180쪽)에는 '波工'으로 오기되어 있다.

홍진(紅塵)을 다 떨치고 404
화개동(花開洞) 북록하(北麓下)에 119, 409
화작작(花灼灼) 범나븨 쌍쌍(雙雙) 68, 387
환욕(宦慾)에 취한분네 121
환자(還子)도 타와 있고 144
활지여 팔에 걸고 56
황하수(黃河水)가 맑다터니 90
흐르나 맑으낫 중(中)에 87
호리 녹어 괴어시든 82, 411
흥망(興亡)이 유수(有數)하니 37, 374

가람 이병기 전집

21

시조선집 II

현대시조선총

전북대학교출판문화원

목차

현대시조선총 • 15

서序 • 17

고두동高斗東 편篇 • 21

김기진金基鎭 편篇 • 31

김상옥金相沃 편篇 • 35

김상용金尙鎔 편篇 • 43

김영진金永鎭 편篇 • 49

김 억金 億 편篇 • 57

김오남金午男 편篇 • 65

김찬영金瓚永 편篇 • 71

김창호金昌浩 편篇 • 77

김희규金禧圭 편篇 • 83

권덕규權悳奎 편篇 • 89

나운경羅雲卿 편篇 • 95

노자영盧子泳 편篇 • 99

민동선閔東宣 편篇 • 105

박노철朴魯哲 편篇 • 109

박병순朴炳淳 편篇 • 115

박용묵朴瑢默 편篇 • 121

박용철朴龍喆 편篇 • 125

박일송朴一松 편篇 • 131
박재삼朴在森 편篇 • 137
박종옥朴宗玉 편篇 • 143
박종화朴鍾和 편篇 • 149
변영로卞榮魯 편篇 • 159
변영만卞榮晩 편篇 • 167
백남규白南奎 편篇 • 175
서명호徐明浩 편篇 • 181
서정봉徐定鳳 편篇 • 185
서항석徐恒錫 편篇 • 191
설의식薛義植 편篇 • 197
신영철申瑛澈 편篇 • 203
심혁남沈爀南 편篇 • 209
안 확安 廓 편篇 • 215
양상경梁相卿 편篇 • 221
양주동梁柱東 편篇 • 229
이광수李光洙 편篇 • 235
이관구李寬求 편篇 • 245
이병기李秉岐 편篇 • 249
이영도李永道 편篇 • 267
이은상李殷相 편篇 • 277
이응창李應昌 편篇 • 295
이태극李泰極 편篇 • 299

이항녕李恒寧 편篇 • 307
이호우爾豪愚 편篇 • 313
이희승李熙昇 편篇 • 323
오신혜吳信惠 편篇 • 331
장순하張諄河 편篇 • 339
장응두張應斗 편篇 • 343
장정심張貞心 편篇 • 349
정인보鄭寅普 편篇 • 357
정현민鄭顯珉 편篇 • 365
정 훈丁 薰 편篇 • 375
조종현趙宗玄 편篇 • 381
주요한朱耀翰 편篇 • 389
최남선崔南善 편篇 • 397
최성연崔聖淵 편篇 • 409
최승범崔勝範 편篇 • 419
최 천崔 天 편篇 • 425
최현배崔鉉培 편篇 • 429
탁상수卓相銖 편篇 • 435
피천득皮千得 편篇 • 441
한용운韓龍雲 편篇 • 447
허 연許 演 편篇 • 451
현진건玄鎭健 편篇 • 459
홍영의洪永義 편篇 • 465

색인 [가람 21권(시조선집Ⅱ)]

고두동高斗東 편篇

숲 23
조각彫刻 23
연륜年輪 24
여운餘韻 24
풍경도風景圖 25
1. 강江 25
2. 거리 25
영의詠義 25
의사義士 26
삼일절三一節 26
삼팔선三八線 26
일석一石 이희승李熙昇 선생先生의 수연壽宴을 비옴 27
의암義巖 27
꿈 28
공간空間 28
두견杜鵑 29

김기진金基鎭 편篇

무제無題 33
시조삼장時調三章 33

김상옥金相沃 편篇

비오는 분묘墳墓 37
봉선화鳳仙花 37
집오리 38
추천鞦韆 38
백자부白磁賦 39
사향思鄕 39
선죽교善竹橋 40

김상용金尙鎔 편篇

어린것을 잃고 45
바친 몸 45
실제失題 46
바다 46

김영진金永鎭 편篇

자규사子規詞 51
불국사佛國寺 51
만취귀가滿醉歸家 51
고경부古鏡賦 52
눈[眼] 53
그리움 53
야국野菊의 추억追憶 55
너를 위해서 55

김억金億 편篇

무심無心한 봄바람에 59
행로난行路難 59
규원閨怨 60
기회記懷 60
까치 짝짝 61

원앙이 잠을 깨리 61
빈녀貧女의 노래 62
연광정練光亭 62
겨울밤 63
추우야秋雨夜 63

김오남金午男 편篇
산곡山谷에서 67
자위自慰 67
이렁성 사십시다 67
꿈 68
소망所望 68
꽃다운 일 68
하루살이 69
송도松島 69
토함산상吐含山上에서 69
봄 70
산수山水 70

김찬영金瓚永 편篇
충무공忠武公은 어대서 나셨나 73
유청암사遊青岩寺 74
춘우春雨 74
송수주지미送樹洲之美 75
청파구淸波鷗 76

김창호金昌浩 편篇
첫노래[序詩] 79
무등산無等山 79
다도해多島海 80
흑산도黑山島 80
지리산智異山 80
식영정息影亭 81
아! 다산茶山 81

김희규金禧圭 편篇
벚꽃 아래 85
장미화薔薇花 85
방화訪花 수류정隨柳亭 85
명경대明鏡臺 86
낙동강洛東江 86
농부農夫여 86
일편단심一片丹心 87
반개화半開花 87
계룡산하鷄龍山下 88

권덕규權悳奎 편篇
상당산성上黨山城 91
조치원鳥致院 91
영남루嶺南樓 91
연자루鷰子樓(김해金海) 92
절영도絶影島 93
개운포開雲浦(울산蔚山) 93
한산도閑山島 94
섬진강蟾津江 94

나운경羅雲卿 편篇
추야장秋夜長 97
남강南江의 달밤 97

노자영盧子泳 편篇
첨성대瞻星臺 101
안압지雁鴨池 101
석사자石獅子 101

무영지無影池 102
한 쌍雙의 반려자伴侶者 103
한월寒月 103

민동선閔東宣 편篇
한글 경판經板 뵈옵고 107
추야단상秋夜斷想 107

박노철朴魯哲 편篇
보름달 111
장백산長白山 줄기 밟으며 111
사비성泗沘城을 찾아서 112
만주유기萬州遊記 고구려유지高句麗遺址 2 113

박병순朴炳淳 편篇
무월동방가無月洞房歌 117
읍소泣訴 117
파초芭蕉 118
심처화深處花 118
앵도 118
돈 119
모란이 이울기 전에 119
대방성帶方城 120
초가집 120

박용묵朴瑢默 편篇
해방 칠주년七週年 123
새벽 네 시 123
탱자 123
인생 124

박용철朴龍喆 편篇
우리의 젖어머니 127
마음의 추락墜落 127
시작사수試作四首 128
봄 언덕 129
실제失題 129

박일송朴一松 편篇
노래 기일其一 133
연기 속에 133
다방茶房의 소녀少女 133
목련화木蓮花 134
별이 지거든 134
다드미 소리 135
가야금 135

박재삼朴在森 편篇
강江물에서 139
섭리攝理 139
구름결에 140
기일其一 140
기이其二 140
기삼其三 141
노안蘆雁 141

박종옥朴宗玉 편篇
부모의 은혜 145
다도해多島海 145
부소산扶蘇山에서 145
못 잊어 하는 심에게 146
무궁화 146
별관 삼천리 147

'별관瞥觀 삼천리三千里' 사십일수四十一首 중中 초抄 147

박종화朴鍾和 편篇

인생人生 151
춘야우春夜雨 151
과로호조육신묘過鷺湖弔六臣墓 151
천렵 153
외양간 153
두엄 153
매화梅花 154
수선水仙이 웃고 왔네 155
대원大願 156

변영로卞榮魯 편篇

송도 우음松都偶吟-정포은鄭圃隱- 161
우음 삼수偶吟三首 161
야국野菊 162
백두산白頭山 갔던 길에 162
초원草原의 정적靜寂 163
신무성神武城 지나 163
무두봉상無頭峰上에서 163
천지天地 가에 누워 164
근음 삼수近吟三首 164
불멸不滅의 함성喊聲 165

변영만卞榮晩 편篇

실모애失母哀 169
어린이 원유회園遊會 169
춘사春詞 170
서호西湖(항주杭州) 이수二首 171
호구虎口(소주蘇州) 이수一首 171
상흔傷痕 172
수부단愁不斷 173

백남규白南奎 편篇

백발白髮 177
환갑還甲 177
마라돈 178
성화聖火를 모시고 178

서명호徐明浩 편篇

아! 환산桓山 스승님 183
아악雅樂 183

서정봉徐定鳳 편篇

봄 187
꽃 I 187
꽃 II 187
임 188
독좌獨坐 188
귀주사歸州寺 189
한나절 189

서항석徐恒錫 편篇

추일 잡영秋日雜詠 193
가을 193
야국野菊 193
실솔蟋蟀 193
다듬이 193
별 194
귀성歸省 1 194
귀성歸省 2 195
장수산長壽山을 바라며 196

묘음사妙陰寺의 밤 196

설의식薛義植 편篇
님께서 하신 말씀 199
우리 집 오동梧桐 199
제야除夜 200
연두송年頭頌 201

신영철申瑛澈 편篇
깃발은 피에 젖어 205
병란한丙亂恨 206
무상無常의 바람 206
농민農民 207
영릉英陵 전前에서 207

심혁남沈爀南 편篇
수선화水仙花 211
광릉행光陵行 211
비봉碑峰 회고懷古 212
독 임란사讀壬亂史 유감有感 213

안확安廓 편篇
길림추吉林秋 217
상해 하야上海夏夜 217
간도행間島行 217
승가사僧伽寺 218
하일夏日 218
-5수五首 중中 1, 2, 3만- 218
야심사夜深詞 평삼平三 219
충열사忠烈祠 계삼界三 219
동가행冬街行 반엽半葉 219
사효종寺曉鐘 소용騷聳 220

양상경梁相卿 편篇
해방解放의 종鍾소리 223
국기國旗 달던 날 223
새와 함께 우던 날 224
산촌생활곡山村生活曲 224
승무곡僧舞曲 225
시조작법時調作法 226
풍우 십 년風雨十年 226
사설시조辭說時調 1수一首 227
관동기행關東紀行 228

양주동梁柱東 편篇
임을 잠간 뵈옵고 231
수수께끼 4장四章 233

이광수李光洙 편篇
중추월中秋月 237
복조리 237
발자욱 238
단장을 버리나이다 238
하나님 239
불심佛心 240
은거隱居 241
옥수수 242
어머니 242
비둘기 243
이관구李寬求 편篇 245
원단元旦 우음偶吟 247
월남月南 선생先生을 그리며 247

이병기李秉岐 편篇
봉천행奉天行 251

압록강鴨綠江 251
계곡溪谷 251
대성암大聖庵 252
박연폭포朴淵瀑布 253
난초蘭草 254
매화梅花 254
옥잠화玉簪花 255
젖 255
그 뜻 256
구름 256
낙엽落葉 257
봄 2 258
저무는 가을 258
풀버레 259
우뢰 259
홍원저조洪原低調 260
길 261
국제시장國際市場 261
창窓 262
나오라 262
낭이꽃 263
살릴 이 263
청매靑梅 264

이영도李永道 편篇

봄 1 269
봄 2 269
단란團欒 269
비 270
화관花冠 270
구름 271
피난避難 길에서 272
아침 272
신록新綠 272
추야秋夜 273
바위 273
우후雨後 273
바람 274
석양夕陽 274
낙목落木 275

이은상李殷相 편篇

자견自遣 279
성불사成佛寺의 밤 280
진달래 280
개나리 280
봄 처녀 281
가고파 281
태자궁지太子宮址 283
만폭동萬瀑洞 팔담가八潭歌 284
십이폭十二瀑 286
금강金剛에 살으리랏다 287
금강귀로金剛歸路 287
양장시조兩章時調 시작편試作篇 288
소경이 되어지다 288
산山 우에 올라 288
서울시첩詩帖 289
1. 못 건너는 강江 289
2. 옛 벗은 반가운데 289
3. 숭례문崇禮門 290
슬픈 역사歷史 290
고지高地가 바로 저긴데 291
녹원송鹿苑頌 292
동해송東海頌 293

이응창李應昌 편篇
절벽絶壁에서 297
꿈을 싣고 297
화원花園 297
광한루廣寒樓 297

이태극李泰極 편篇
산山딸기 301
시조송時調頌 302
영신부迎新賦 302
삼월三月은 303
머루 304
서해상西海上의 낙조落照 304

이항녕李恒寧 편篇
왜이倭吏 309
해인십경海印十景 중中에서 309
선방禪房에서 309
안빈낙도安貧樂道 310
전화戰禍 310
인생人生길 311

이호우爾豪愚 편篇
낙엽落葉 315
달밤 315
바람벌 316
한낮 317
바위 앞에서 317
벽壁 317
나의 가슴 318
영일永日 318
경야經夜 319
기旗ㅅ발 319
발자욱 320
실제失題 320
실비명失碑銘 321

이희승李熙昇 편篇
춘원곡春怨曲 325
초하初夏 325
추우여음秋雨餘吟 326
1. 한계寒溪 326
2. 잔엽殘葉 326
3. 허제비 327
돌 327
송년부送年賦 328
관동행關東行 초抄 328
3. 백담계곡百潭溪谷 328
다비茶毗 329

오신혜吳信惠 편篇
사장砂場 333
인생人生 333
딸기 333
봉선화鳳仙花 333
할미꽃 334
꽈리 334
진달래 334
수양버들 335
이슬 336
주님을 찾아 336

장순하張諄河 편篇
통일대한統一大韓 341

장응두張應斗 편篇
회청산곡懷青山曲 345
벽壁 345
오월五月 345
한야보寒夜譜 346
야국野菊 347
독야獨夜 347

장정심張貞心 편篇
연주대戀主臺 351
삼막사三幕寺 351
진달래 351
할미꽃 351
산로山路 352
봄 352
꽃이 되면 353
몸 353
불심 353
자취 353
정 354
눈물 354
바다 354
땀 355
물망초 355

정인보鄭寅普 편篇
자모사초慈母思抄 -40수首 중中- 359
조춘早春 360
고곡애古曲哀 361
배화여학교培花女學校 반화사班花詞 362
六. 난화사蘭花詞 삼첩三疊 362
금강산金剛山에서 363
一. 만폭동萬瀑洞 363
二. 매월당석각梅月堂石刻 363
문호암文湖巖 애사哀詞 364

정현민鄭顯珉 편篇
밤비 367
산창일기山窓日記 368
봄맞이 369
설매사雪梅詞 370
무실목 371
독임란사讀壬亂史 유감有感 372

정훈丁薰 편篇
보리고개 377
모촌暮村 377
춘일春日 377
모다 나오라 378
벽오동碧梧桐 378
방토放兎 378
수자리듯 379
동학사東鶴寺 가는 길 379
임종야臨終夜 380
조종현趙宗玄 편篇 381
보신각종普信閣鐘 383
한강월야漢江月夜 383
강변江邊 삼장三章 385
환향還鄕 385
조춘여정早春旅程 386
1. 장성長城갈재 386
2. 연화동蓮花洞다리 386
3. 김제만경金堤萬頃 386
4. 효로삼장曉路三章 387

운수행각雲水行脚 중中에서 387
담양장潭陽場 387
암소 388

주요한朱耀翰 편篇

북미北美의 천원天園에게 391
유회삼수遺懷三首 392
봄비 393
봉사 394
노래 394
산보散步 일一 395
습작習作 육六 395

최남선崔南善 편篇

궁거워 399
만월대滿月臺에서 403
한강漢江을 흘리저어 404
웃으래 405
어느 마음 405
깨진 벼루의 명銘 405
환도還都 소견所見 406
애애哀哀 신해공申海公 익희翼熙 406
개천절開天節 407

최성연崔聖淵 편篇

물 411
산딸기 411
핏자욱 412
참새떼 412
은어銀魚 413
살얼음 414
비상飛翔 414
원앙대鴛鴦臺 415
미련未練 416
사생도死生圖 416
머리카락 416
손 417

최승범崔勝範 편篇

추가삼제秋歌三題 421
석류石榴 421
으름 421
다람쥐 421
동절산가冬節山家 422
십오야十五夜 422
잔디밭에서 423

최천崔天 편篇

백설白雪 427
다도해多島海 427

최현배崔鉉培 편篇

옥중獄中에서 읊음 431
함흥형무소咸興刑務所 431
사철 431
면회 432
임 생각 432
공부 433
해방 434

탁상수卓相銖 편篇

칠석七夕 437
서회書懷 437
봄 438

추야장秋夜長 438
인생人生 439
운동회運動會 439

피천득皮千得 편篇

무제無題 443
사랑 443

한용운韓龍雲 편篇

견민遣悶 449
새봄 449
우又 449
차叉 450
환가還家 450
조세嘲世 450

허연許演 편篇

장군도將軍島 453
불망비不忘碑 455
영산강榮山江 우음偶吟 455
〈4〉 포전圃田길 455
난초蘭草 456
해바라기 456
양장시조兩章時調 457
1. 새벽길 457
2. 금붕어 458

현진건玄鎭健 편篇

단군성적檀君聖跡 순례巡禮 461
박제상朴堤上 463

홍영의洪永義 편篇

봄 467
흰 구름 467

김기호金琪鎬 편篇

청산곡靑山曲 471
할미꽃 471
송포일기松浦日記 472

가람 이병기 전집

22

국어학 논문·평론, 고어집

전북대학교출판문화원

목차

논문·평론 • 15

조선어朝鮮語로 보는 불교佛敎 • 19

한ㅅ자漢ㅅ字의 음音 • 25

말의 관습習慣으로 된 변화變化 • 31

一. 자모음子母音의 전환轉換 • 32

二. 자모음子母音의 줄음 • 51

三. 모음母音의 겹침과 자모음子母音의 덧붙임 • 61

四. 원어原語의 전변轉變 • 66

유희遊戲로 된 말 공부工夫 • 71

원시어原始語와 변성어變成語 —이 말은 무슨 뜻인가 • 77

새말(新語) • 85

겹말 • 91

한ㅅ자漢ㅅ字의 닯이 이르는 음音 • 99

一. 뜻을 땋아 닯이 니르는 자음字音 • 99

二. 자전字典과 닯이 니르는 자음字音 • 101

이것이 이거시냐 이거디냐 (一) • 107

조선어朝鮮語와 우리 임무任務 • 111

조선역사상朝鮮歷史上 가장 광휘光輝 잇는 페-지
세종대왕世宗大王의 훈민정음訓民正音 반포頒布 • 117

조선 문법강화文法講話 (一) • 125

1. 서어序語 • 125
2. 총설總說 • 126
조선 문법강화文法講話 (二) • 131
3. 한글 • 131
4. 한글과 소리 • 133
조선 문법강화文法講話 (三) • 139
5. 홀소리의 주는 것 • 139
6. 닿소리의 연변連變 • 140
7. 습관음習慣音 • 144
조선 문법강화文法講話 (四) • 149
8. 단어單語 • 149
9. 단어單語의 유별類別 • 150
조선 문법강화文法講話 (五) • 155
10. 명사名詞 • 155
조선어강화朝鮮語講話 (一) • 165
1. 조선말은 무엇인가 • 165
2. 조선ㅅ글은 무엇인가 • 168
조선어강화朝鮮語講話 (二) • 172
3. 한글 • 172
4. 한글 자모음 • 175
5. 한글 모음의 종류 • 177
조선어강화朝鮮語講話 (三) • 181
6. 한글 자음의 종류 • 181

조선어강화朝鮮語講話 (四) • 188
6. 한글 자음의 종류 • 188
조선어강화朝鮮語講話 (五) • 196
7. 자모음字母音의 줄임 • 196
8. 자음子音의 련변連變 • 200
조선어강화朝鮮語講話 (六) • 206
9. 한ㅅ자음漢ㅅ字音 • 206
조선어朝鮮語와 작문作文 • 219
조선문단朝鮮文壇의 현재現在와 장래將來-제1회 집필執筆 교육계敎育界 제씨諸氏
조선어연구朝鮮語研究가 필요必要 • 225
조선어연구朝鮮語研究의 현상現狀 • 231
한글운동運動의 전개展開 (2) • 237
[강연문] 한글의 경과經過 • 243
[一 講] 말과 글 • 257
한글날 제489회 한글 창제創製와 세종대왕
세종대왕世宗大王과 한글 • 263
말은 인간人間의 거울 우리말을 찾으라 • 271
말 모르는 작가作家들 (上) • 277
말 모르는 작가作家들 (下) • 279
"언음첩고諺音捷考" 해설解說 • 283
국어國語 정화淨化의 당면當面 과제課題
우리 문학文學의 교양敎養을 높이자 • 289
한자존폐漢字存廢에 대한 소감所感 • 293
긴급緊急한 국어문제國語問題 (一) • 299
긴급緊急한 국어문제國語問題 (二) • 301

긴급緊急한 국어문제國語問題 (三) • 304
삼관여록三官餘錄 —한자漢字 음독音讀 • 311
우리 문화文化의 성조聖祖이신 세종대왕世宗大王 • 317
한글과 한글날 (上) • 323
한글과 한글날 (下) • 325
조선어 시간朝鮮語 時間 ① —당주 윤 생원 —반절공부 • 329
조선어 시간朝鮮語 時間 ② —참새 • 331
조선어朝鮮語 공부 ③ —봄노래 • 333
조선어朝鮮語 공부 ④ —경모궁景慕宮의 어릴 때
—한중록恨中錄의 일절一節 • 335
조선어朝鮮語 공부 ⑤ —곡조문哭鳥文 • 338
조선어朝鮮語 공부 ⑥ —동요童謠 • 340
조선어朝鮮語 공부 ⑦ —감고당感古堂 • 342
『의』와 『에』의 쓰이는 법 • 345
속담俗談 • 347
예천 쇠발 고이 • 347
남의 다리 긁기 • 347
여산 백지다 • 348
조선어朝鮮語 공부 ⑧ • 349
1. 속담俗談을 모으자! • 350
2. 사투리(方言)를 모호자! • 350
3. 노래를 지어보자! • 351

기타

기타 • 353
우리글 표기예表記例의 몇몇 • 357
집필대가執筆大家 • 357
문제問題 • 359
한글 정리整理에 대한 제가諸家의 의견意見 (十六) • 365
한글 정리整理에 대한 제가諸家의 의견意見 (十七) • 370
한글 강습회講習會 성황盛況으로 개강開講 • 377
한글 정리整理는 어떻게 할가 (二)
—사계전문가斯界專門家의 의견意見 • 381
휘문고보徽文高普 이병기李秉岐 • 382
한글 연구가硏究家 제씨諸氏의 감상感想과 제의提議 • 387
사백여든넷재 돌을 맞으며 • 387
사전편찬辭典編纂에 주력主力하자 • 388
횡서란橫書欄을 두엇으면 • 388
획시기적劃時期的으로 기념紀念할 날 • 389
세 분에게 치하한다 • 390
신철자법新綴字法을 실행하라 • 390
지식智識과 물질物質로 원조援助하라 • 391
단어單語 표준標準으로 띠어 쓰자 • 391
문필가文筆家에의 나의 희망希望 • 392
한자漢字 제한制限 정도程度와
실현實現할 구체적具體的 방법方法 (一) • 397
이천오백二千五百 교과서敎科書 제한制限 • 397
위원委員 선정選定 조사調査가 필요必要 • 398

기관機關 설치設置 이천 자二千字 가량可量 • 398
천오백 자千五百字 신문新聞 잡지雜誌도 • 399
연맹조직聯盟組織 천백 자千百字 위호爲好 • 399
사천四千 가량可量 교과서敎科書 치중置重 • 400

한글날 기념記念 (一) 사계斯界의 권위權威를 망라網羅
한글 좌담회座談會 개최開催 • 403
한자漢字 제한制限의 실제적實際的 방법方法 • 404

한글날 기념記念 (二) 사계斯界의 권위權威를 망라網羅
한글 좌담회座談會 개최開催 • 410
한자제한漢字制限의 실제적實際的 방법方法 • 410
개정철자법改正綴字法의 보급방법普及方法 • 411

한글날 기념記念 (三) 사계斯界의 권위權威를 망라網羅
한글 좌담회座談會 개최開催 • 415
횡서橫書의 가부可否, 가可하다면 그 실현實現 방법方法 • 415
조선어朝鮮語 평이화平易化의 실제적實際的 방법方法 • 417

고어집 • 421
고어집 • 423

[부록] 22권 국어학 논문·평론, 고어집 상세목록 • 545

가람 이병기 전집

23

문헌·서지학

전북대학교출판문화원

목차

서지 논문·평론 • 11

양서고지판良書告知板 • 15

1. 백련초해百聯抄解(1권1책一卷一冊) • 15

2. 시화총림詩話叢林(4권4책四卷四冊) • 15

3. 동야휘집東野彙輯(8권8책八卷八冊) • 16

60년六十年 전前의 궁체宮體 • 19

4세기四世紀 반半 전前의 활자본活字本 우리 어문연구語文硏究의 건약鍵鑰
—금강경삼가해金剛經三家解에 대하야 • 23

한국韓國 서지書誌의 연구硏究 상上 • 30

Ⅰ. 서언書言 • 30

Ⅱ. 서계書契의 유래由來 • 32

1. 책冊의 명칭名稱 • 34

2. 권卷의 명칭名稱 • 35

3. 본本의 명칭名稱 • 37

4. 엽葉의 명칭名稱 • 39

Ⅲ. 책본冊本의 종류種類 • 40

1. 우리 고대古代의 비갈碑碣 종명鍾銘 각판刻板 • 43

2. 각판본刻版本 • 45

3. 활자活字(주자鑄字)본本 • 53

한국서지韓國書誌의 연구硏究 하下 • 60

4. 활자본活字本 – 근조近朝 • 60
Ⅳ. 지紙, 묵墨, 필筆과 자체字體 • 67
1. 종이 • 67
2. 묵墨 • 74
3. 붓 • 76
4. 자체字體 • 77
Ⅴ. 결론結論 • 78

서지 해제 • 83
조선어문학명저해제朝鮮語文學名著解題 • 87
한국명저해제韓國名著解題 — 고전古典 135종百三十五種 • 143
한국명저해제韓國名著解題 — 역사歷史·문학부文學部 • 175
사부史部 • 175
문학부文學部 • 188
한국명저해제韓國名著解題 — 속續 사부史部 • 208
한국명저해제韓國名著解題 — 사부史部 • 231
한국명저해제韓國名著解題 — 사부史部 • 251
한국명저해제韓國名著解題 — 지리류地理類 • 262
한국명저해제韓國名著解題 — 병가류兵家類·농가류農家類·기타其他 • 285
병가류兵家類 • 285
농가류農家類 • 291
의가류醫家類 • 292

천문류天文類 • 295

서지 탐방·기타 • 303

독서방문기②
이병기李秉岐 선생先生 • 307

서재書齋를 찾아서―국어국문학의 대가
신구新舊 진서眞書는
국가적國家的인 존재存在 국문학자國文學者 이병기李秉岐 씨氏 • 313

서재우목장서가역방기書齋寓目藏書家歷訪記(1)
이병기李秉岐 가람嘉藍 매화옥梅花屋 서실書室 • 317

일요방문日曜訪問
가람 이병기李秉岐―몸 늙어도 맘은 젊어 • 321

진귀서珍貴書와 이병기李秉岐 박사博士
대부분 가사문학류歌辭文學類 근近 이만권二萬卷 장서藏書 간직 • 327

서울대도서관大圖書館에 기증寄贈
이병기李秉岐 씨의 장서藏書 4,205권 • 333

이 책을 구求하기까지
가람 이병기李秉岐 옹의 금강반야바라밀경金剛般若波羅蜜經 • 337

서지 목록 • 341

서목書目 가람 이병기李秉岐 소장본 • 343

고서적서목古書籍書目 • 345

■귀중본서목貴重本書目 • 345

■희귀본서목稀貴本書目 • 348

보통본서목普通本書目 • 353

■경부經部 • 353

■사부史部 • 354

■자부子部 • 355

■집부集部 • 371

■잡서탑본류부雜書搨本類部 • 377

■중화민국中華民國 고서적부古書籍部 • 379

■양장책부洋裝冊部 • 384

■고대잡지부古代雜紙部 • 389

일사·가람文庫 古書著者目錄 • 409

目錄 • 415

[부록] 23권 문헌·서지학 상세목록 • 683

가람 이병기 전집

24

역사학

어린이역사·
역사이야기·역사 평론

전북대학교출판문화원

목차

어린이역사歷史 • 15
성골장군聖骨將軍 • 22
진훤甄萱 • 24
고려태조高麗太祖 • 27
혜종惠宗과 박술희朴述熙 • 29
강감찬姜邯贊 • 31
한송정곡寒松亭曲 • 34
신혈소군神穴小君 • 36
왕가도王可道의 꾀 • 38
조상祖上의 음덕陰德 • 40
날러드는 봉 • 43
대각국사의 사업 • 45
아우와 누이 송사 • 47
여진을 친 윤관 • 49
묘청의 술법 • 51
김부식과 정지상 • 54
어린 시절의 궁예弓裔 • 56
구진천仇珍川과 목노木弩 • 59
장궁복張弓福과 정년鄭年 • 61
대세大世의 큰 뜻 • 63

거문고의 유래 • 65
가야금 내력 • 67
김후직金后稷의 충간忠諫 • 69
이사부異斯夫의 지모智謀 • 71
사다함斯多含의 용기勇氣 • 73
황산黃山의 싸움 • 75
신라新羅의 기사奇士 • 77
응렴膺廉의 대답 • 79
원술元述의 분한憤恨 • 82
김장군金將軍의 분노忿怒 • 84
귀산貴山과 추항箒項 • 86
살수撒水의 싸움 • 88
왕손王孫 을불乙弗 • 90
근초고왕近肖古王 • 92
처용處容의 가무歌舞 • 94
삼여왕三女王 • 96
향가鄕歌 • 98
백제百濟의 미술美術 • 100
거룩한 충성忠誠 • 102
동명성왕東明聖王 • 104
유리명왕瑠璃明王 • 107
효종랑孝宗郎 • 109
염직廉直한 검군劍君 • 111

밀우密友와 뉴유紐由 • 113
고국천왕故國川王 • 115
신숭겸申崇謙과 김락金樂 • 117
천명天命 • 119
효자孝子 김천金遷 • 121
충직한 이존오李存吾 • 125
김방경金方慶 • 127
최영장군崔瑩將軍 • 129
삼별초三別抄 • 131
정포은鄭圃隱 • 133
양만춘楊萬春 • 136
삼원수三元帥 • 138
공암진孔岩津 • 140
팔만대장경八萬大藏經 • 142
고려자기高麗瓷器 • 144
세종世宗의 독서讀書 • 146
길야은吉冶隱 • 148
박안신朴安臣의 대담大膽 • 150
악성樂聖 박난계朴蘭溪 • 152
활자活字 • 154
윤회尹淮 • 156
황희黃喜 • 158
이징옥李澄玉 • 160

신동神童 김시습金時習 • 162
대담大膽한 허종許琮 • 164
김규金虯 • 166

역사이야기 • 171

역사이야기
여옥麗玉 • 175

어린이歷史(五)
해동공자海東孔子 • 177

어린이歷史(十)
광종의 일대 • 179

어린이歷史(十二)
강조康兆의 죄 • 181

어린이歷史(二五)
목주木州의 효녀孝女 • 183

어린이歷史(二六)
신라新羅의 화랑花郎 • 185

어린이歷史(35)
어리석은 백제왕百濟王 • 187

어린이歷史(67)
범허정泛虛亭 • 189

어린이歷史(70)
서화담徐花潭의 궁리窮理 • 191

어린이歷史(71)
능창대군綾昌大君 • 193

사상史上의 여걸찬女傑撰 (一)
선견先見의 총재聰才! 평강공주平岡公主 • 195

사상史上의 여걸찬女傑撰 (二)
김유신金庾信을 만든 '만명萬明' • 199

사상史上의 여걸찬女傑撰 (三)
고려태조高麗太祖의 즉위卽位는 신혜왕후神惠王后의 힘 • 202

사상史上의 여걸찬女傑撰 (四)
감식과 판정이 놀라운 유부인柳夫人의 훈육訓育 • 204

사상史上의 여걸찬女傑撰 (五)
신돈辛旽의 권세를 꺾고 공민왕恭愍王을 바로 잡은
명덕태후明德太后의 총명 • 207

사상史上의 여걸찬女傑撰 (六)
일국을 구원해낸 지혜 있는 부랑夫娘 • 211

사상史上의 여걸찬女傑撰 (七)
재물財物을 애끼지 않고 던진 자선가慈善家 김만덕金萬德 • 215

사상史上의 여걸찬女傑撰 (八)
반정反正의 훈업勳業을 돕던 지모智謀 겸비한 정씨鄭氏 • 219

사상史上의 여걸찬女傑撰 (九)
투한妬悍과 풍도風度가 잇던 무서운 심씨沈氏 • 222

사상史上의 여걸찬女傑撰 (十)
잠언箴言을 만히 들이던 신덕왕후神德王后 강씨康氏 • 225

역사 평론 • 229

독립문獨立門과 감옥監獄, 수감수상隨感隨想,
요새 이때에 생각되는 일 • 233

조선사상朝鮮史上의 무협열전武俠列傳 기이其二
삼국시대三國時代의 무협전武俠傳 • 235

경복궁중건景福宮重建과 민원民怨 • 255

景福宮と民怨(一) • 269

景福宮と民怨(二) • 274

景福宮と民怨(三) • 277

景福宮と民怨(四) • 281

景福宮と民怨(五) • 284

朝鮮の山と川(一七)
漢拏山史話 • 286

번역
한라산 사화 • 287

朝鮮の山と川(一八)
漢拏山史話 • 288

번역
한라산 사화 • 291

朝鮮の山と川(一九)
漢拏山史話 • 294

번역
한라산 사화 • 297

朝鮮の山と川(二0)
漢拏山史話 • 300

번역
한라산 사화 • 302

朝鮮の山と川(二一)
漢拏山史話 • 304

번역
한라산 사화 • 307

사상史上에 나타난 마공馬公의 충용담忠勇譚 • 311

신라사新羅史의 정화精華 화랑도花郎徒 • 323

희세稀世의 위걸偉傑 충무공忠武公
음력陰曆 십일월十一月 십구일十九日 순국殉國 348주년三四八周年을 앞두고
난세에 이 성웅!聖雄 • 331

횡설수설橫說竪說 • 337

호남절의사湖南節義史 임진편壬辰篇
임진왜란壬辰倭亂과 의병義兵의 궐기와
그 전국추이戰局推移의 대개大槪 • 347

을미년乙未年의 사적史的 고찰考察 • 385

누가 반역자叛逆者며 누가 애국자愛國者인가 • 391

한일韓日의 불합법적不合法的 관계關係 • 405

[부록] 24권 역사학 상세목록 • 415

가람 이병기 전집

㉕

교육학 I

중등국어 1~6

전북대학교출판문화원

목차

중등국어 I • 15

1. 팔월 • 20
2. 무국어撫菊語 • 22
3. 아버지와 아들 • 24
4. 근교近郊 • 28
5. 농업 • 30
6. 만주滿洲 벌판에 눈 날릴 때 • 32
7. 영동永同을 지나며 • 35
8. 어린 시절 • 38
9. 옛 시조 • 41
10. 성공 • 42
11. 두부 장수 • 44
12. 박꽃 • 49
13. 문호암애사文湖巖哀詞 • 50
14. 서울의 봄 • 52
15. 조그만 기쁨 • 54
16. 꽃(시조) • 58
17. 삼일 운동의 회고 • 61
18. 당신은 주인입니까? • 69
19. 보슬비 • 72

20. 어린이 예찬 • 74
21. 산 • 76

중등국어 2

중등국어 2 • 81
1. 스승 • 86
2. 계절季節의 맑은 놀이 • 88
3. 고향의 가을 • 90
4. 새 옷 • 92
5. 방물 장수의 유래 • 95
6. 불 • 97
7. 봄비 • 100
8. 부용화 • 101
9. 예술藝術의 성직聖職 • 104
10. 동해안 • 107
11. 화랑 소년 관창 • 110
12. 운명과 노력 • 113
13. 붉은 산 • 115
14. 시조 • 123
15. 충무공忠武公의 최후 • 125
16. 무제초無題抄 • 129
17. 학생의 정신 • 132
18. 마음 • 138

19. 평양과 패수의 소재지所在地 • 139

중등국어 3 • 145

1. 새벽이여 • 151
2. 자기를 믿으라 • 153
3. 조국 • 156
4. 책임에 대하여 • 158
5. 소년 • 163
6. 시 • 166
7. 노변 잡기 • 168
8. 낙엽 • 171
9. 국화菊花 • 173
10. 손 • 176
11. 오우가五友歌 • 179
12. 고독孤獨 • 181
13. 국토 녹화國土綠化 • 184
14. 개골산皆骨山의 일부토一抔土 • 188
15. 고시조 • 190
16. 이순신李舜臣과 한산도閑山島 싸움 • 191
17. 국어와 국문학 • 195
18. 백마강 뱃속에서 • 198
19. 외유外遊하는 아우에게 • 200

20. 낙화의 기 • 202
21. 귀촉도歸蜀道 • 205
22. 첫 여름 • 207
23. 시조 연구 • 209
24. 고향 생각 • 214
25. 대한의 맥박 • 216

중등국어 4 • 219
1. 민족 문화의 나아갈 길 • 224
2. 청추 수제淸秋數題 • 228
3. 한글 창제創製의 고심 • 232
4. 육신묘六臣墓 • 235
5. 고시조 • 243
6. 병창월病窓月 • 245
7. 개골산皆骨山의 일배토一杯土 • 249
8. 윤봉길 의사尹奉吉 義士 • 251
9. 노동勞動의 정신 • 253
10. 공중과 위생 • 257
11. 사모곡思母曲 • 261
12. 나의 서제 생활書齋生活 • 262
13. 시간時間의 역사歷史-이건 서양의 것만 말함이다 • 266
14. 홍길동전洪吉童傳에서 • 269

15. 심청전沈淸傳에서 • 274
16. 산촌 모경山村暮景 • 281
17. 신문新聞의 사명 • 283
18. 우리나라 공업 건설 • 285
19. 새벽 • 290
20. 농가월령가農家月令歌-하절편夏節篇 • 293
21. 부여扶餘를 찾는 길에 • 297
22. 시詩 • 300
23. 새 이념理念의 문화 생활 • 304

중등국어 5 • 309
1. 이상理想 • 315
2. 베틀 노래 • 318
3. 마음의 태양太陽 • 324
4. 청산별곡靑山別曲 • 326
5. 사회적社會的 의식意識 • 327
6. 풍파에 놀란 사공 • 331
7. 고시조 • 333
8. 정읍사井邑詞 • 335
9. 시詩와 발표發表 • 336
10. 독락당獨樂堂 • 342
11. 동식물動植物의 배합配合美 • 346

12. 사미인곡초思美人曲抄 • 348
13. 국어國語의 어감語感 • 350
14. 뿌리 깊은 나무 • 357
15. 소설의 첫 걸음 • 359
16. 문화文化의 위력威力 • 365
17. 고시조 • 369
18. 별주부전 • 371
19. 산 정기 • 375
20. 백제百濟의 가요歌謠 • 381
21. 가시리 • 385
22. 목련화 • 386
23. 격양가擊壤歌 • 390
24. 인생人生 • 392
25. 선각자先覺者의 임무任務 • 395
26. 해방의 노래 • 398
27. 새 나라 건설과 교육 • 401

중등국어 6 • 407
1. 녹이상제 • 412
2. 독서개진론讀書開進論 • 415
3. 고려의 도자陶磁 공예工藝 • 417
4. 새 타령 • 422

5. 조침문弔針文 • 424
6. 수필의 심경과 형식 • 427
7. 창窓 • 430
8. 조선 문학과 조선 말 • 434
9. 오륜행실 초五倫行實 抄 • 439
10. 낙민루 • 440
11. 예술의 감상 • 444
12. 신라新羅의 금철 공예金鐵工藝 • 448
13. 부모은중경父母恩重經 초抄 • 453
14. 순국 선렬 추념문殉國先烈追念文 • 456
15. 동명 일기 • 464
16. 춘향전 초春香傳 抄 • 467
17. 국문학國文學의 고전古典 (1) • 474
18. 국문학國文學의 고전古典 (2) • 479
19. 유산가遊山歌 • 483
20. 이상과 실현理想 實現 • 485
21. 봉선화鳳仙花 • 491
22. 도막 생각 • 493
23. 인현왕후仁顯王后 • 499
24. 고구려의 민족 사상 • 502
25. 나의 정치 이념 • 506

[부록] 25권 교육학 I 상세목록 • 512

가람 이병기 전집

26

교육학 Ⅱ

문학독본 상·
표준 옛글

전북대학교출판문화원

목차

문학독본 상文學讀本 上 • 11

백제百濟의 가요歌謠 • 17

청산별곡靑山別曲 • 21

서경별곡西京別曲 • 23

일출日出 • 26

남북풍진南北風塵 • 30

홍길동 • 32

해협海峽의 로맨티시즘 • 37

태보泰輔의 죽음 • 41

혈血의 누淚 • 45

압록강鴨綠江 • 50

홍원저조洪原低調 / 계곡溪谷 • 56

화홍문華虹門 • 58

조침弔針 • 62

백설부白雪賦 • 65

그믐달 • 71

한중록恨中錄 • 73

가는 길 / 예전엔 미처 몰랐어요 • 78

도강록渡江錄 • 80

재강 • 88

기음 노래 • 94
이화춘풍李花春風 • 98
강아지 • 104
관동별곡關東別曲 • 107
명기名妓 창唱 • 115
소상瀟湘 팔경八景 • 117
낙빈가樂貧歌 • 119
군악軍樂 • 121
야담野談 2제二題 • 122
기철奇轍의 무리 • 126
조선朝鮮 소설사小說史 서설序說 • 132

표준 옛글 • 145
1. 訓民正音(훈민정음)에서 • 151
2. 농가월령가農家月令歌에서 • 153
3. 한중록에서 • 158
4. 옛 시조 (1) (시대 모름) • 165
5. 춘향전春香傳에서 • 169
6. 옛 시조 (2) (고종 이전, 영조 이후) • 177
7. 심청전沈淸傳에서 • 181
8. 토끼전에서 • 188
9. 옛 시조 (3) (현종 숙종 시대) • 194

10. 흥부전興夫傳에서 • 197
11. 사씨남정기謝氏南征記에서 • 203
12. 옛 시조 (4) (인종 효종 시대) • 209
13. 홍길동전洪吉童傳에서 • 213
14. 太平詞(태평사) • 218
15. 옛 시조 (5) (선조 시대) • 222
16. 續美人曲(속미인곡) • 226
17. 思美人曲(사미인곡) • 229
18. 옛 시조 (6) (선조 시대) • 232
19. 關東別曲(관동별곡) • 236
20. 옛 시조 (7) (명종 이전, 중종 이후) • 243
21. 感君恩(감군은) • 247
22. 賞春曲(상춘곡) • 249
23. 杜詩諺解(두시언해)에서 • 251
24. 옛 시조 (8) (연산 이전, 단종 이후) • 262
25. 月印釋譜 序(월인석보 서)에서 • 265
26. 月印千江之曲(월인천강지곡)에서 • 267
27. 釋譜詳節 序(석보상절 서) • 270
28. 釋譜詳節(석보상절)에서 • 271
29. 龍飛御天歌(용비어천가)에서 • 273
30. 옛 시조 (9) (태종 이전, 고려 말) • 280
31. 靑山別曲(청산별곡) • 284
32. 西京別曲(서경별곡) • 287

33. 가시리 • 289
34. 鄭石歌(정석가) • 290
35. 動動(동동) • 292
36. 鄭瓜亭(정과정) • 296
37. 思母曲(사모곡) • 297
38. 相杵歌(상저가) • 298
39. 維鳩曲(유구곡) • 299
40. 井邑詞(정읍사) • 300
41. 願往生(원왕생) 노래 • 301
붙임[간단한 주해] • 303

[부록] 26권 교육학 II 상세목록 • 395

가람 이병기 전집

27

교육학 Ⅲ

표준 문예 독본·
표준 국문학사

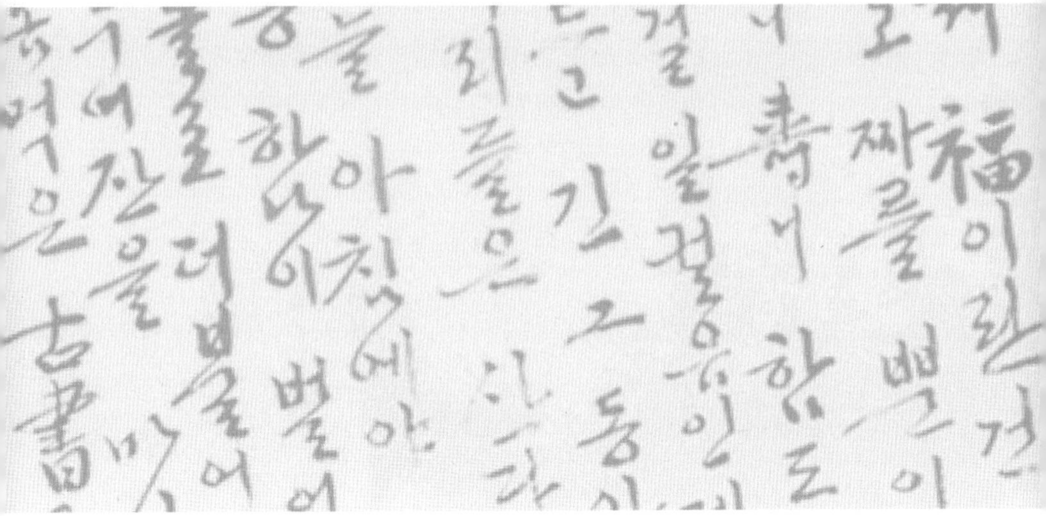

전북대학교출판문화원

목차

표준 문예 독본 • 11
1. 봄비 • 17
2. 들 • 19
3. 동해안東海岸 • 22
4. 식목제植木祭 • 26
5. 보리 • 28
6. 수필隨筆의 영역領域 • 32
7. 물새 알 산새 알 • 35
8. 용기勇氣 • 37
9. 무지개 • 40
10. 단발령斷髮令을 넘으며 • 52
11. 근화사槿花詞 • 55
12. 불국사佛國寺에서 • 56
13. 고향 • 64
14. 새 양복 • 66
15. 개미 • 69
16. 시 감상詩鑑賞 • 71
17. 내무재 영內霧在嶺 • 79
18. 그믐달 • 82
19. 물매미 • 84

20. 송화강松花江 뱃노래 • 91
21. 전원田園의 낙樂 • 93
22. 해운대海雲臺에서 • 95
23. 민족의 맥박脈搏 • 98
24. 노인 찬老人讚 • 100
25. 소설小說의 힌트 • 102
26. 추과 삼제秋果三題 • 108
27. 작은 용사勇士 • 110
28. 내가 본 세상 • 113
29. 시조 감상時調鑑賞 • 115
30. 청춘靑春과 예술藝術 • 120
31. 나룻배와 행인行人 • 124
32. 대춘待春 • 125
33. 김소월金素月의 추억追憶 • 127
34. 강화 기행江華紀行 • 135
35. 조국祖國 • 137

표준 국문학사 • 167
서론緖論 • 177
1. 국문학의 개념槪念 • 179
2. 국문학사의 시대 구분時代區分 • 181
3. 국문학사의 특수성 • 183

제1편 여조麗朝 이전以前 편篇 • 187
제1장 고대古代의 문학 • 189
제2장 삼국시대의 문학 • 206
제3장 통일 신라統一新羅의 문학 • 216
제4장 고려 시대高麗時代의 문학 • 231
제2편 근조편近朝篇 • 249
제1장 시가詩歌 문학의 난숙爛熟 • 251
제2장 산문 정신의 맹아萌芽 • 282
제3편 현대편現代篇 • 305
제1장 현대 문학의 시대 배경 • 307
제2장 현대 문학이 싹트는 시기 • 313
제3장 "창조파創造派"와 그 문학 • 329
제4장 20년 전후의 세 가지 문학 • 343
제5장 자연주의 이후 10년간의 문학 • 365
제6장 암흑기의 문학 • 375

[부록] 교육학 상세목록 • 393

가람 이병기 전집

28

교육학 Ⅳ

표준 고등 글본·교육 평론·편지 작법·교가 및 기념가

전북대학교출판문화원

목차

표준 고등 글본 • 15
머리말 • 19
Ⅰ. 문장의 이모 저모〈文章〉 • 24
1. 문장 쓰는 법 • 26
2. 운문韻文과 산문散文 • 31
3. 문체文體에 대하여 • 36
4. 대상對象과 표현表現 • 42
5. 문장과 추고推敲 • 45
[참고]
1. 문장 작법 여섯 가지 • 48
2. 원고 쓰는 법 • 49
Ⅱ. 자연과 인생을 노래함〈詩〉 • 51
1. 시詩 짓는 법 • 53
2. 시는 어디 있는가? • 60
3. 시 감상詩鑑賞 • 67
4. 임의 침묵沈黙 • 76
5. 모란이 피기까지는 • 78
6. 해의 품으로 • 79
7. 비망록備忘錄 • 81
8. 쿨 호湖의 백조白鳥들 • 82

9. 바닷가에 • 85
Ⅲ. 흥미 있는 이야기〈長篇小說〉 • 88
1. 장편 소설長篇小說 작법作法 • 90
2. 소설小說의 힌트 • 94
3. "상록수常綠樹"에서 • 101
4. "카인의 후예後裔"에서 • 111
5. "바람과 함께 사라지다"에서 • 120
Ⅳ. 붓 가는 대로〈隨筆〉 • 127
1. 수필隨筆 쓰는 법 • 129
2. 수필론隨筆論 • 132
3. 보리 • 135
4. 그믐달 • 139
5. 해운대海雲臺에서 • 141
6. 기우문祈雨文 • 145
7. 대춘待春 • 148
Ⅴ. 산으로 바다로〈紀行〉 • 150
1. 기행문紀行文 쓰는 법 • 152
2. 동해안東海岸 • 156
3. 단발령斷髮嶺을 넘으며 • 160
4. 불국사佛國寺에서 • 163
5. 내가 본 세상 • 168
6. 비에너 기행紀行 • 170

Ⅵ. 심정心情을 적음〈日記·書簡〉 • 175
1. 일기日記와 편지 • 177
2. 산거일기山居日記 • 182
3. 수선일기水仙日記 • 188
4. 지드의 일기日記 • 190
5. 젊은 시인詩人에게 • 195
Ⅶ. 단편斷片을 그림〈短篇小說〉 • 201
1. 단편 소설 짓는 요령 • 203
2. 단편 소설의 특징特徵 • 208
3. 모래무지 • 214
4. 산 • 221
5. 마지막 잎새 • 224
Ⅷ. 이론의 전개展開〈評論〉 • 235
1. 평론 쓰는 법 • 237
2. 문학 연구의 길 • 241
3. 시조詩調의 유래由來 • 247
4. 연극이란 무엇인가? • 251
5. 신세대新世代의 문학 • 256
6. 김소월金素月의 추억追憶 • 262
7. 영화와 감상 • 271
[붙임] 편집하는 법 • 276

교육 평론 • 281
고대조선古代朝鮮의 여류교육가女流教育家 • 283
해방 후 국어교육 • 287
고전古典과 국어교육國語教育 • 292
국문학國文學과 국어교육國語教育 • 302

편지 작법 • 309
편지독본讀本 • 311
편지독본讀本 • 317
편지독본讀本 • 333
편지독본讀本 • 343
편지독본讀本 完 • 354

교가 및 기념가 • 363
초등학교 교가 • 369
군산중앙초등학교 교가 • 369
김제 중앙초등학교 교가 • 371
능원초등학교 교가 • 372
여산초등학교 교가 • 374
중·고등학교 교가 • 376
경기고등학교 교가 • 376

경복고등학교 교가 • 378
경성공업학교 교가(현 서울공업고등학교) • 380
군산 남중학교 교가 • 381
김제 금산중·고등학교 교가 • 383
부산 경남중학교 교가 • 385
부산상업중·고등학교(현 부산 개성고등학교) • 387
부안 삼남중학교 교가 • 389
삼례중학교·삼례공업고등학교 교가 • 391
이리고등학교 교가 • 393
이리공업고등학교 교가 • 395
이리동중학교 교가 • 397
인천 박문여중학교 교가(현 박문중학교) • 398
정읍고등학교 교가 • 400
정읍여자고등학교 교가 • 402
정읍중학교 교가 • 403
천안중학교 교가 • 405
천안제일고등학교 교가 • 407
충남 아산중·아산고등학교 교가 • 409
풍문여자고등학교 교가(현 풍문고등학교) • 411
호남중·고등학교 교가 • 413
대학교 교가 • 415
국민대학교 교가 • 415
서울대학교 교가 • 417

전북대학교 교가 • 419
진주사범 교가 • 421
기타 기념가 • 423
서윤복徐潤福 선수選手 제패가制覇歌 • 423
마라손 환영가歡迎歌 • 425
유관순처녀 기념가 • 427
졸업가 • 428
해방기념가解放記念歌 • 429
해방기념가사解放記念歌詞 • 430
해방기렴가解放記念歌 • 431
조선특산품장려가 • 432

[부록] 28권 교육학 Ⅳ 교육학·교육 평론·교가·기타 • 434

가람 이병기 전집

29

편지와 친필 자료, 사진, 친지·후배들의 글

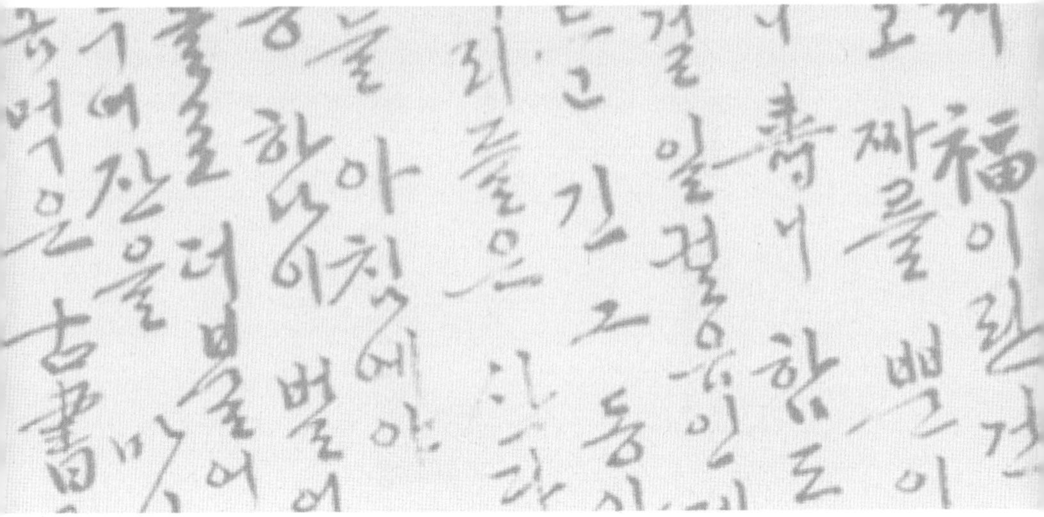

전북대학교출판문화원

목차

가람 이병기 선생의 편지와 친필 자료 • 27

Ⅰ. 가람 친필 서간(이앙배 소장) • 29

1. 조부께 보낸 부친 이채의 서간 • 31
2. 조부께 보낸 가람의 서간 • 33
3. 조부께 보낸 가람의 서간 • 35
4. 부친께 보낸 가람의 서간 • 37
5. 부친께 보낸 가람의 서간 • 39
6. 아우 병륙에게 보낸 편지 봉투 • 41
7. 한성사범에서 본가로 보낸 편지 봉투와 줄포에서 보낸 상서 봉투 • 42

Ⅱ. 가람 선생 친필 서간(조병희 소장) • 43

1. 가람이 매형 조춘원에 보낸 서간 • 45
2. 가람이 매형 조춘원에 보낸 서간 • 48
3. 가람이 매형 조춘원에 보낸 서간 • 51
4. 가람이 매형 조춘원에 보낸 서간 • 53
5. 가람이 매형 조춘원에 보낸 서간 • 55
6. 가람이 매형 조춘원에 보낸 서간 • 57
7. 가람이 매형 조춘원에 보낸 서간 • 59
8. 가람이 매형 조춘원에 보낸 서간 • 61

9. 가람이 누님께 보낸 서간 • 63
10. 가람이 누님께 보낸 서간 • 65
11. 가람이 생질 조병국에게 보낸 서간 • 67

Ⅲ. 기타 지인들에게 보낸 편지 및 친필 자료 • 69
1. 가람이 강한영에게 보낸 서간 • 71
2. 가람이 석정에게 보낸 서찰 • 72
3. 최승범에게 보낸 글 • 74
4. 친필 액자 '때로는 개도 사람보다 낫다' • 75
5. 가람이 그린 난초 • 76
6. 양사재에서 쓴 가람의 친필 시조 「청매」 • 76
7. 가람 이병기 선생이 고故 서원출徐元出 씨 화갑華甲에 써준 유묵遺墨 • 77
8. 모악산행기 원고 • 78
9. 전주소감 원고 • 79
10. 한자의 전래 원고 • 82
11. 『가람일기』 원문 1권 첫 페이지 • 83
12. 『가람일기』 중 한글일기 첫장과 병후일기 • 84
13. 동아일보 주최 조선어학회 후원 호남지역 한글강습 일기 • 86
14. 국문학전사 초고 노트 표지 • 87
15. 국문학전사 초고 • 88
16. 국문학전사 중 국한문학사 초고 • 89
17. 계축일기 초고 • 90

18. 자서전 원고 • 91
19. 가람 이력서 • 96
20. 가람 이력서 • 97
21. 가람의 필적 감정 • 98

Ⅳ. 가람께 보낸 편지들(최승범 소장, 유족 제공) • 101
1. 가람께 보낸 정인승鄭寅昇의 편지 • 103
2. 가람께 보낸 전광용全光鏞의 편지 • 103
3. 가람께 보낸 홍순채洪淳采의 편지 • 104
4. 가람께 보낸 장하보張河步의 편지 • 104
5. 가람께 보낸 이종익의 편지 • 105
6. 가람께 보낸 사촌 동생의 편지 • 105
7. 가람께 보낸 이태극의 편지 • 106
8. 가람께 보낸 박재삼의 편지 • 107
9. 가람께 보낸 석정의 편지 • 108
10. 가람께 보낸 석정의 편지 • 108
11. 가람께 보낸 석정의 편지 • 109
12. 가람께 보낸 석정의 편지 • 109
13. 가람께 보낸 권용두權容斗의 편지 • 110
14. 가람께 □주석珠石의 편지 • 110
15. 가람께 보낸 조병희의 편지 • 111
16. 가람게 보낸 이겸노의 편지 • 112
17. 가람께 보낸 조병래趙炳來의 편지 • 112

가람 이병기 선생 사진 • 113

Ⅰ. 가람 생가 풍경 • 115

1. 생가 전경 • 117
2. 안채 전경 • 118
3. 사랑채 전경 • 119
4. 사랑채의 수우재守愚齋와 진수당鎭壽堂 • 119
5. 수우재 앞 못 우담愚潭 • 120
6. 사랑채 옆 승운정勝雲亭 • 120
7. 승운정勝雲亭 옆 탱자나무 • 122
8. 가람 이병기 생가와 묘, 문학관 • 123

Ⅱ. 가람의 선조들 • 125

1. 연안이씨延安李氏 11대조 연평부원군延平府院君 이귀李貴 • 127
2. 연안이씨延安李氏 10대조 사우당四友堂 이시담李時聃 • 127
3. 조부 동우東愚 이조흥李祖興과 조모 진주 정씨 • 128
4. 부친 저운 이채李俕 • 129
5. 부친 이채李俕와 숙부 이신李信 • 129
6. 부친 이채李俕의 영신학교永新學校 교감 임명장 • 130
7. 부친 이채李俕의 부안扶安 건선乾先 면장 임명장 • 130
8. 부친 건선면장乾先面長 이채李俕의 여행허가증 • 131
9. 부친 이채李俕 건선乾先 면장 면함 • 131

Ⅲ. 학창 시절 • 133
1. 전주공립보통학교 시절 • 135
1) 가람의 전주공립보통학교 졸업자명부 • 135
2. 한성사범학교 시절 • 136
1) 한성사범 기숙사 벗들과 함께 • 136
2) 한성사범 시절 가람의 수업과제물 그림 • 136

Ⅳ. 훈도·교사 시절 • 137
1. 남양공립보통학교 훈도 시절 • 139
1) 남양공립보통학교 훈도 시절 • 139
2) 남양공립보통학교 훈도 시절 • 139
3) 남양공립보통학교 훈도 임명장 • 140
4) 조선공립보통학교 훈도 급월봉 18원 • 140
5) 남양공립간이실업학교 훈도 임명장 • 141
6) 조선공립보통학교 겸임 조선공립간이실업학교 훈도 임명장 • 141
7) 면려 상여금 증서 • 142
8) 면려 상여금 증서 • 142
9) 휴가 중 여행허가증 • 143
10) 가람이 훈도 시절 착용한 칼 • 143
2. 전주제이공립보통학교 훈도 시절 • 144
1) 전주 가성사진관에서 찍은 사진 • 144
2) 증명사진 • 145
3) 경복궁에서 • 145

4) 전주 제이공립보통학교 이상로 선생 사은회 기념 • 146
5) 전주 제이공립보통학교 제2회 졸업 기념 • 146
6) 전주 제이공립보통학교 제4회 졸업 기념 • 147
7) 전주 제이공립보통학교 4학년 이병기 선생 석별 기념 • 147
8) 전주 제이공립보통학교 4학년 • 148
9) 전주 제이고등보통학교 발령장 • 148
10) 전주교육회 개설 교육품전람회 사무원 촉탁장 • 149
11) 강습증서 • 149
12) 면려상여금 증서 • 150
13) 강습증 • 150
14) 보통 농사와 면작 강습 수료증 • 151
15) 급7 급봉 증서 • 151
16) 전주향교 제례 봉로에 명함 • 151
17) 강습증서 • 152
18) 면려 상여금 증서 • 152
3. 여산공립보통학교 훈도 시절 • 153
1) 여산공립보통학교 제5회 졸업생 기념 • 153
2) 여산공립보통학교 발령장 • 153
3) 월급 증서 • 154
4) 여행허가증 • 154
5) 면려 상여금 증서 • 154
6) 면려 상여금 증서 • 154
7) 조선공립보통학교 훈도 면직 증서 • 155

8) 퇴직금 증서 • 155
9) 여산 독립만세 운동 기념비 • 156
4. 휘문고등보통학교 교사 시절 • 157
1) 휘문 평양수학여행 기념 • 157
2) 휘문 경주수학여행 불국사에서 • 158
3) 휘문학교 소풍, 1930년대 • 158
4) 휘문 극문우 일동 • 159
5) 휘문학교 교사 • 159
6) 휘문학교 교사 • 160
7) 휘문학교 교사 • 160
8) 진관사 뒤 계곡에서 • 161
9) 광주 풍납리 토성 답사 • 161

Ⅴ. 조선어학회 활동과 한글 운동 • 163
1. 조선어학회 활동 • 165
1) 가람일기 속에 보관된 『1932년도 하기 한글강습교재 요령』 • 165
2) 가람이 참석한 가갸날 기념행사 사진 • 165
3) 『한글』 동인지 창간호 표지 • 166
4) 『한글』 동인지 창간호에 실린 가람의 시조 「한글기림」 • 166
5) 『한글』 제1호에 실린 가람의 시조 「새봄」 • 166
6) 조선어학회 철자위원회 총회 기념 • 167
7) 조선어철자법통일안 제정위원들 • 168

8) 조선어학회 수난 투옥으로 순국하신 선열들 • 169
9) 조선어학회 회원들을 연행해 재판을 진행하는 일제 • 169
10) 조선어학회사건 '수난자동지회' 창립 기념 사진 • 170
11) 조선어학회 여러 선생님을 모시고 • 170
12) 조선어학회 사건 관련 인사들 사진 • 171
13) 조선어학회 회원들과 조선호텔에서 • 171
14) 한글학회 야유회 진관사에서 • 172
15) 한글학회 회원들과 회합을 마친 뒤 새 절로 오르는 계단에서 • 172
16) 한글반포 511주년 시공관서 성대한 기념식 • 173
2. 한글 강습 및 강연 • 174
1) 충청남도 도·군 직원 강습 후 구도 부여시찰기념 • 174
2) 부산강습소 가람-한결 선생 초빙 기념 사진 • 174
3) 한글 강연 1950년대 • 175
4) 신문에 실린 한글 강습 광고와 기사 • 178

Ⅵ. 해방 후 • 179
1. 군정청 편수국 시절 가람 • 181
1) 군정청 편수국 근무 시절 • 181
2. 서울대학교 교수 시절 • 182
1) 서울대학교 문리과 대학 강의 촉탁 통지서 • 182
2) 서울대 국문과 야유회 • 182
3) 서울대 국문과 야유회 • 183
4) 서울대 국문과 야유회에서 흥겨운 한때 • 183

3. 전북대학교 교수 시절 • 184
1) 전북대학교 문리대학장 시절 • 184
2) 전북대학교 문리대학장 시절 • 185
3) 전북대학교 문리과대학 1회 졸업 기념 • 185
4) 국립전북대학교 문리과대학 졸업 기념 • 186
5) 국립전북대학교 문리과대학 국문과 졸업 기념 • 186
6) 전북대학교 문리대 철학과 졸업 기념 • 187
7) 전북대학교 졸업 기념 • 187
8) 전북대학교 문리과대학에서 • 188
9) 전북대학교 학생과 교수들 • 188
10) 전북대학교 국문과 졸업 기념 • 189
11) 철교 앞에서 • 189
12) 철교 앞에서 가람과 제자 최승범 교수 • 190
13) 가람과 제자 최승범 교수 • 190
14) 제자와 함께 • 191
15) 전북대학교에서 • 191
16) 양사재에서 가람과 포광 김영수 교수 • 192
17) 재경전북학우회주최 제1회웅변대회기념 • 192
18) 전북대학교 유임 진정서 • 194
4. 전북 문인·제자들과 함께 • 199
1) 문인들과 함께 • 199
2) 전북 문인들과 함께 • 201
3) 가람과 석정 • 202

4) 군산에서 시문학강좌 개최 • 202
5) 가람 동인회 사화집 『새벽』 출판기념회 • 203
6) 남원 광한루 강연 후 남원 명지호텔 앞에서 • 203
7) 남원 광한루에서 문인들과 함께 • 204
8) 양사재에서 지인들과 함께 • 205
9) 백련과 함께 양사재에서 • 206
10) 가람이 키우던 난 • 208
11) 결혼식 주례 • 209
12) 지인들과 함께 1960년대 • 209
5. 학술원상 수상 • 211
1) 제5회 학술원상 수상 기념 • 211
6. 전북대학교 명예문학박사 수여식 • 212
1) 전북대학교 명예문학박사 수여식 • 212
2) 전북대학교 명예문학박사 수여식에서 • 212
3) 명예문학박사 수여식에서 가족들과 함께 • 214
4) 명예문학박사 수여식에서 부인과 손주와 함께 • 214
5) 명예문학박사 수여식에서 삼형제분 • 215
6) 학위기 • 215
7. 고희기념 • 216
1) 고희기념 동료 및 제자들과 함께 • 216
2) 고희 기념, 생가에서 • 216
3) 고희 기념, 생가에서 • 217
8. 출판기념회(?) • 217

1) 연대 내용 추정 불명확
- 출판기념회(?) 전북대학교 1950년대 • 217
9. 장서 기증 • 218
1) 서울대학교도서관에 장서 기증 • 218
10. 영결식 • 220
1) 영결식장 • 220
2) 운구 행렬 • 222
3) 조문객 일동 • 224
4) 남은 유족들 • 225
5) 가람 선생 묘소 • 226

Ⅶ. 가람 기념 • 227
1. 가람 시비 제막식 • 229
2. 가람 시비 • 230
1) 가람 시비 전주시 다가공원 • 230
2) 가람 시비 전북대학교 삼성문화회관 앞 • 230
3) 가람 시비 여산초등학교 • 231
4) 가람 시비 여산휴게소 • 231
5) 교가비 여산초등학교 • 232
6) 여산초등학교 개교 100주년 기념비 • 232
7) 가람 이병기 선생 상 • 232
8) 가람 이병기 선생 기념비 • 233
9) 가람 이병기 박사 묘비석 • 233
10) 가람 이병기 선생 기념비 제막식 • 233

11) 가람 문학관 • 234
3. 가람의 서재 • 235
1) 가람의 필사筆寫 모습 • 235
2) 가람의 서재에서 최승범 교수와 함께 • 236
3) 매화옥 서실 • 236
4) 여산 생가 서재 • 237
4. 가람의 초상들 • 238
5. 공로패 훈·포장 • 241
1) 한글 반포 516주년 세종문화 큰잔치 공로패 • 241
2) 훈·포장 • 242
3) 국가유공자증 • 243
6. 유품 • 244
1) 유품(가람문학관 전시) • 244
2) 가람 일기(가람 며느님 유재희 소장) • 253
6. 현판과 편액 • 254
1) 수우재守愚齋 현판 • 254
2) 진수당鎭壽堂 현판 • 254
3) 승운정勝雲亭 현판 • 254
4) 가남(가람의 다른 호) 편액 • 254

Ⅷ. 가족사진 • 255
1. 가족사진 • 257
1) 장남 동희 수송유치원 입학 기념 • 257

2) 가족사진, 계동 1934년 • 257

3) 태화관에서 • 258

4) 차남 경희 근화유치원 졸업기념 • 258

5) 가족사진, 계동 1941년 • 259

6) 가람 회갑연 • 259

7) 부인 회갑연 • 260

8) 계동 매화옥에서 • 260

9) 첫 손녀 양배를 안고 양사재에서 • 261

10) 가람과 장손주 앙배와 함께 • 261

11) 창경원 가족사진 • 262

12) 수우재 안채에서 • 262

13) 말년 여산 생가 수우재 너럭바위 위에서 • 263

14) 회혼례 • 264

2. 가람의 자손들 • 267

1) 장남 동희 • 267

2) 차남 경희 • 267

3) 삼남 종희 • 267

4) 장녀 순희 • 268

5) 차녀 한희 • 268

6) 일기를 끝까지 보관하신 둘째 며느님 유재희 여사 • 268

7) 가람 선생을 돌보며 마지막까지
생가를 지킨 셋째 며느님 윤옥병 여사 • 268

8) 둘째 며느님과 손주 희경, 원배 • 269

9) 현재 생가 옆에 살면서 할아버지를 추억하고 기리는

손주 앙배 씨 부부 • 269
10) 가람일기 촬영 후 유족과 전집간행위원들 • 270

가람 이병기 선생의 친지·후배들의 글 • 271

설중방란기雪中訪蘭記 이태준 • 273
가람 이병기李秉岐 주해註解 한중록恨中錄을 읽고 이병도 • 276
존경尊敬하는 마음은 불변不變 김두헌 • 278
강호江湖·월광月光은 불상이不相離 김영수 • 282
인간人間 가람 김충선 • 286
가람론 신석정 • 290
국문학과 가람 김준영 • 295
송읍送泣 박병순 • 299
속續·양사재수음養士齋數吟 최승범 • 302
시심詩心과 해학諧謔의 생애 • 304
친일문학론 임종국 • 306
가람 이병기李秉岐 박사 • 307
망각忘却 속에서②－가람 이병기李秉岐 • 310
서문序文 이희승 • 313
가람 형兄의 영면永眠을 곡哭함 이희승 • 318
곡 가람 선생 신석정 • 322
가람의 영 앞에 이은상 • 324
학자學者로서－시인詩人으로서 • 326

슬프다 가람 님의 가심이여 조종현 • 329
노사老師를 잃은 슬픔 김상기 • 331
시조時調와 술과 해학諧謔 속에 정인승 • 333
애도哀悼·이병기李秉岐 박사博士 김선기 • 341
나의 편력遍歷(32)
－신라향가新羅鄕歌 연구 상上 국학기國學記1 양주동 • 345
가람 시비詩碑 이능우 • 347
가람 선생의 학문 정병욱 • 349
분서기焚書記 이희승 • 351
가람을 말한다 정병욱 • 353
일기초·1 김수영 • 355
술 좋아했던 가람 이병도 • 357
가람 선생先生과 나 김상옥 • 359
가람 님 생각 고두동 • 361
제81화 30년대의 문화계(103) 박종화朴鍾和 조용만 • 363
제81화 30년대의 문화계(105) 안서岸曙 김억金億 조용만 • 364
책에도 액厄이 있다 이겸로 • 366
가람嘉藍 이병기李秉岐 선생先生 차칠선 • 369
고은의 자전自傳소설 나의 산하山河 나의 삶 〈59〉 고 은 • 376
“교육엔 단절없다” 전시戰時 떠받친 주역들 허 웅 • 381
가람 선생과 나 장덕순 • 383
남은 온기溫氣 김상옥 • 390
가람 이병기 님의 학문 세계 연구 리태극 • 392
가람 이병기론 서설 최승범 • 412

가람 이병기의 시조시학과 혁신론 이기반 • 442
가람의 한글 사랑 연구 오동춘 • 462
가람 이병기 스승님의 추모 박병순 • 483
가람 선생의 문학 생활 조병희 • 498
가람 선생 생각 박재삼 • 515
세 걸음 물러서서 우러러 뵙는 큰 스승 장순하 • 525
가람 이병기 선생 장순하 • 544
가람 선생님에 대한 추억 김준영 • 552
가람의 기행 최승범 • 558
두견주杜鵑酒 최승범 • 565
우리 스승 가람 선생 김민수 • 570

[부록] 29권 친지·후배들의 글 상세목록 • 581

가람 이병기 전집 30

총목차 · 색인

지은이 이병기
펴낸이 양오봉
펴낸곳 전북대학교출판문화원

초판 1쇄 인쇄 2024. 12. 16
초판 1쇄 발행 2024. 12. 25

전북대학교출판문화원 전북특별자치도 전주시 완산구 어진길 32 (풍남동2가)
전화 (063) 219-5319~5322
FAX (063) 219-5323
출판등록 2012년 8월 20일 제465-2012-000021호

값 30,000원

ISBN 979-11-6372-247-2 04810
ISBN 979-11-87892-59-5(세트) 04810

* 이 책은 2024년도 익산시와 전북특별자치도의 지방보조금으로 제작되었습니다.
* 본서에 사용된 작품 및 이미지는 저작권법 제28조에 따라 보도·비평·교육·연구 등을 위해 공표된 저작물을 정당한 범위 안에서 인용할 수 있다는 규정에 의거하여 수록하였음을 밝힙니다.